铁路建筑限界标准化管理

中国铁路济南局集团有限公司　编

中国铁道出版社有限公司

2024·北　京

内 容 简 介

铁路建筑限界管理特别是超限货物运输线路建筑限界管理，涉及国家重点工程、国防建设、人民生命财产和铁路行车安全，是铁路安全效益管理的重要组成部分。本书主要介绍济南局集团公司建筑限界标准化管理的方式方法、理念思路及经验做法，包含铁路限界基本理论、建筑限界技术管理、限界组织管理、专业管理、作业指导、限界系统（超限超重货物运输辅助决策系统）管理、超限货物运输管理、限界管理事故定性及案例、限界管理实例等内容。

本书对铁路局集团公司建筑限界及超限货物运输全过程管理具有很强的针对性、操作性和实用性，可为各层级限界管理人员、作业人员提供多方位的指导和参考，也可供从事铁路相关工作人员、科研人员、高校师生等学习和参考。

图书在版编目（CIP）数据

铁路建筑限界标准化管理 / 中国铁路济南局集团有限公司编. -- 北京 : 中国铁道出版社有限公司，2024. 11.
ISBN 978-7-113-31645-7
Ⅰ. U211. 7-65
中国国家版本馆 CIP 数据核字第 20241R867M 号

书　　名：铁路建筑限界标准化管理
作　　者：中国铁路济南局集团有限公司

责任编辑：黄　筱　　**编辑部电话：**(010)51892548
编辑助理：刘　臻
封面设计：高博越
责任校对：苗　丹
责任印制：高春晓

出版发行：中国铁道出版社有限公司（100054，北京市西城区右安门西街 8 号）
网　　址：https://www.tdpress.com
印　　刷：北京联兴盛业印刷股份有限公司
版　　次：2024 年 11 月第 1 版　2024 年 11 月第 1 次印刷
开　　本：787 mm×1 092 mm 1/16　**印张：**15.25　**字数：**339 千
书　　号：ISBN 978-7-113-31645-7
定　　价：80.00 元

前　言

铁路建筑限界是确保铁路运输安全的重要技术概念，是铁路各专业必须共同遵守的基础技术标准，其作用是保障包括超限货物列车在内的所有机车车辆在线路上安全运行。铁路建筑限界管理特别是超限货物运输线路建筑限界管理，涉及国家重点工程、国防建设、人民生命财产和铁路行车安全，是铁路安全效益管理的重要组成部分。

推进标准化规范化建设是实现铁路高质量发展的必然选择，是实现铁路现代化建设的基本途径，也是确保铁路大联动机高效运转的客观要求。近年来，铁路建筑限界管理的标准化规范化建设已取得显著成效，其中国家标准《标准轨距铁路限界》于2020年重新修订发布，相关行业标准、企业标准、规章制度也在不断完善，《铁路车站及枢纽设计规范》《铁路建筑实际限界测量和数据格式》《超限货物运输线路建筑限界管理办法》的修订完善，更是为铁路局集团公司超限货物运输线路建筑限界标准化管理提供了技术标准依据和组织管理指南。

铁路局集团公司作为落实超限货物运输线路建筑限界标准化管理的主体，在技术、管理、作业层面还存在诸多不足：基本理论体系较模糊，协调管理难度较大；技术管理细节较粗放，过程管理不够精细；组织管理流程待细化，细化要求不够统一；现场作业操作较随意，作业指导还需加强；专业责任落实有差距，结合部管理需增强；限界数据应用滞后，信息化集成有待加强；服务超限运输意识不强，风险防控有待加强。解决这些客观存在的不足，不断提升限界标准化管理水平也是建筑限界标准化管理工作完善和发展的方向。

中国铁路济南局集团有限公司（以下简称济南局集团公司）高度重视标准化规范化管理工作，针对铁路建筑限界管理普遍存在的问题，以专项科研课题为依托，以专项检查整治为抓手，深入推动实施铁路建筑限界标准化管理。标准化管理主要以限界管理基本理论明晰化、技术管理精细化、管理流程制度化、作业指导规范化、专业管理责任化、数据应用信息化、服务运输全程化为纲，设计、构建、推行“七化一体”限界标准化管理体系，坚持技术标准先进实用、管理标准系统够用、作业标准规范管用，以解决现场实际问题为宗旨，把超限货物运输线路建筑限界管理涉及的标准、环节、流程，按照工作逻辑、管理重点、目标架构进行整合，从整体上明确和回答了限界管理工作要实现什么样的标准化这一基本问题。

本书主要内容包含铁路限界基本理论，建筑限界技术管理，限界组织管理，专业管理规章制度，基层作业指导书，限界系统管理及操作应用，超限货物运输管理，限界数据分析、侵限成因及整治、超限运输等案例，限界管理事故定性及案例等。主要从铁路局集团公司各管理层面，对铁路建筑限界管理的基本理论、技术标准、组织流程、信息化建设、质量管理、相关配套工作以及现场指导等方面进行了阐述，对铁路局集团公司建筑限界及超限货物运输全过程管理具有很强的针对性、操作性和实用性，可为各层级限界管理人员、作业人员提供多方位的指导和参考，也可供从事铁路相关工作人员、科研人员、高校师生等学习和参考。

本书由济南局集团公司编写，编写过程中得到了中国国家铁路集团有限公司货运部、中国铁道科学研究院集团有限公司、北京交通大学、中铁特货运输有限责任公司、中特物流有限公司以及济南局集团公司各部门单位的大力支持。北京交通大学韩梅，济南局集团公司吕关仁、江海涛、徐光冰、王建春、陈学民、赵立秋、吴正强、赵秀远、刘凤华等专家对本书进行了审查，提出了大量宝贵意见。参与本书编写的还有裴金昊、高闯、赵菲、马冲、袁铭、朱世军、樊兵、于福合等同志。在此一并表示感谢。

由于编者水平有限，书中部分内容难免存在不足及疏漏，恳请广大读者给予批评指正。

编委会

2024年9月

目　录

1 铁路限界基本理论

目前铁路建筑限界管理主要依据《标准轨距铁路限界　第1部分：机车车辆限界》(GB 146.1—2020)、《标准轨距铁路限界　第2部分：建筑限界》(GB 146.2—2020)、《铁路技术管理规程》(TG/01—2014)及其条文说明、《铁路建筑实际限界测量和数据格式》(Q/CR 55—2014，原 TB/T 3308—2013)、《铁路车站及枢纽设计规范》(TB 10099—2017)、《铁路超限超重货物运输规则》(铁总运〔2016〕260号)等标准及规章，其中涉及到的限界基本理论较为复杂，且内容分散、系统性不强，各铁路专业对基本理论内容的理解也存在差异，尤其对曲线加宽方式和测量基准选择的执行和要求往往不同。客观上铁路局集团公司层面必然要统筹考虑限界管理实际情况，形成一致意见，针对专业技术人员业务水平提升及培训学习需求，对相关技术规章和标准的基本理论内容进行系统化梳理和重构，通过重点解读，明确公式算法，演示计算过程，以明晰基本理论，为深入学习掌握限界管理基本理论要点提供精准指导。

1.1 基本理论体系

1.1.1 概述

铁路限界基本理论作为限界管理人员进行建筑限界标准化管理的基础，必须了解和掌握其概念、原理、算法、标准，理清机车车辆限界、建筑限界以及超限限界三者之间的关系，掌握基本理论的实质内容。由于超限限界介于机车车辆限界和建筑限界之间，实际上建筑限界标准化管理的重点就是对超限货物运输线路上设备设施的管理，目的是确保各种设备设施不侵入建筑限界，并优化改善建筑限界条件，保障超限货物运输最大效率。对铁路局集团公司而言，三者之间的关系要从以下几个方面进行把握：

1. 了解铁路限界对于超限货物运输的特殊性和重要性。
2. 了解铁路限界的发展沿革。
3. 理解机车车辆限界和建筑限界的含义。
4. 掌握建筑限界加宽算法及测量理论。
5. 掌握建筑实际限界测量和数据格式要求。
6. 理解判定货物是否超限的原理和方法。
7. 了解超限车运行条件的确定流程。

机车车辆限界、建筑限界以及超限限界三者之间的关系管理是一个复杂工程，涉及铁路专业多，依据的规章标准较为分散，济南局集团公司梳理形成的建筑限界管理基本理论体系主要涉及的国家标准、行业标准、企业标准、规章制度见表 1-1，限界管理人员尤其是超限货物运输线路建筑限界管理人员应加强学习、熟练掌握。

表 1-1　建筑限界管理基本理论体系

序号	主要依据	体系定位	主要条款
1	《标准轨距铁路限界　第 1 部分：机车车辆限界》(GB 146.1—2020)	根本	全部
2	《标准轨距铁路限界　第 2 部分：建筑限界》(GB 146.2—2020)	根本	全部
3	《铁路车站及枢纽设计规范》(TB 10099—2017)	基础	3、附录 A、附录 B
4	《铁路建筑实际限界测量和数据格式》(Q/CR 55—2014)	基础	全部
5	《铁路超限超重货物运输技术要求》(TB/T 30007—2022)	基础	全部
6	《铁路技术管理规程(普速铁路部分)》(铁总科技〔2014〕172 号)及后发修订内容	基本	第 14、15、22、35、37、38、60、116、145、157、194、202、203、204、209、250、384、454 条，附图 1、附图 2
7	《铁路技术管理规程(高速铁路部分)》(铁总科技〔2014〕172 号)及后发修订内容	基本	第 14、15、22、36、56、143、182、183、184、189、491、182 条，附图 1、附图 2
8	《铁路超限超重货物运输规则》(铁总运〔2016〕260 号)	依据	第 4、6、7、8、9、10、11、14、15、16、17、39、40、41、42、43、44 条
9	《超限货物运输线路建筑限界管理办法》(铁总货〔2018〕213 号)	核心	全部
10	《〈铁路技术管理规程〉条文说明》	补充	对应条款解释
11	《解读铁道行业标准　铁路建筑实际限界测量和数据格式》(文章编号：1006-9178(2013)12-0001-04)	补充	全部

注：以上所列文件应以最新版本为准，高速铁路限界管理作为限界管理的一部分应纳入。

1.1.2　技术与管理

基本理论体系包括建筑限界标准化管理的基本内容，可分为技术、管理两个方面，技术是管理的基础，管理是技术的保障，两者相辅相成、有机统一。技术方面侧重理论研究，通过理清科学、规范具有强制性的执行标准，提供管理落实的基本要求与目标。管理方面侧重贴合实际，铁路局集团公司通过构建目标明确、结构清晰、思路明确、内容稳定、系统集成的规章制度作为“法”来执行落实，有的放矢地开展管理。

建筑限界管理应按照专业管理系统一致、综合管理全路一致的总体思路开展，重点针对设计施工源头、设备接管复测、测量方式方法等强化管控。通过对技术管理细节、组织管理流程持续进行优化完善，坚持综合技术管理精细化发展，做到专业管理全面覆盖、重点突出，综合技术管理注重结果、兼顾过程。引导站段切实加强基础工作，全面提升治理能力和治理水平。坚持科学务实管用，突出实用实效、可操作、可参考、可借鉴，有制度支撑，有规范要求，减轻基层负担。坚持在继承中创新，适应运输站段管理的实际需要。

1.2 机车车辆限界

1.2.1 机车车辆限界的定义

机车车辆限界是与线路中心线垂直的限制机车车辆外形尺寸的极限横断面轮廓。它规定了机车车辆不同部位高度、宽度的最大尺寸和底部零件至轨面的最小距离。机车车辆无论是空车还是重车，无论是具有最大标准公差的新车还是具有最大标准公差和磨耗限度的旧车，当停放在水平直线上，无侧向倾斜与偏移(纵中心线和线路中心线处于同一垂直平面上)时，仅在停车时需要探出的部分应处于收回状态，除升起的受电弓外，其他任何部分都应容纳在机车车辆限界之内，不得超过机车车辆规定的限界轮廓尺寸。机车车辆在新造、技术改造、加装附属品或日常运用中，都须严格注意各部位尺寸，不得超出限界规定的要求。

机车车辆限界分为上部限界(车限-1A 如图 1-1 所示)和下部限界[车限-1B 如图 1-2 所示，车限-1C 如图 1-3 所示，通过驼峰车辆减速器(顶)(制动或工作位置)的货车下部限界车限-2 如图 1-4 所示，通过驼峰车辆减速器(顶)(缓解位置)的调车机车下部限界车限-3 如图 1-5 所示]。上部限界为距轨面高 350 mm 以上部分，下部限界为距轨面高 350 mm 及以下部分。

机车车辆的中心最大高度为 4 800 mm。机车车辆顶部的任何装置，均应在 4 800 mm 之内，以防机车车辆顶部与桥梁、隧道等建(构)筑物相撞。

在距钢轨顶面 1 250 mm 的高度范围内，因建筑物和设备较多，机车车辆限界宽度呈逐渐缩减状态。

1. 上部限界

机车车辆上部限界的垂直尺寸为空载状况下垂直面内的最大尺寸。机车车辆上部限界的横向尺寸应按《标准轨距铁路限界　第 1 部分：机车车辆限界》(GB 146.1—2020)规定的“机车车辆最大容许制造宽度”的计算方法确定，图示值为未进行缩减的尺寸。机车车辆在钢轨顶面上部 1 250 mm 至 3 600 mm 范围内，规定最大宽度为 3 400 mm。但考虑列车尾部侧灯悬挂及轨道检测车视窗的实际情况，允许在轨面以上 2 600 mm 至 3 100 mm 间左右各加宽 100 mm。

对于车体长度和转向架中心距不超过计算车辆(车体长度为 26 m、转向架中心距为 18 m)的机车车辆，其最大容许制造宽度不需缩减；对于车体长度和转向架中心距超过计算车辆的机车车辆，其最大容许制造宽度应按规定缩减。

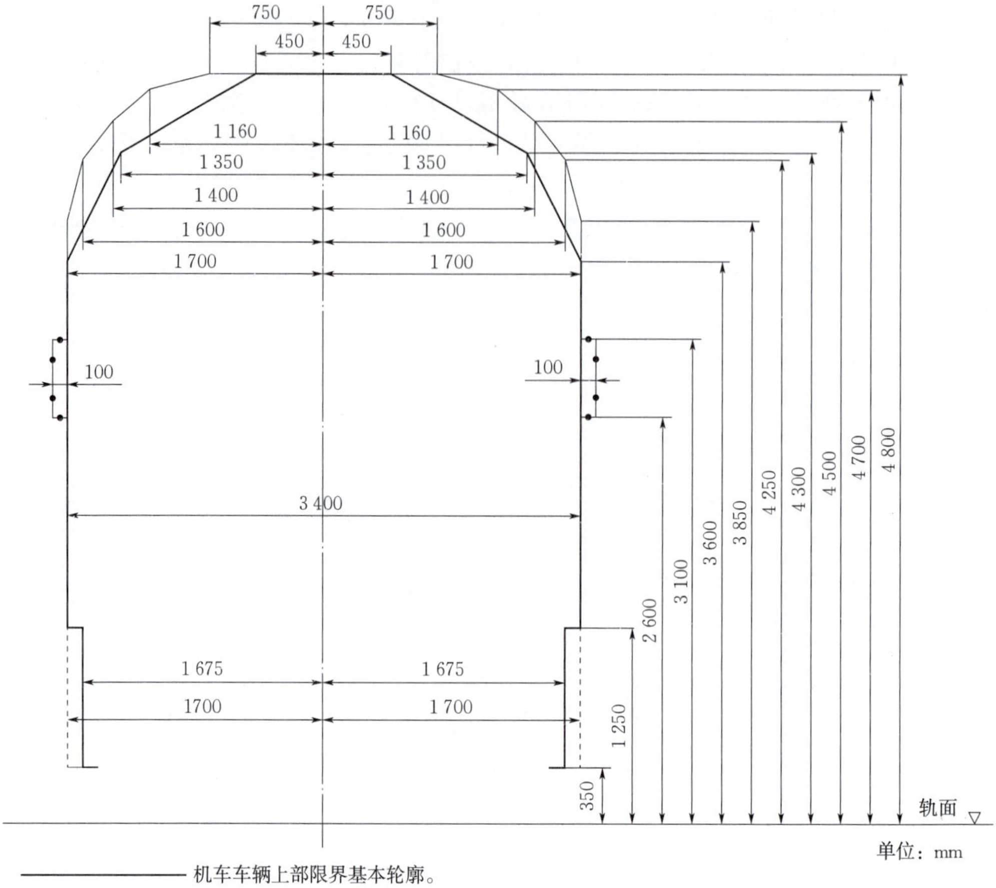

———— 机车车辆上部限界基本轮廓。

———— 电气化铁路机车车辆轮廓。

- - - - 客运专线动车组轮廓。

—●—●—●— 列车信号装置、后视镜限界轮廓。

图 1-1　机车车辆上部限界　车限-1A

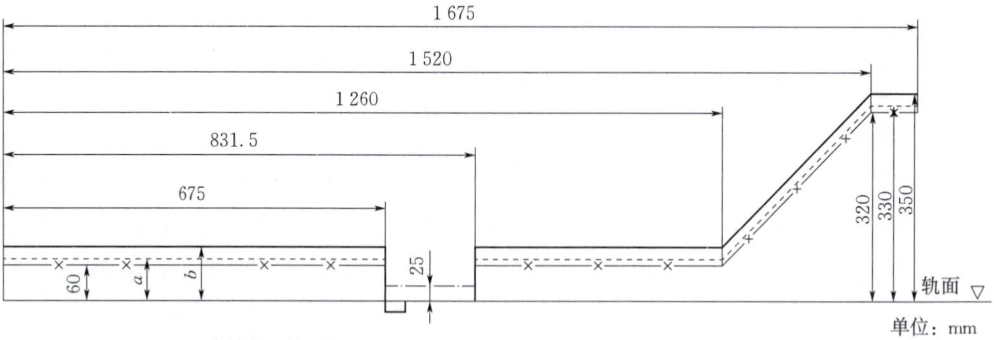

———— 车体的弹簧承载部分。

- - - - 转向架上的弹簧承载部分。

—×——×——×— 非弹簧承载部分。

—·——·——·— 机车闸瓦、撒砂管、喷油嘴最低轮廓。

图 1-2　机车车辆下部限界　车限-1B

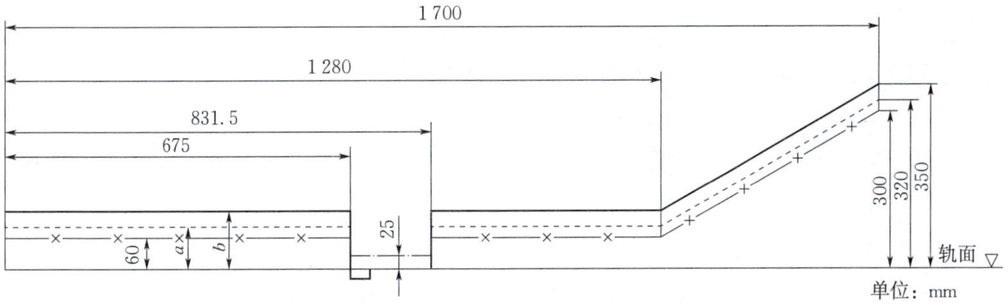

——————— 车体的弹簧承载部分。

- - - - - - - - - 转向架上的弹簧承载部分。

—×——×——×— 非弹簧承载部分。

—·——·——·— 机车闸瓦、撒砂管、喷油嘴最低轮廓。

图 1-3　机车车辆下部限界　车限-1C

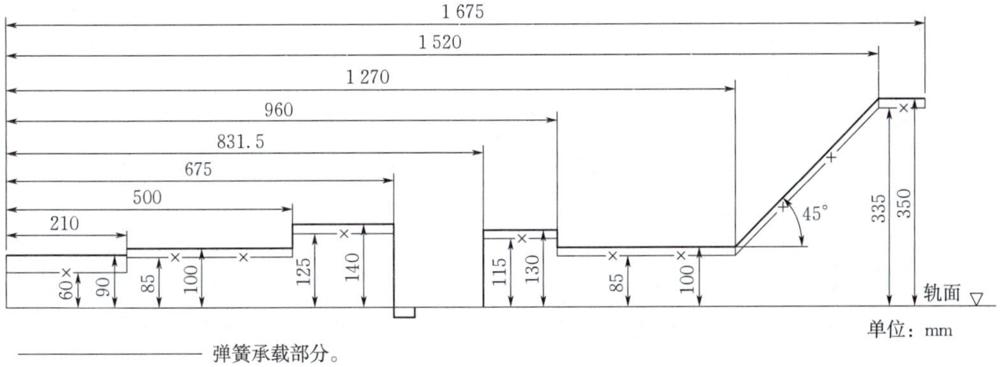

——————— 弹簧承载部分。

—×——×——×— 非弹簧承载部分。

图 1-4　通过驼峰车辆减速器(顶)(制动或工作位置)的货车下部限界　车限-2

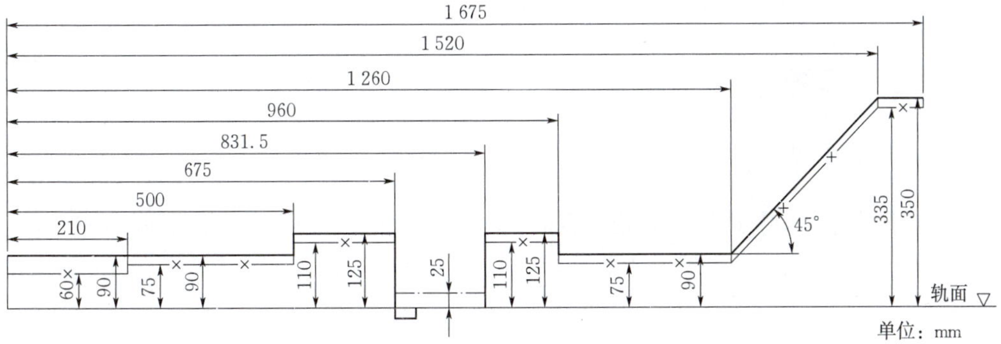

——————— 弹簧承载部分。

—×——×——×— 非弹簧承载部分。

—·——·——·— 机车闸瓦、撒砂管、喷油嘴最低轮廓。

图 1-5　通过驼峰车辆减速器(顶)(缓解位置)的调车机车下部限界　车限-3

2. 下部限界

新造机车车辆下部的制造垂直尺寸，在计入静载下（或整备状态下）的弹簧下沉量以及最大磨耗量后，不得小于机车车辆下部限界图所规定的垂直尺寸。因在距钢轨顶面1 250 mm的高度范围内，建筑物和设备较多[如站台、道岔转辙机、电气装置、驼峰车辆减速器（顶）等]，为防止与这些设备接触，机车车辆宽度逐渐缩减，故规定了不同情况的下部限界要求。

客货共线铁路建筑限界线路上运行速度≤160 km/h的机车车辆时，图1-2中a为70 mm，b为90 mm；运行速度>160 km/h的机车车辆时，图1-3中a为80 mm，b为110 mm。进入客货共线铁路建筑限界线路上运行时，还应符合图1-2车限-1B。

1.2.2 机车车辆最大宽度容许值

对于进入符合GB 146.2—2020标准轨距铁路线路运行的车辆，规定计算车辆的车体长度为26 m，转向架中心距为18 m，其最大容许制造宽度为3 400 mm。计算车辆行经曲线半径为300 m的计算曲线，中部最大偏移量为135 mm，端部为147 mm。

（1）当机车车辆车体长度和转向架中心距不大于计算车辆的相应尺寸并且符合计算车辆的长度与转向架中心距的比例时，不需缩减其最大容许宽度（3 400 mm）。

（2）当机车车辆车体长度和转向架中心距大于计算车辆的相应尺寸或虽不大于但不符合计算车辆的车体长度与转向架中心距的比例时，应相应缩减其最大容许宽度，并按GB 146.1—2020中第6条的计算方式计算最大容许宽度，其中特种车辆亦参照该条计算方式计算。

对于进入不符合GB 146.1—2020标准轨距铁路线路运行的机车车辆，规定计算车辆的车体长度为13.22 m，转向架中心距为9.35 m，其最大容许宽度为3 400 mm，计算车辆行经曲线半径为300 m的计算曲线，中部和端部最大偏移量均为36 mm。在进行机车车辆设计时，应采用上述两条计算车体最大制造宽度，距钢轨顶面高350 mm～1 250 mm范围内的车体宽度限界半宽，应采用1 600 mm；或者在设计时依据线路实际的最小限界尺寸或曲线加宽量等确定车体最大制造宽度。

1.3 建筑限界

1.3.1 建筑限界的定义

建筑限界是一个与线路中心线垂直的极限横断面轮廓。在此轮廓内，除机车车辆和与其有相互作用的设备（车辆减速器、接触线、吊弦、定位器等）外，其他设备或建筑物均不得侵入。

建筑限界是确保机车车辆和装载货物在运行时不与线路上的设备和建（构）筑物发生刮蹭、碰撞，能够安全通过的空间。由于建筑限界是以钢轨顶面为基准，因此在设计建（构）筑物或设备时，必须考虑钢轨顶面标高可能产生的变动量，例如站台的设计高度应考虑路基沉降带来的轨道的下沉量，跨线桥、雨棚应考虑加厚道床、更换重轨、重枕带来的轨道抬高量，使其在轨顶标高变化后，仍不侵入建筑限界轮廓。

1.3.2 建筑限界的制定依据

建筑限界主要依据机车车辆限界、机车车辆运行时的振动、牵引动力及车辆大型化发展、大件货物运输等因素制定，综合考虑线路轨距、线路质量、车辆振动及偏移量、线路两侧各专业设备结构等多方面因素最终形成，如图 1-6 所示。

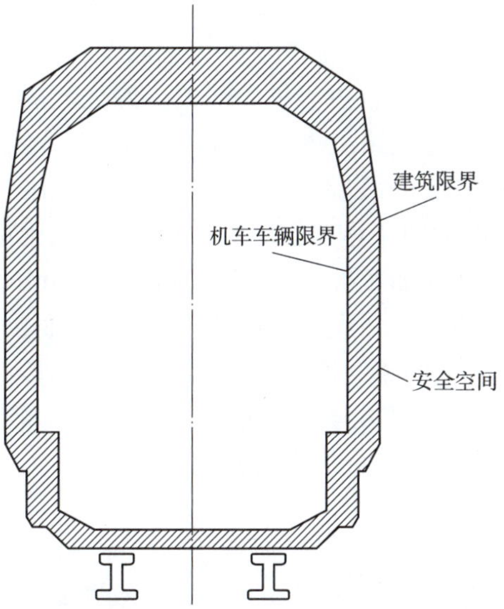

图 1-6 建筑限界轮廓图

1.3.3 建筑限界的作用

1. 保证所有机车车辆包括超限车在线路上安全行驶；

2. 统一形成铁路各业务部门必须共同遵守的基础技术标准（直接关系到机车车辆、牵引动力和建筑物、设备的发展和投资，行车速度和列车质量的提高以及铁路运输的经济效益）；

3. 保障国民经济各工业部门和国防工业部门运送超限货物。

1.3.4 建筑限界的特点

1. 铁路沿线的建筑物及设备数量庞大

我国铁路点多、线长、面广，沿线建筑物和设备众多。邻近这些铁路线和车站分布着众多的隧道、桥梁、天桥、站台、信号设备以及接触网杆柱等其他建筑物和设备。我国铁路建设的高速发展及技术水平的不断提升，铁路两侧建（构）筑物数量也不断增加。近年来济南局集团公司管内新开通了济青高铁、日兰高铁、济莱高铁、济郑高铁、潍荣高铁等线，未来将继续建设开通潍烟高铁、津潍高铁、雄商高铁等线，管内设备量呈现不断增加的态势。

2. 实际限界情况复杂

（1）不同时期修建的建筑采用的标准不同，按照不同标准修建的铁路线路共存。在 1959 年 GB 146—1959 制定以前，我国已有近 30 000 km 的线路、约 1 300 座隧道和 20 000 座桥梁,以及其他诸多建筑物。这些设备、设施大部分是 1949 年前后修建的,存在着桥、隧净空小,线路曲线加宽、线间距不足等问题。目前,经过多年的技术改造,全路建筑限界特别是桥隧限界得到了极大的改善,但仍有部分不满足现行的国家标准。有些线路在修建、改建或安装有关设备、设施以及地方修建跨线桥等建筑物时,建筑限界标准未得到认真贯彻执行,直线上建筑限界未达标,曲线上建筑限界加宽不足。还有同一条线路 $v\leqslant$ 160 km/h 客货共线铁路建筑限界、$v>$160 km/h 客货共线铁路建筑限界、双层集装箱运输铁路建筑限界等两种或以上建筑限界共同存在的情况。

(2)建筑限界经常会发生变化。由于铁路线路不断进行着新建或改造等施工建设,以及一些自然灾害的影响,使得铁路沿线的建筑物及设备经常处于变化之中。如京沪线禹城站因正线多年抬道累积 20 cm 以上,雨棚相对轨面高度由 5 000 mm 以上逐渐降低,最低已至 4 836 mm,曲线内侧加宽标准相应不断提高,导致雨棚边沿多次切割,整治后建筑限界依旧无法达标,经曲线加宽折减后,侵限量达到 36 mm。

(3)某些双线区段线间距不符合规定。在《铁路技术管理规程》(以下简称《技规》)中虽然规定了不同的运行速度下的线间距,但是实际上许多区段的线间距小于规定数值,使得双线区段旅客列车间、旅客列车与货物列车间、货物列车间,特别是旅客列车和普通货物列车与超限货物列车的会车安全距离减少。

1.3.5 建筑限界的种类

以《技规》(普速铁路部分)附图 1 客货共线铁路建筑限界为例,铁路建筑限界主要分为基本建筑限界、基本建筑限界(车库门等)、隧道建筑限界(内燃牵引区段)、隧道建筑限界(电力牵引区段)、桥梁建筑限界(内燃牵引区段)、桥梁建筑限界(电力牵引区段)、双层集装箱运输装载上部限界、双层集装箱运输基本建筑限界等。本书主要以 $v\leqslant$160 km/h 客货共线铁路建筑限界为例进行介绍。

1. $v\leqslant$160 km/h 客货共线铁路建筑限界

(1)基本建筑限界图

基本建筑限界图如图 1-7 所示。

旅客站台上柱类建(构)筑物距站台边缘不小于 1 500 mm,建(构)筑物距站台边缘不小于 2 000 mm。旅客站台分为低站台、高站台,低站台高度为 300 mm、500 mm,高站台高度为 1 250 mm。货物站台的高度为 900~1 100 mm。在非电气化区段的车站上,车辆调动频繁的站场内,天桥的高度不小于 5 800 mm。

货物高站台边缘(只适用于线路的一侧)在高出轨面的 1 100~4 800 mm 范围,距线路中心线距离可按 1 850 mm 设计。

(2)基本建筑限界图(车库门等)

基本建筑限界图(车库门等)如图 1-8 所示。

(3)隧道建筑限界图(内燃牵引区段)

隧道建筑限界图(内燃牵引区段)如图 1-9 所示。

(4)隧道建筑限界图(电力牵引区段)

隧道建筑限界图(电力牵引区段)如图 1-10 所示。

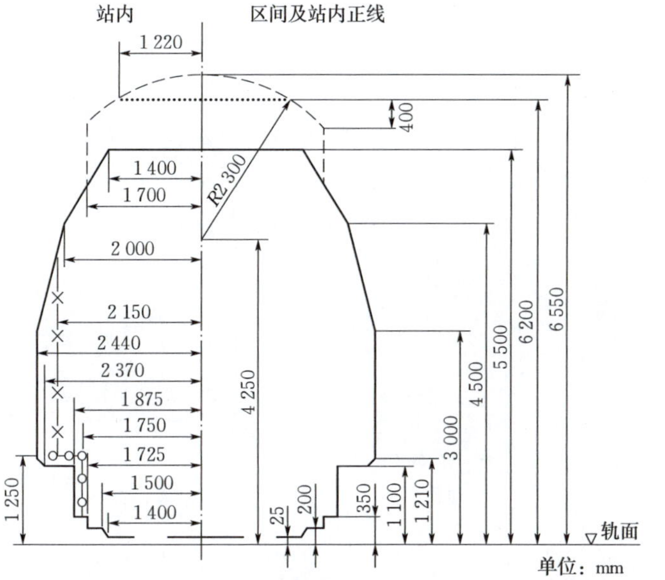

——×——×——×—— 信号机、高架候车室结构柱和接触网、跨线桥、天桥、电力照明、雨棚等杆柱的建筑限界（正线不适用）。

——o——o——o—— 站台建筑限界（正线不适用）。

———————— 各种建（构）筑物的基本限界。

- - - - - - - - 适用于电力牵引区段的跨线桥、天桥及雨棚等建（构）筑物。

·············· 电力牵引区段的跨线桥在困难条件下的最小高度。

图 1-7　基本建筑限界图

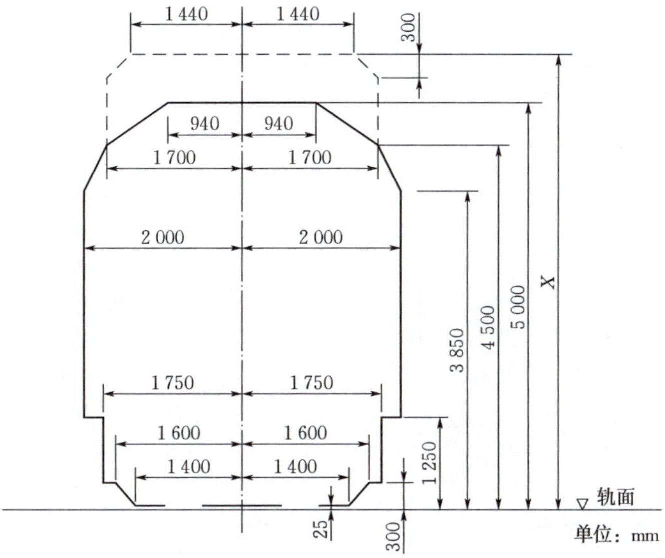

———————— 适用于新建及改建使用内燃机车、车辆的车库门、转车盘、洗罐线、机车走行线上各种建（构）筑物，也适用于旅客列车到发线及超限货车不进入的线路上的雨棚。

- - - - - - - - 适用于使用电力机车的上述各种建（构）筑物。

X 的值根据接触网的结构高度确定。

图 1-8　基本建筑限界图（车库门等）

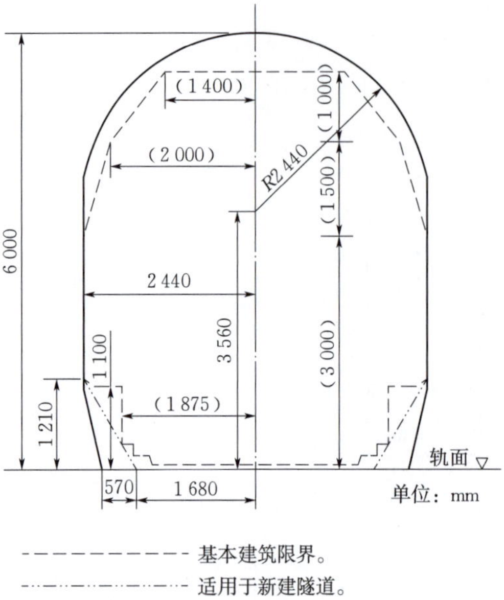

图 1-9　隧道建筑限界图(内燃牵引区段)

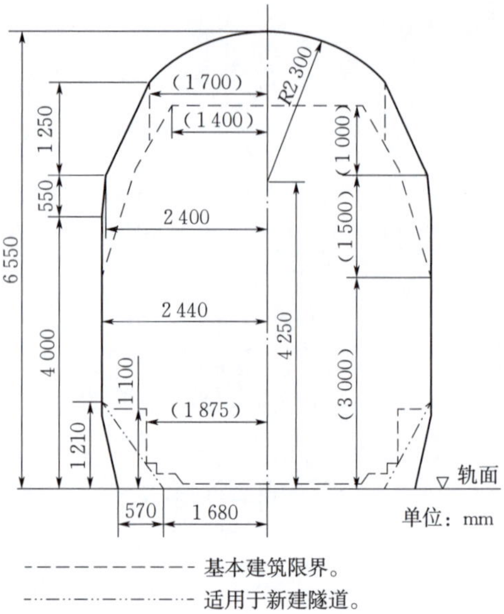

图 1-10　隧道建筑限界图(电力牵引区段)

(5)桥梁建筑限界图(内燃牵引区段)

桥梁建筑限界图(内燃牵引区段)如图 1-11 所示。

(6)桥梁建筑限界图(电力牵引区段)

桥梁建筑限界图(电力牵引区段)如图 1-12 所示。

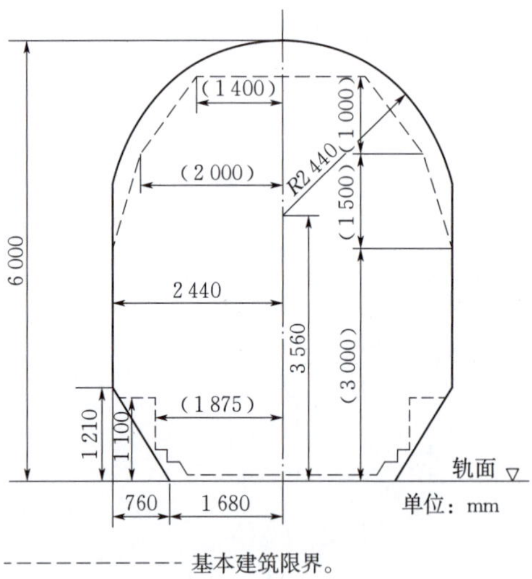

图 1-11　桥梁建筑限界图(内燃牵引区段)

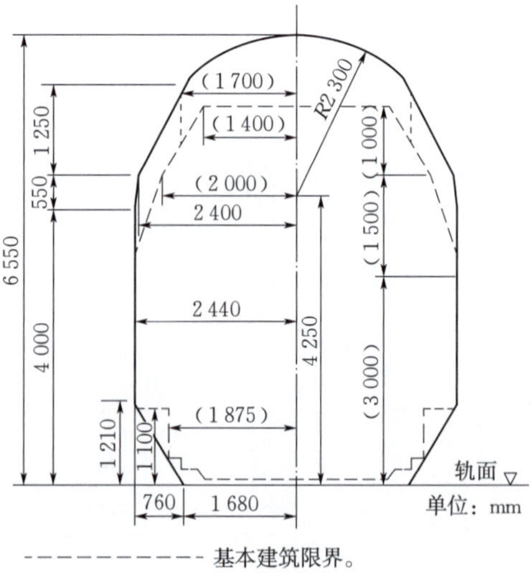

图 1-12　桥梁建筑限界图(电力牵引区段)

1.3.6　建筑限界具体尺寸的确定

本节重点介绍铁路建筑限界中以下几个数字(尺寸)的来源。

2 440 mm:为信号机、水鹤、跨线桥柱、雨棚、天桥等距线路(正线及通行超限货物列车的站线)中心的最小距离。之所以设定为 2 440 mm,是考虑到最大货物超装载限界半宽为 2 225 mm,货物振动横移量为 170.5 mm,安全量为 44.5 mm,则建筑接近限界半宽度=2 225+170.5+44.5=2 440 mm。

2 150 mm:为信号机、水鹤等距线路(不通行超限货物列车的站线)中心的最小距离。

1 750 mm:为高站台、一般旅客站台、邻靠正线及通行超限列车线路旁侧的旅客站台距线路中心的最小距离。

25 mm:为撒砂管端口,机车车辆闸瓦在轮箍最薄和车架弹簧下沉最低情况下距轨面的限制高度。

5 500 mm:考虑到超限货物装载限界高度为 5 300 mm,且货物向上振动偏移量为 46.5 mm,预留安全量 153.5 mm,则建筑接近限界高度=5 300+46.5+153.5=5 500 mm。

3 100 mm:为列车标志至轨面的最大容许尺寸。

6 550 mm:在电力机车牵引的线路上,考虑到线路上空有输电接触网,建筑接近限界最大高度定为 6 550 mm,困难时可为 6 200 mm。另外双层集装箱运输的线路,不小于 6 330 mm。

1.3.7 超限限界

超限货物根据货物的超限程度分为三个等级:一级超限、二级超限和超级超限。关于超限货物的相关概念及论述,详见本书第七章,但不论何级超限,其超限限界轮廓均介于机车车辆限界与建筑限界轮廓之间,一级超限限界及二级超限限界如图 1-13、图 1-14 所示。

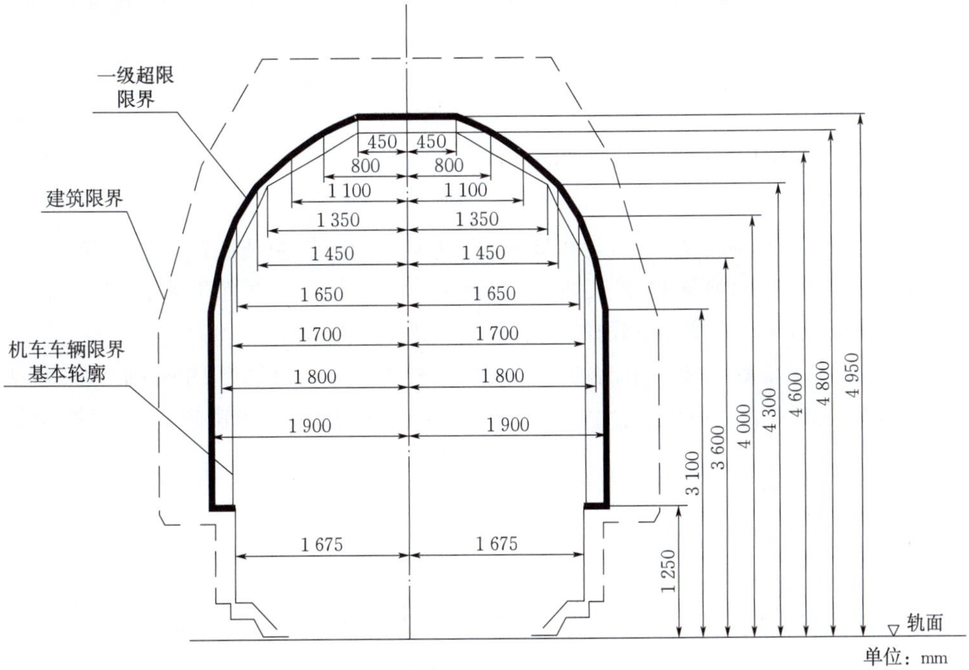

图 1-13 一级超限限界图

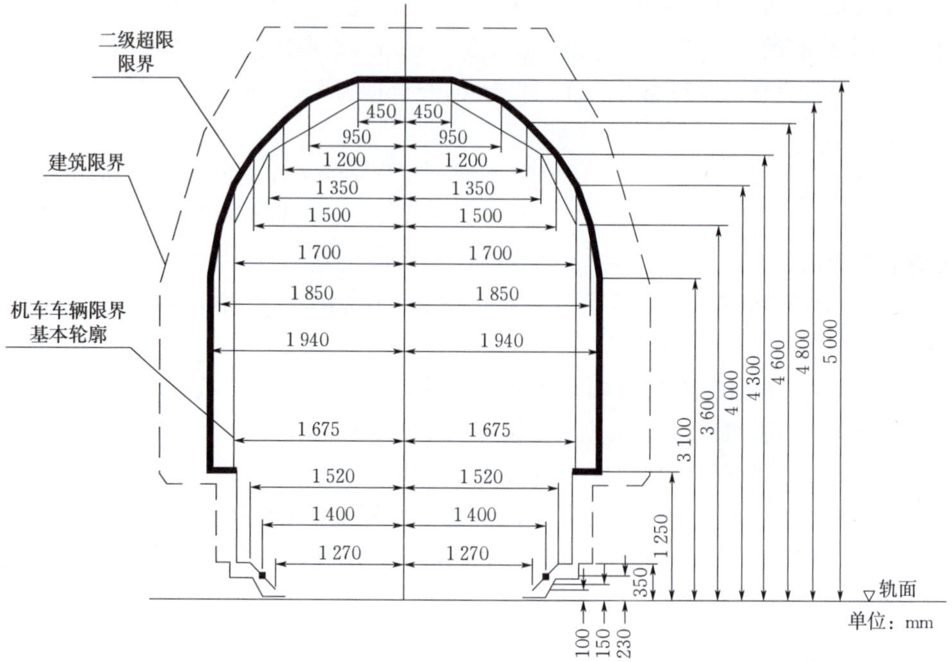

图 1-14　二级超限限界图

1.3.8　曲线加宽

列车在曲线上行驶时，转向架可以随线路的曲度转动，但车身是一个整体，不能随线路的曲度弯曲，所以在通过曲线时，车体两端突出于曲线外侧，而中部向曲线内侧偏移，因而相邻两曲线上的两车辆间净空减少。当相邻两曲线的外轨超高不同时，车体倾斜度不同，也影响净空。

为保持相邻曲线上车体间有一定净空，同时保持线路上的车辆与邻近的建筑物间有一定净空，曲线地段中心线间的水平距离和线间设施（含站台边缘）至线路中心线的最小距离需要加宽。

曲线上建筑限界需加宽多少，与车体长度、转向架中心销距及曲线半径 R 有关，当车体长度大、曲线半径小，则车体偏入曲线内侧的距离也大。从立面上看，因外轨设置超高，致使车体向内倾斜，车体内侧面的上部明显偏入曲线内侧。

我国规定建筑限界在曲线上的加宽值按照车长为 26 m，销距为 18 m 的车辆（称为计算车辆）和曲线的实际半径进行计算。同时要考虑由于曲线外轨超高引起的车辆倾斜量。

1.3.9　曲线形式及外轨超高

1. 曲线的形式

曲线加宽的范围是根据现场线路设置的实际情况结合计算车辆参数确定的。现场线路设置的实际情况主要指的是线路平面情况，即线路中心线在水平面上投影的实际情况，其由平面直线和平面曲线组成，平面曲线又分为圆曲线与缓和曲线。

(1)平面曲线

虽然线路设计要求尽量采用长直线，但在实际情况下，往往因地形地貌的限制，列车不可能永远在直线上运行，同时也不可能在成折角的线路上运行。要实现列车转向，就必须在两直线间用一定长度的弧线来连接，也就是使用平面曲线来实现。在我国的铁路运营总里程中，曲线里程约占总路网的40%。

(2)圆曲线

圆曲线包含曲线半径、转向角、切线长、曲线长、外矢距等要素，其中曲线半径、转向角、曲线长度称为曲线的三要素。在建筑限界测量、计算中，主要使用的是圆曲线曲线半径及外轨超高两个参数。

(3)缓和曲线

缓和曲线是为使列车由直线进入曲线或者由曲线驶入直线时，离心力不会突然产生或消失，实现平衡离心力的超高逐渐增加或减小，同时在半径小于300 m的曲线上实现轨距的逐渐加宽而设置的三次抛物线形曲线轨道。一般来说，从直线无超高到圆曲线设计超高 h 之间的逐渐变化是在缓和曲线上实现的。

(4)夹直线

夹直线是在相邻曲线或者缓和曲线间设置的一段直线，其目的是防止列车由于突然转向而引起摇摆和振动，保障列车运行平稳而设置的一段直线。

(5)常见曲线示意图

①平面曲线示意图

平面曲线示意图如图1-15所示，虚线是没有设置缓和曲线的情况，实线是设置了缓和曲线的情况。

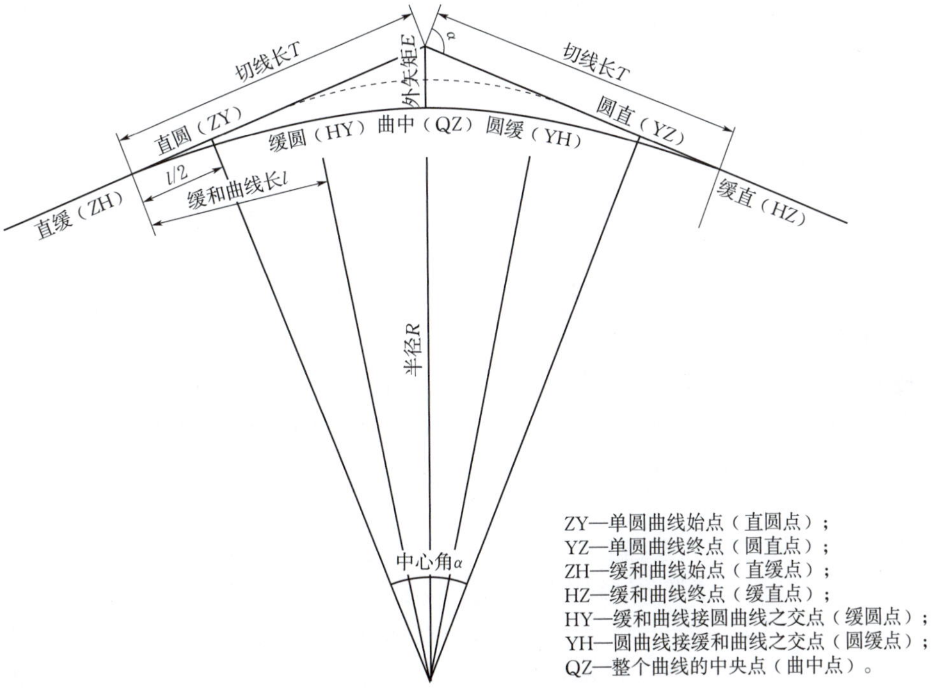

图1-15　平面曲线示意图

除此之外，只有一个半径的曲线，称为单曲线。由两个及两个以上不同半径组成的曲线称为复心曲线。复心曲线转向角偏向同一个方向时称为同向曲线，转向角相反时称为反向曲线。除此之外曲线还包括道岔的导曲线及岔后的连接曲线。

②同向曲线示意图

同向曲线示意图如图 1-16 所示。

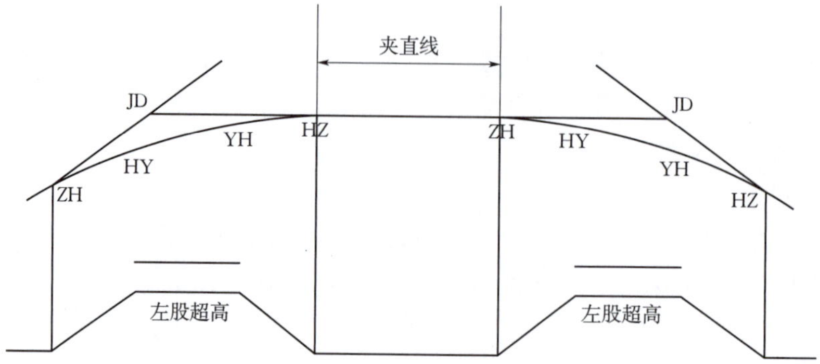

图 1-16　同向曲线示意图

③反向曲线示意图

反向曲线示意图如图 1-17 所示。

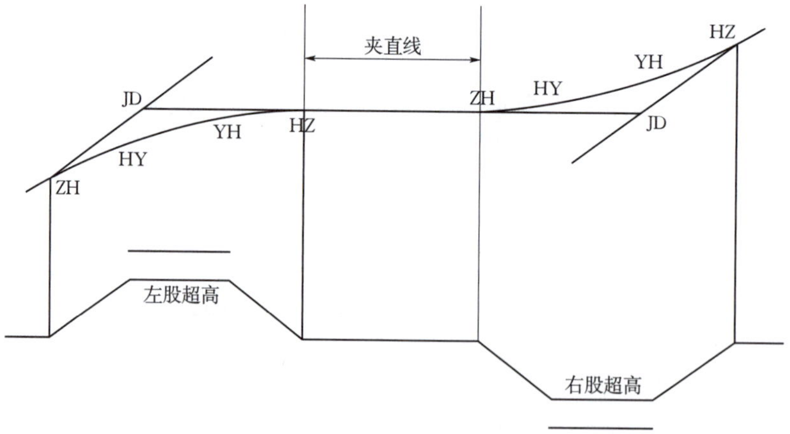

图 1-17　反向曲线示意图

2. 外轨超高设置

按照《普速铁路线路修理规则》(铁总工电〔2019〕146 号)第三章“线路设备标准和修理要求”第一节“线路平面”的第 3. 1. 4 条，曲线超高顺坡有以下规定。

(1)曲线超高应在整个缓和曲线内顺完，如图 1-18 所示。

(2)如缓和曲线长度不足，顺坡可延至直线上，如图 1-19 所示。

(3)如无缓和曲线，在直线上顺坡，但坡度及最大值均有限制，如图 1-20 所示。

(4)同向曲线按速度与顺坡终点间的夹直线长度分为三种情况。

①允许速度不大于 160 km/h 且顺坡终点夹直线不小于 25 m 时，如图 1-21 所示。

②允许速度不大于 120 km/h 但顺坡终点夹直线不足 25 m 时，在直线部分设置不短于 25 m 的等超高段，如图 1-22 所示。

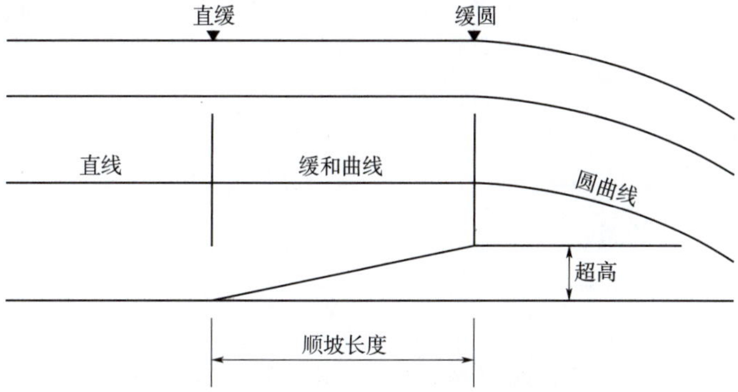

图 1-18　曲线示意图

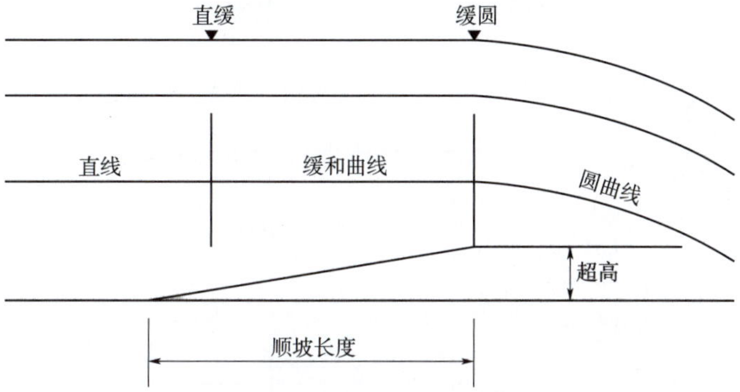

图 1-19　有缓和曲线顺坡示意图

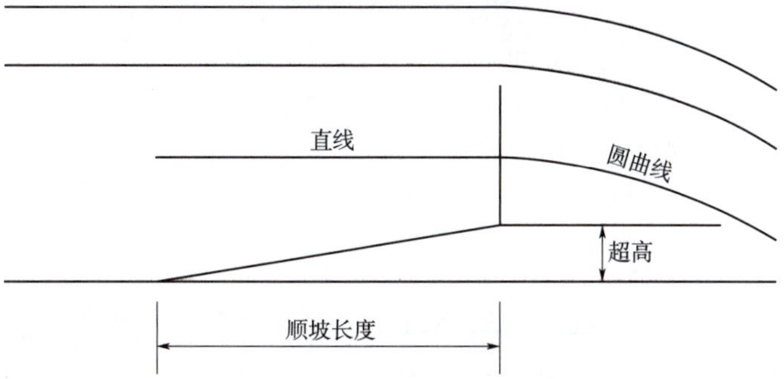

图 1-20　无缓和曲线顺坡示意图

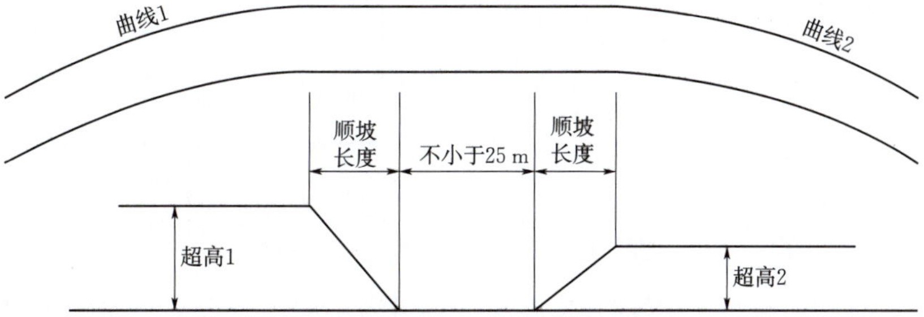

图 1-21　同向曲线外轨超高设置示意图 1

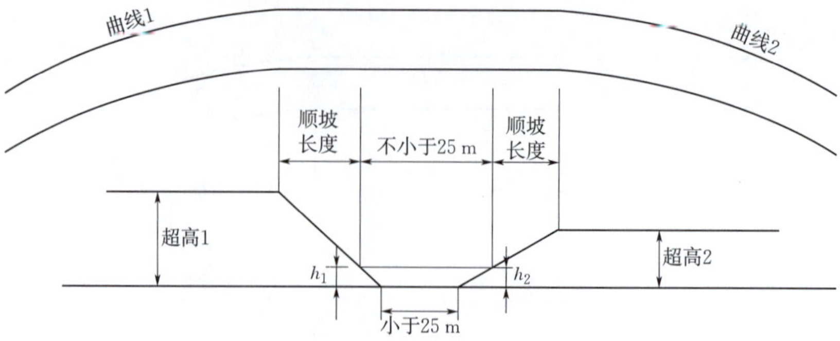

图 1-22　同向曲线外轨超高设置示意图 2

③允许速度不大于 120 km/h 但顺坡终点夹直线不足 25 m，且在直线部分设置不短于 25 m 的等超高段有困难时，在直线部分由较大超高向较小超高均匀顺坡，如图 1-23 所示。

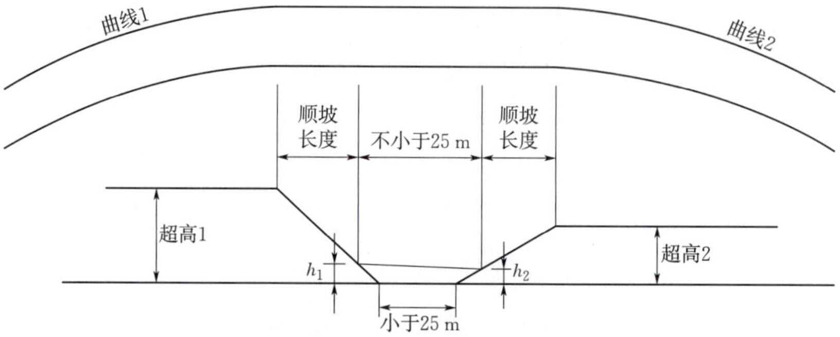

图 1-23　同向曲线外轨超高设置示意图 3

(5)反向曲线两超高顺坡终点间的夹直线长度应满足规定，允许速度不大于 160 km/h 时，不小于 25 m；不大于 120 km/h 且无法保证 25 m 时，正线不小于 20 m，站线不小于 10 m。极端情况下超高顺坡可延伸至圆曲线上，但圆曲线始终点欠超高不得超过规定，如图 1-24 所示。

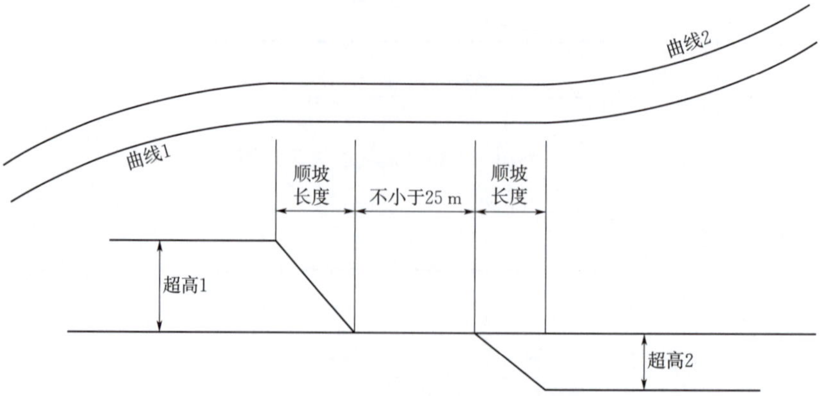

图 1-24　反向曲线超高顺坡示意图

(6)复心曲线两超高不相等时，应在正矢递减范围内由较大超高向较小超高进行均匀顺坡，如图 1-25 所示。

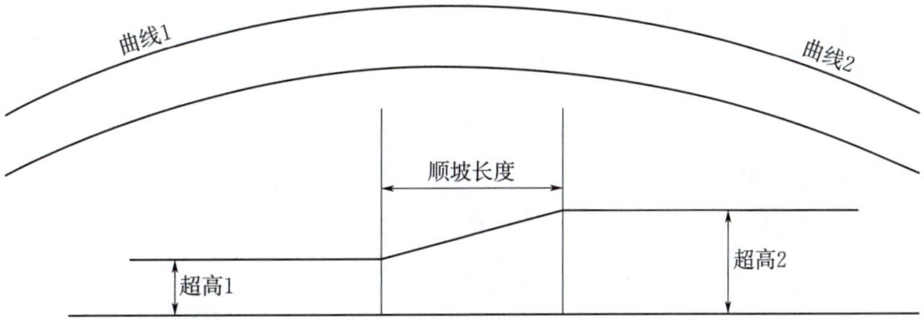

图 1-25 复心曲线超高由大到小的顺坡示意图

1.3.10 曲线加宽公式推导

令车体长度为 L，转向架中心销距为 l，曲线半径为 R，车体偏差量为 f。可根据几何图形计算。

1. 内偏差量计算如图 1-26、图 1-27 所示：

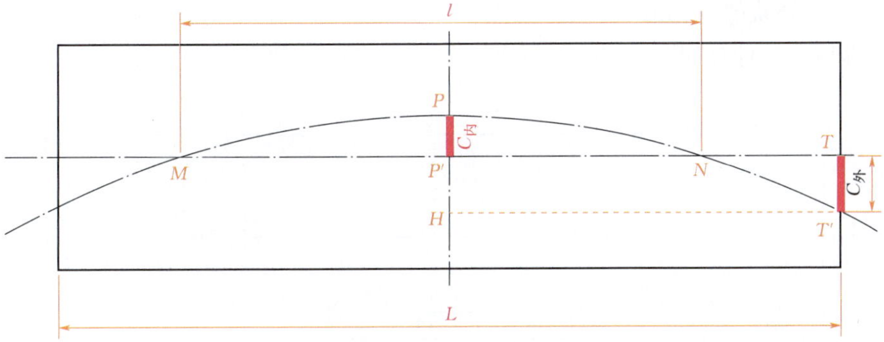

图 1-26 内偏差量俯视图

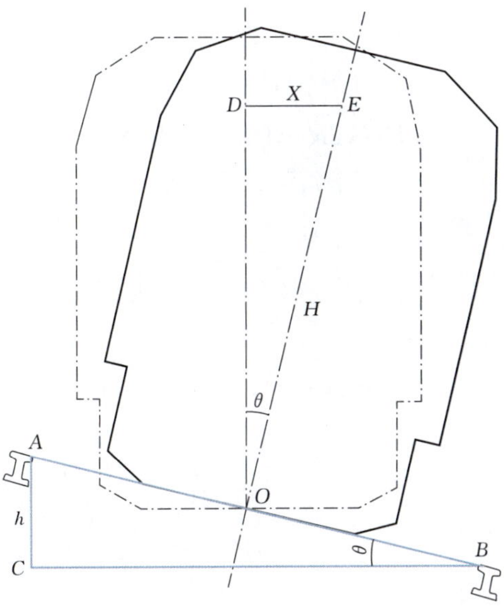

图 1-27 内偏差量正视图

$$C_{内}=PP'$$

$$PP'(2R-PP')=(l/2)^2$$

$$PP'=l^2/(8R)$$

计算车辆 $l=18$ m

$$PP'=18^2/(8R)=40.5/R\quad(\text{m})=40\,500/R\quad(\text{mm})$$

由图 1-27 易得△ABC∽△EOD，DE/EO=AC/AB，故 DE=AC·EO/AB。

DE=H·h/AB，AB 取 1 435 mm 轨距，同时考虑轨顶宽度附加 65 mm，取 1 500 mm。得出超高影响偏差量为 H·h/1 500。

综合曲线内偏差量及超高影响得出

$$W_1=\frac{40\,500}{R}+\frac{H}{1\,500}h$$

式中 R——曲线半径(m)；

H——计算点自轨面起算的高度(mm)；

h——外轨超高(mm)。

2. 外偏差量计算如图 1-28 所示：

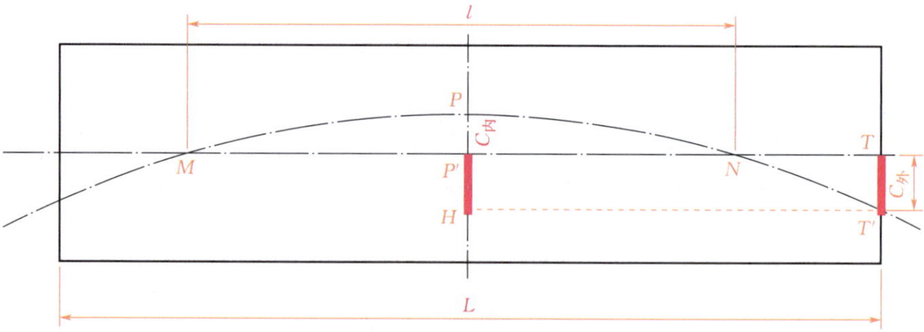

图 1-28　外偏差量俯视图

$$C_{外}=TT'=P'H=PH-PP'$$

$$PH(2R-PH)=(L/2)^2$$

$$PH=L^2/(8R)$$

$$PP'=l^2/(8R)$$

$$TT'=(L^2-l^2)/(8R)$$

计算车辆 $L=26$ m，$l=18$ m

$$TT'=(26^2-18^2)/(8R)$$

$$=44/R(\text{m})$$

$$=44\,000/R(\text{mm})$$

$$W_2=\frac{44\,000}{R}$$

式中 R——曲线半径(m)。

故而：

曲线内侧加宽(mm)

$$W_1=\frac{40\ 500}{R}+\frac{H}{1\ 500}h$$

曲线外侧加宽(mm)

$$W_2=\frac{44\ 000}{R}$$

曲线内外侧加宽共计(mm)

$$W=W_1+W_2=\frac{84\ 500}{R}+\frac{H}{1\ 500}h$$

式中 R——曲线半径(m)；

H——计算点自轨面算起的高度(mm)；

h——外轨超高(mm)。

$\frac{H}{1\ 500}h$ 的值也可以用内侧轨顶为轴，将有关限界旋转 θ 角($\theta=\arctan\frac{h}{1\ 500}$)求得。

1.3.11 曲线加宽范围的若干情况

曲线上建筑限界的加宽范围，包括全部圆曲线、缓和曲线和部分直线。加宽方法有多种。

1. 阶梯加宽方式如图 1-29 所示。

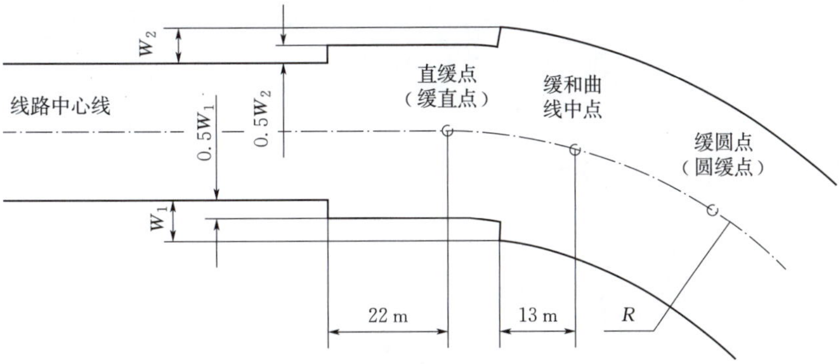

图 1-29 阶梯加宽图

由《技规》(普速铁路部分)可知，图 1-29 除曲线部分外，缓和曲线中点前 13 m 处到缓圆点间的部分应加全宽，缓和曲线中点前 13 m 处至直缓点前 22 m 处的部分还应对其限界标准加半宽。

2. 折线加宽方式。

当曲线未设置缓和曲线时，根据《〈铁路技术管理规程〉(普速铁路部分)条文说明(上册)》附图 1 条文说明的内容："对于未设缓和曲线的圆曲线，其加宽范围应包括全部圆曲线和部分直线。部分直线段的加宽方式可采用折线方式，即从直圆点或圆直点外的 22 m 处开始加宽，逐渐加大，至直圆点或圆直点前的 4 m 处达到计算所需的曲线内、外侧加宽量；直圆点或圆直点前 4 m 直线段和圆曲线部分按计算所需的曲线内、外侧加宽量加宽。计算车辆的长度为 26 m、转向架中心距为 18 m，当车辆的两个转向架都刚进入或即将出圆曲线时，偏移量最大，而此时车辆的尾部仍在或头部已进直线段，此段长度为转向架心盘距车辆端部的距离，为 4 m。”折减加宽图如图 1-30 所示。

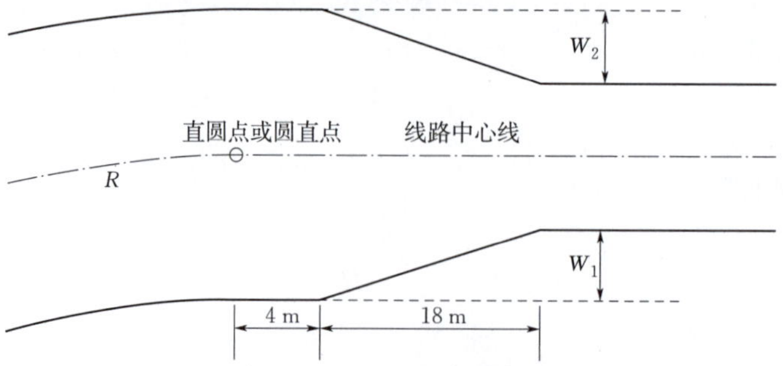

图 1-30　折减加宽图

3. 圆顺加宽方式。

《铁路车站及枢纽设计规范》在其条文说明附录内提供了圆顺加宽办法，如曲线外侧变加宽情况。圆顺加宽图如图 1-31 所示。

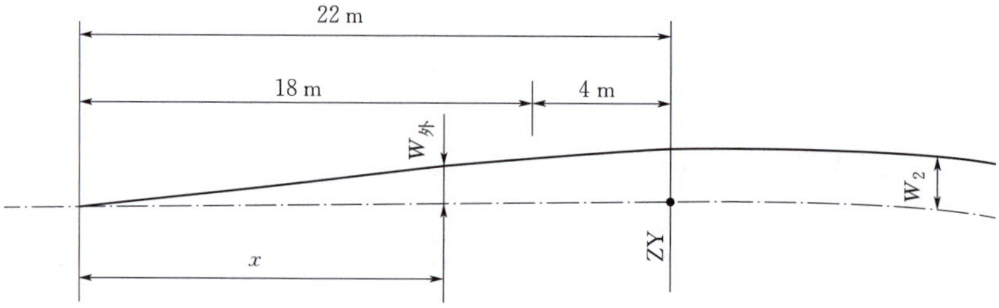

图 1-31　圆顺加宽图

4. 在新线开通中，对缓和曲线不足 26 m 等情况，多以设计单位出具的设计联系单作为管理依据，如图 1-32 所示。

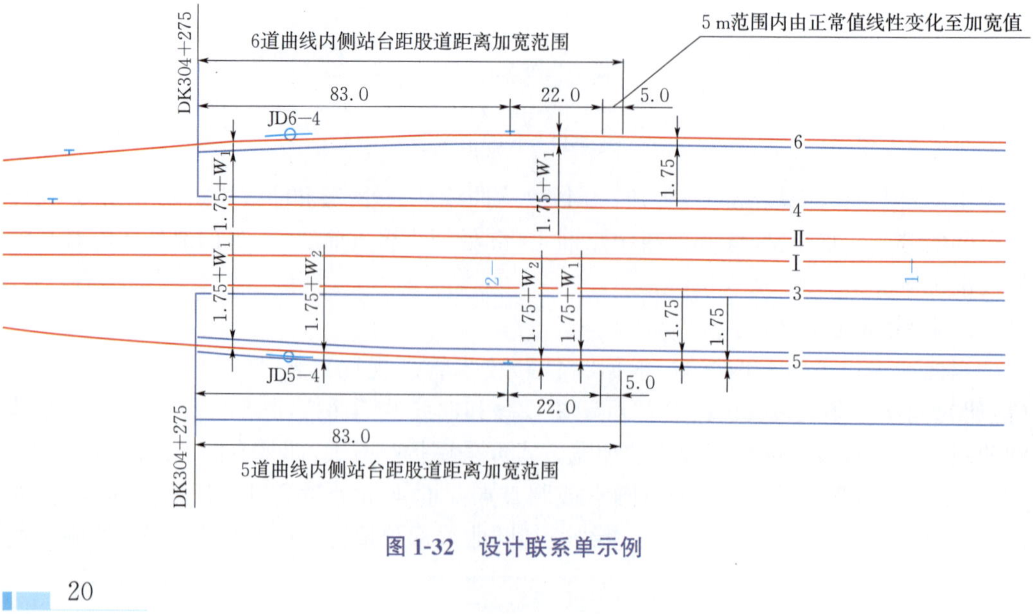

图 1-32　设计联系单示例

1.3.12 《铁路建筑实际限界测量和数据格式》解读

《铁路建筑实际限界测量和数据格式》(Q/CR 55—2014)包括适用范围、术语和定义、测量要求、数据整理共4章内容,重点对测量的量、测量范围、测量对象、测量工具、测量方法、测量偏差、测量数据处理和数据整理填写等作了详细和明确的规定。在数据整理要求中有4个附表,表1为单个桥隧综合最小建筑限界尺寸,表2为线路(区段)桥隧综合最小建筑限界尺寸,表3为单个设备及建筑物综合最小建筑限界尺寸,表4为线路(区段)其他设备及建筑物综合最小建筑限界尺寸,所有测量和统计结果均体现在这4个表中。

Q/CR 55—2014规定,测量的量包括铁路建筑限界的垂直距离和水平距离,以及线路里程和相邻线路间的距离。其中,铁路建筑限界的垂直距离和水平距离是2个关键的量值,随选择基准面的不同有不同的定义。

以轨面为测量基准时,垂直距离是指在垂直于线路中心线的断面内,测量建筑物和设备的内轮廓点(最近点或最高点或最低点)距2条钢轨轨顶连线的垂直高度;水平距离是指在垂直于线路中心线的断面内,测量建筑物和设备的内轮廓点(最近点或最高点或最低点)距垂直平分2条钢轨轨顶连线的直线的距离。

以大地为测量基准时,垂直距离是指在垂直于线路中心线的断面内,测量建筑物和设备的内轮廓点(最近点或最高点或最低点)距2条钢轨轨顶连线中点所在水平直线的高度;水平距离是指在垂直于线路中心线的断面内,测量建筑物和设备的内轮廓点(最近点或最高点或最低点)距2条钢轨轨顶连线中点所在铅垂线的距离。

在曲线区段,铁路建筑限界的垂直距离和水平距离与测量基准面有关,实际测量时选取的测量基准面不同,会影响到后续测量数据处理时的高度换算和折减计算。

铁路建筑限界水平方向测量范围区分为直线区段和曲线区段。在直线区段,考虑到铁路基本建筑限界的最大半宽值为2 440 mm,并预留一定的冗余量,标准规定水平方向测量范围为距离线路中心左右两侧各2 600 mm;在曲线地段,考虑到曲线上铁路基本建筑限界加宽,按最不利情况,即最小曲线半径300 m、外轨超高150 mm、距轨面4 000 mm处建筑限界内外侧水平距离加宽值分别为535 mm和147 mm,该值加上铁路基本建筑限界的最大半宽值2 440 mm后,为3 122 mm,再预留一定的冗余量,标准规定水平方向测量范围为距离线路中心左右两侧各3 300 mm。

以铁路基本建筑限界的最大高度为依据,在铁路基本建筑限界最大高度5 500 mm的基础上,再预留一定的冗余量,标准规定高度测量范围为6 000 mm以内,对于建筑限界高度要求大于6 000 mm的线路,按建筑限界要求高度测量。

基于安全考虑,Q/CR 55—2014在对铁路建筑实际限界测量数据处理上,应趋于向不利侧取整,如水平距离测量数据均向下取整,而不是四舍五入。

在曲线地段水平距离的测量数据折减方面,不仅要考虑曲线上基本建筑限界加宽值的折减,还要考虑到外轨超高倾斜量对铁路建筑实际限界的影响。以大地为基准面测量得到的建筑限界高度,要换算成距轨面起算的高度。

Q/CR 55—2014对数据折减的计算车辆做了统一规定,均采用车长26 m、转向架中心距18 m的计算车辆作为折减计算的依据。采用此车辆对测量数据折减计算,便于判别建筑物和设备是否为侵限设备,而且能更真实地反映实际建筑限界的尺寸。Q/CR 55—2014

计算公式，如下所示。

以大地为测量基准时，曲线内侧建筑限界高度按公式(1)进行换算，曲线外侧建筑限界高度按公式(2)进行换算。

$$H=(H_0+B\cdot \mathrm{tg}\,\theta)\cos\theta \tag{1}$$

$$H=(H_0-B\cdot \mathrm{tg}\,\theta)\cos\theta \tag{2}$$

式中 B——实测建筑限界半宽，单位为毫米(mm)；

H——计算点自轨面算起的高度，单位为毫米(mm)；

H_0——实测建筑限界高度，单位为毫米(mm)；

$$\theta=\arctan\frac{h}{1\ 500}$$

h——外轨超高值，单位为毫米(mm)。

以大地为测量基准时，曲线内侧建筑限界折减按公式(3)计算，曲线外侧建筑限界折减按公式(4)计算。

$$X=B-\frac{40\ 500}{R}-\frac{H}{1\ 500}h \tag{3}$$

$$X=B-\frac{44\ 000}{R}+\frac{H}{1\ 500}h \tag{4}$$

式中 X——折减后的建筑限界半宽，单位为毫米(mm)；

R——曲线半径，单位为米(m)。

以轨面为测量基准时，曲线内侧建筑限界折减按公式(5)计算，曲线外侧建筑限界折减按公式(6)计算。

$$X=B-40\ 500/R \tag{5}$$

$$X=B-44\ 000/R \tag{6}$$

公式(1)推导如图1-33所示。

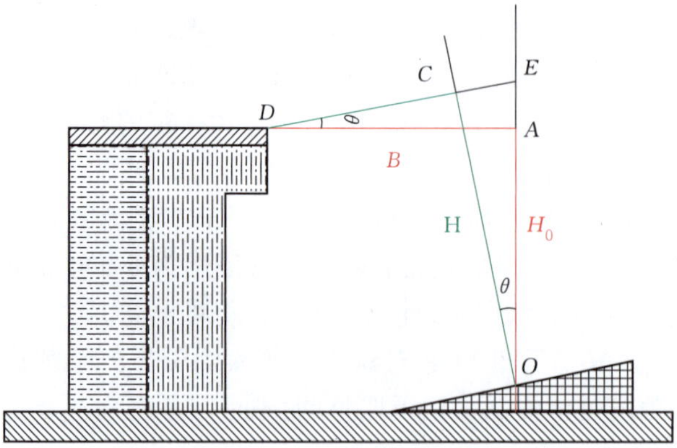

图1-33 公式(1)推导图

$$AO=H_0 \qquad AD=B$$

易得 $AE=B\cdot\tan\theta$

$$H=(H_0+AE)\cdot\cos\theta$$

$$H=(H_0+B\cdot\tan\theta)\cdot\cos\theta$$

公式(2)推导如图 1-34 所示。

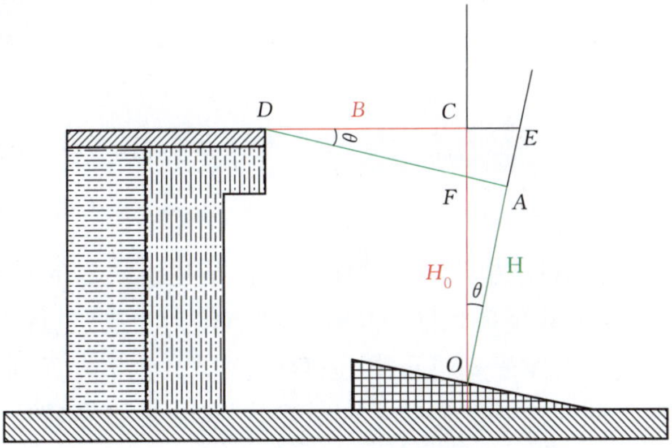

图 1-34　公式(2)推导图

$$CO = H_0 \qquad DC = B$$

易得 $CF = B \cdot \tan\theta$

$$H = (H_0 - CF) \cdot \cos\theta$$

$$H = (H_0 - B \cdot \tan\theta) \cdot \cos\theta$$

图中红色线表示为以大地为基准所测得限界数据,绿色线表示以轨面为基准所测得限界数据。

2 建筑限界技术管理

本章技术管理主要指铁路建筑限界的检测。铁路建筑限界的现场检测是建筑限界标准化管理的关键，目前的管理现状依旧呈现为细节较为粗放，过程不够精细，在现场测量、计算分析、录入系统等技术管理过程中，还存在测量对象不全面、曲线范围不精确、数据处理不及时等问题。同时由于专业技术人员更换、各专业设备特征、管理要求、工器具类型不同等影响，技术管理流程不统一、关键业务传续不连贯。而要把控建筑限界标准化管理关键，保证限界数据准确、完整、动态更新并持续可控，就需要针对以上问题，基于管理对象的差异性、各线各地各专业的多样性、差异性，进一步明确和规范技术管理全过程。

2.1 限界检测对象

限界检测是指对既有设施设备在距轨面不同高度处最接近线路中心线的点共同构成的横断面轮廓（即实际限界，曲线部分为折算后限界）的检查和测量。进行限界检测和记录数据格式应符合《铁路建筑实际限界测量和数据格式》（Q/CR 55—2014）要求。

铁路建筑限界检测对象包括但不限于：隧道、桥梁（包括半穿式、下承式桁梁）、立体交叉的下层路线、天桥、站台、雨棚、水鹤、信号机、接触网、接触网支柱、安装在线路上的各种安全检测装置及邻近线路修建的各种建筑物、设施设备的精确实测断面及距离线路中心线的尺寸，以及曲线半径、曲线方向、外轨超高值、线间距等参数。主要分工如下：

1. 工务部门：负责检测隧道、桥梁（包括半穿式、下承式桁梁）、立体交叉的下层线路以及安装在线路上的各种工务安全检测装置和邻近线路的其他工务设备的精确实测断面及距离线路中心的尺寸，同时负责曲线半径、曲线方向、外轨超高值、线间距等参数的检测、调整。

2. 供电部门：负责检测电气化接触网高度、接触网支柱侧面限界，电力以及邻近线路的其他供电设备的精确实测断面及距离线路中心的尺寸。

3. 电务部门：负责检测各种轨旁信号、通信设备的精确实测断面及距离线路中心的尺寸。

4. 房建部门：负责检测站台（含废弃但未拆除或暂时不使用的站台）、雨棚（含线间雨棚柱）、天桥、高架候车室结构柱及各种建（构）筑物、要求房建部门提报建筑限界数据的扳道房、接车棚、行车室、道口房、护栏、列检休息室、待检室等设备的精确实测断面及距离线路中心的尺寸。

5. 车辆部门：负责检测安装在线路上的车辆检测装置的精确实测断面及距离线路中心的尺寸。

6. 桥隧内附属设施的检测工作由其所属部门负责。

由上可知，铁路建筑限界检测对象涵盖运输、工务、电务、机务、车辆、房建、供电各专业以及路外产权单位。用“包括但不限于”来界定铁路建筑限界的测量对象，表示所有可能影响到铁路建筑限界的建筑物或设备均需要测量。

2.2 限界检测范围

限界检测范围为直线区段距线路中心左右两侧各 2 600 mm、曲线区段距线路中心左右两侧各 3 300 mm，垂直方向测量范围规定为距轨面 6 000 mm 以内，对于建筑限界高度要求大于 6 000 mm 的线路，按建筑限界要求高度测量。以上范围内的所有设施设备均应纳入限界管理，办理超限货物运输线路上述范围内所有设施设备的限界数据还须录入“铁路超限货物运输决策支持系统”。

铁路建筑限界测量范围包括水平方向和垂直方向 2 个测量范围。铁路建筑限界水平方向测量范围分为直线区段和曲线区段。

2.3 限界检测工器具

2.3.1 测量工具分类

铁路建筑限界测量工具主要分为三类：一是尺具类测量工具，主要包括绝缘皮尺、吊锤、自制测量尺等；二是激光、电子类便携测量工具，主要包括激光测距仪、数显站台限界测量尺等；三是限界检测车辆，主要包括限界检测车、手推专用测量小车等。

目前使用的限界测量仪器主要有铝合金站台限界测量尺、SZXC 型数显式站台限界测量尺、DJJ－8 型激光测距仪、TJX－3 型站台限界测量尺、HYXJ－3 型限界测量仪等。

2.3.2 测量工具对比及选取

1. 尺具类测量工具

优点：便宜、便携。

缺点：测量精度差，高处设备需要人员攀登配合测量，使用难度大，人员劳动伤害风险高，且金属类测量尺具易封连设备造成红光带。

使用场景：单个建筑物、设备和限界尺寸固定的轨旁设备可采用，高处设备测量不建议采用尺具进行测量。

尺具测量如图 2-1 所示。

2. 激光、电子类便携测量工具

优点：相对较为便携（部分小型设备）、测量精度较高、可测量高处设备、能够实时读数、可进行数据储存（部分）。

缺点：截面积小的物体测量困难、较重（部分设备）、强光下和高处设备测量对位困难、部分型号在曲线地段测量误差大。

图 2-1　尺具测量

使用场景：工务、电务、供电、房建等各专业设备均可使用，使用时注意选取的激光、电子类测量工具需为本专业专用测量工具，防止出现因专业间需求、计算方法、测量方法不同造成的数据误差。

激光、电子类便携仪器测量如图 2-2 所示。

图 2-2　激光、电子类便携仪器测量

3. 限界检测车辆

优点：节省人力、测量精度高、可储存。

缺点：限界检测车对隧道外设备无法测量、测量效率较低、测点不全。

使用场景：主要用于隧道测量，具备条件的优先选用限界检测车，采用检测车无法检测出来的处所，如桥隧内的凸起物和单个设备，应采用专用测量小车（测量仪或人工测量）。

2.3.3 主要测量工具使用方法

1. 铝合金站台限界测量尺

(1)打开竖尺使竖尺处于垂直状态，拧紧紧定螺钉。

(2)将绝缘板放置于钢轨轨顶，并使两测头与钢轨内侧紧密贴合。

(3)打开竖尺支撑杆使磁铁与调整螺钉吸合。

(4)松开游框紧定螺钉，拉动横尺使站台支撑座的左侧边与站台边缘贴平。

(5)使站台支撑杆与站台上平面贴合，滑动竖尺游框至水平泡居中，拧紧游框紧定螺钉。

(6)放大镜上红色刻线所对准刻度值即为轨距中心至站台边缘的距离读数，竖尺游标“0”所对准刻度值即为钢轨轨顶至站台上平面距离读数。

(7)测量结束后，把站台支撑杆折合入支撑杆座，松开紧定螺钉折合竖尺与磁铁吸合。

铝合金站台限界测量尺如图 2-3 所示。

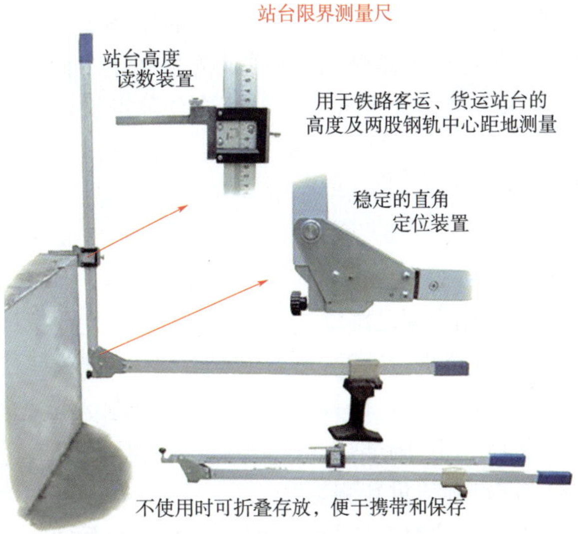

图 2-3 铝合金站台限界测量尺

2. SZXC 型数显站台限界测量尺

(1)组装：高站台将 L 形铰链安装在外侧连接处，低站台将 L 形铰链安装在内侧连接处。

(2)开机：按“电源”键。

(3)切换模式：按“高/低”键。

(4)归零：旋转测量尺中部螺栓，将测量尺收到最短位置，听到“哔……哔……”的报警声；按下“设定”键，完成归零。随后旋转螺栓，离开最短位置，“哔……哔……”声停止，开始测量。（每测量一个站台，归零一次）

(5)测量:第一步,使仿行靠块贴紧钢轨,进行调平使气泡居中;第二步,旋转测量尺中部螺栓,调整测量尺长度,使L形铰链贴合站台,且气泡居中;第三步,按“确定”键,保持数值固定,并记录。

(6)收尺:测量结束后,折下L形铰链,将限界测量尺收纳于外箱。

SZXC型数显站台限界测量尺如图2-4所示。

图2-4 SZXC型数显站台限界测量尺

该型不具备轨面基准测量功能,目前济南局集团公司房建专业已基本淘汰,现场原则上不再使用。

注意:SZXC型限界测量尺分为A型与B型,请注意说明书中的量程,A型尺量程不含500～1 000 mm区间,如不注意,极易造成测量结果不准确。

3. DJJ—8型激光限界测量仪

(1)仪器放置标准:将测量架基准轨端放置于铁路基准轨上(仪器默认左轨为基准轨),置于待测目标下方的轨道面上,保持测量架与轨道基本垂直。基准轨端轨距测量触头靠紧基准轨内沿,将测量架右端轨距手柄向右拨动,使轨距测量触头紧贴钢轨内侧,按照规定方向(主机显示屏面对操作者,见仪器上标识)将主机头放置于测量架上,此时面对主机显示屏,仪器左侧即为基准轨端。

(2)开机:打开电源开关后,显示屏出现“请向右旋转主机”,根据提示用手轻轻旋转主机(禁止快速旋转)。

(3)瞄准:从仪器显示屏可观察到显示屏中央有十字丝,旋转主机并观察显示屏,待十字丝与待测目标完全重合则表明已瞄准。

瞄准时,可先用手转动主机进行粗调,然后根据需要可旋转微调旋钮进行微调,直到对准目标。在光线较弱的情况下也可以打开长光用眼睛观察激光点辅助瞄准。

(4)测量:在正常测量状态下,瞄准目标按下测量键就显示结果。如果没有瞄准目标则显示“进入盲区或未对准目标请重新测量”。

正常测量状态是指将仪器按“仪器放置标准”放置,开机后,仪器可以对任何参数进行测量的状态。每次测量完成或需要中断测量,按下“返回”键,可使显示屏切换到图像界面并进入正常测量状态。

测量分为限界测量、垂直度测量、3.5 m距离测量、邻线测量、本线测量、自由测量等,根据需求进行测量。

(5)数据保存:在任何一个参数测量完成后都可以进行数据保存,保存的数据为当前杆号下的已测量参数。保存时,先按下“保存”键,即有提示语“请输入编号”,输入完杆号后按下“确认”键。保存结束有“已保存”的提示,并自动切换到图像界面。

(6)测量结束,将设备放回收纳箱。

DJJ—8型激光限界测量仪的使用场景如图2-5所示。

图 2-5 DJJ—8 型激光限界测量仪

4. TJX—3 型激光限界测量仪

(1)将测量尺放置于待测目标下方的轨道面上,调节一端的弹簧手柄,使测量仪完全卡住钢轨内侧。

(2)打开电源,稍等片刻,进入是否选用角尺界面,如使用则选择是,如不使用则选否(选择是或者否将影响测量结果,雨棚测量时应尤其注意),按“ * ”键发出激光,瞄准时,可先用手转动激光测头进行粗调,然后根据需要可旋转微调旋钮进行微调,直到对准目标,屏幕将显示测量结果。

改进型测量尺将轨面基准、大地基准数据均显示在一起,便于对照(建议以轨面基准数据为主)。

(3)测量结束,将设备放回收纳箱。

TJX—3 型激光限界测量仪如图 2-6 所示。

该型限界测量仪为北京精准伟业公司生产,由激光测距、光栅测角、轨距测量、超高测量和显示存储等模块组成,集成了高精度激光无合作目标测距技术、光栅测角技术、激光和图像同轴等多项专利技术。于 2019 年由济南房建公寓段招标引入,全重 5 kg,以逐步替代 SZXC 型数显式站台限界测量尺,为房建专业当前主要限界测量仪器。

图 2-6　TJX—3 型激光限界测量仪

该型测量仪器为一体式，携行方便、测量精度高，引入后有效解决了风雨棚等高处设备限界测量的难题，能够实时读数，内置操作系统可建议厂家迭代优化，改进速度快，适应性强。缺点为激光对截面积小的物体测量、强光下和远距离目视找测点对位较为困难，人员弯腰、直身的相对劳动强度较大。

5. HYXJ—3 型限界测量仪

(1)到达作业股道后，在钢轨上放置好仪器，拧紧电脑托板螺丝，拧紧立杆螺丝；USB 通信线插入电脑，打开主机电源开关，打开测量软件；

(2)选择对应设备按测点编号测量，点击开始测量按钮，查看图像窗口激光亮度是否合适，不合适调整曝光和增益；

(3)推动仪器到待测点，查看图像中的 2 根红线位置是否正确，水平线在最高点，竖线在站台突出点，同时鼠标左键框选红线，不能框选太大；

(4)软件界面实时同步显示数据、波形图、图像及二坐标图、超限分级、报警等，且测量数据自动和标准数据实时对比。

HYXJ—3 型限界测量仪如图 2-7 所示。

该型限界测量仪为武汉鸿诚远大公司生产，全重 13 kg，测量支撑结构为一体式，采用先进电子传感器系统、采集处理系统、计算机处理系统，有别于普通点式激光及激光雷达原理仪器的全断面限界测量仪，使用仅需连接笔记本电脑，较为便携，测量效率高、测量精度相对较好，不仅可进行数据储存，还可通过预置操作系统进行设备测量点参数设计和数据可视化分析，省去了对位操作及角尺辅助，引入后有效提高了劳动效率，节约了人力成本，同时可以解决测量阶梯型站台断面激光束测量遮挡无法直接测量问题，但对一线操作人员提出了较高素质要求。

图 2-7 HYXJ－3 型限界测量仪

6. HR－CDS－Ⅲ型接触网线路智能动态参数检测装置

(1)电池组装。

第一步：打开电池仓门。

第二步：将电池电极朝里放入电池仓(注意：电池上贴有“此面朝上”的标签，放入时电池的提手处靠近电池仓的右侧)。

第三步：将电池向内推送并关闭仓门(注意：如有问题不能顺利将电池推入仓内应检查组装是否正确，不能强行将电池向仓内推挤。关闭仓门时不能强行关闭仓门，否则将引起电池短路，甚至电池起火)。

(2)设备架设。

第一步：测量前将设备稳固地放置在钢轨上，放置时先将尺体的活动侧头卡在钢轨右侧内缘，然后将固定侧头卡入轨道左侧内缘并紧靠。

第二步：将雷达支柱的固定螺栓拉开，把支柱立起来并使用固定卡扣把支柱固定。

第三步：将推行把手立起来并展开。

(3)开机。

打开雷达支柱左侧的电源开关，几秒后屏幕上将显示初始界面，此时等待设备开机，待设备进入菜单界面后方可进行相应操作。

(4)测量。

打开设备的电源开关，等待开机，待开机成功设备屏幕上将出现主菜单界面，用户可以在操作面板中选择来进入“巡检测量”或者“系统设置“界面。

在主菜单界面点击“巡检测量”选项卡进入巡检功能界面，点击后需要等待雷达连接主机，然后弹出巡检项目信息弹窗。

选择“巡检类型”“巡检线路”“巡检区间”“起始支柱号”“巡检股道”，并设置“杆号步长”“起始公里标”“巡检方向”，项目信息设置完成后点击“确定”开始巡检，此时推行设备开始巡检，设备测量的信息将实时显示在屏幕上。

HR-CDS-Ⅲ型接触网线路智能动态参数检测装置如图 2-8 所示。

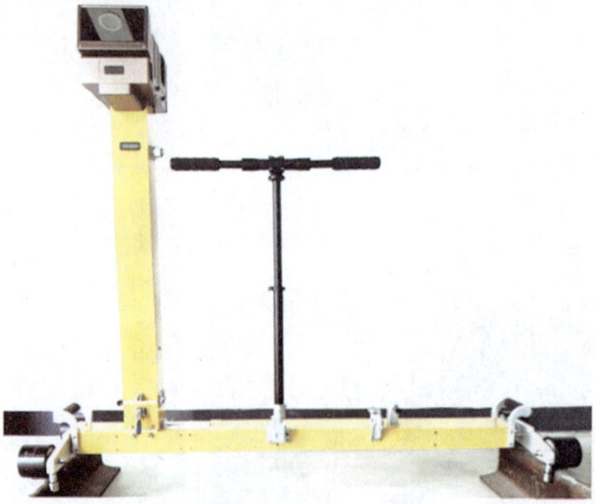

图 2-8　HR－CDS－Ⅲ型接触网线路智能动态参数检测装置

7. 北京精准伟业公司新型推行式激光限界测量仪(未定型仪器)

该推行式限界测量仪为北京精准伟业公司开发生产,尚未于济南局集团公司应用。2023 年底于济南西站进行了实地试验,全重 15 kg,尺寸 1 620 mm(长)×800 mm(宽)×1 300 mm(高)。北京精准伟业公司新型推行式激光限界测量仪如图 2-9 所示。

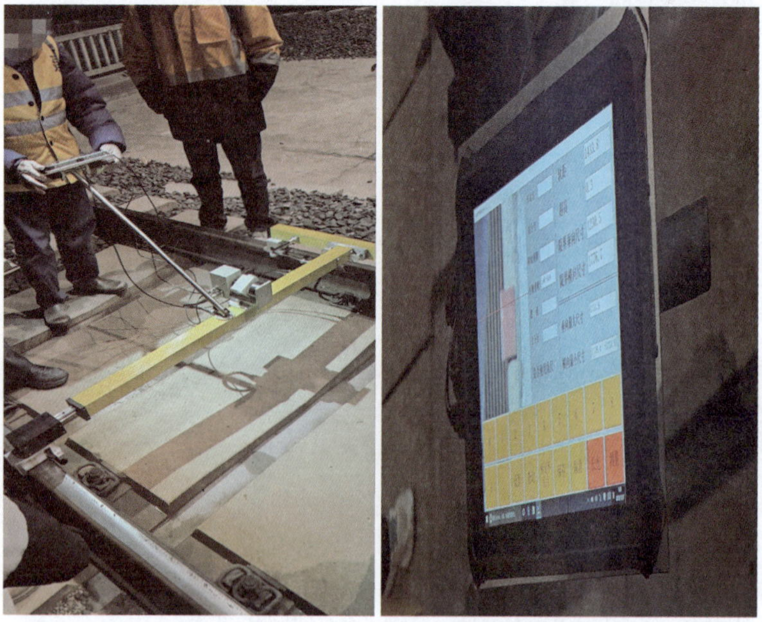

图 2-9　北京精准伟业公司新型推行式激光限界测量仪

该型测量仪,集成了采用激光无合作目标测距技术、光栅测角技术的二维坐标测量系统和传感信息融合技术等,测量精度高,可推行,能够实时读数及进行数据储存,部分解决了劳动效率低、占用人工多的问题。缺点为自重相对较大,但属于未定型设备,仍有改进空间。

其结构与走行方式与 HYXJ－3 型类似，连接平板进行测量数据记录与传输，数据测量则与 TJX－3 型相同，通过调节旋轮目视找点进行激光测距。

8. 铁科院①新型自走式激光限界测量仪(未定型仪器)

该型站台限界测量仪为铁科院研发，采用先进电子传感器系统、采集处理系统，内置动力设备可电驱自走，采用手持终端实现数据无线传输，测量效率高、测量精度好，不仅可进行数据储存，还可设置测量点间距进行自动测量和实现终端数据可视化分析。缺点为自重大，构型还有待改进，人工现场搬运尤其是高站台下道、测量过程中转线不便，虽然测量操作人员数量可以减少，但反而增加了搬运人力；对于圆弧状帽石边缘无法测量到帽石最高高度，无法测量雨棚限界；在线路有夹板、无孔夹具的情况下影响测量仪走行；目前的终端暂无法显示实测外轨超高，不便于现场辅助找曲线。该测量仪尚未在济南局集团公司应用，2024 年初在淄博站进行了实地试验。

铁科院新型自走式激光限界测量仪如图 2-10 所示。

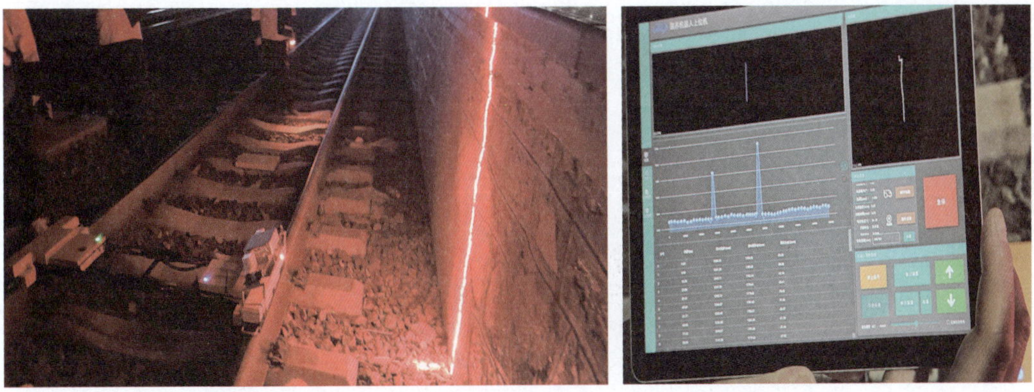

图 2-10 铁科院新型自走式激光限界测量仪

9. 隧道限界检测车(图 2-11)

须有具备资质的专业人员根据隧道限界检测车操作说明进行操作。

图 2-11 隧道限界检测车

① 中国铁道科学研究院集团有限公司，下同。

2.4 现场曲线标志标记辨识

正确辨识现场曲线标志标记，对确定建筑限界曲线加宽范围有重要意义。根据《铁路线路标志》(通线〔2016〕8424)及集团公司相关规定，需在曲线地段设置并油刷标志标记，标志为白底黑色图案(文字、数字、边框)、钢轨上标记为红底白色图案，字体一般采用黑体，字体大小符合标准图规定，且印刷时须漏(喷)制。

曲线线路宜采用何种加宽方式的流程操作如图 2-12 所示。

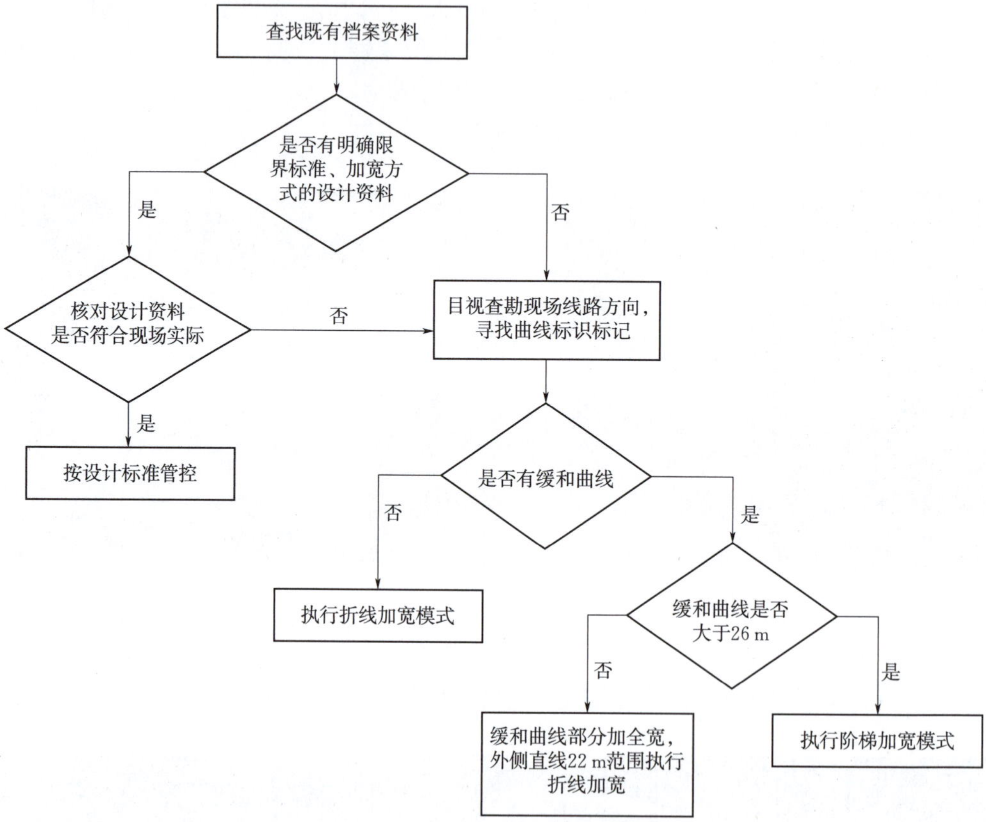

图 2-12　曲线线路加宽方式流程图

1. 曲线标志

(1)曲线标

①曲线标埋设在曲线的中心位置，如图 2-13 所示。标志全高 110 mm，宽 550 mm，地面上部高为 600 mm，埋深 500 mm。曲线标中汉字 70 mm×50 mm，行间隔为 15 mm，字间隔为 10 mm；数字规格：小数点前为 50 mm×35 mm，小数点后为 30 mm×20 mm，字间隔均为 10 mm。

②曲线标志内容自上向下为 5 行，顺序为："曲线长×××.×××(曲线长度)""缓和曲线长×××(缓和曲线长度)""曲线半径××××(曲线半径数)""超高×××(超高量)""加宽×××(加宽量)"。

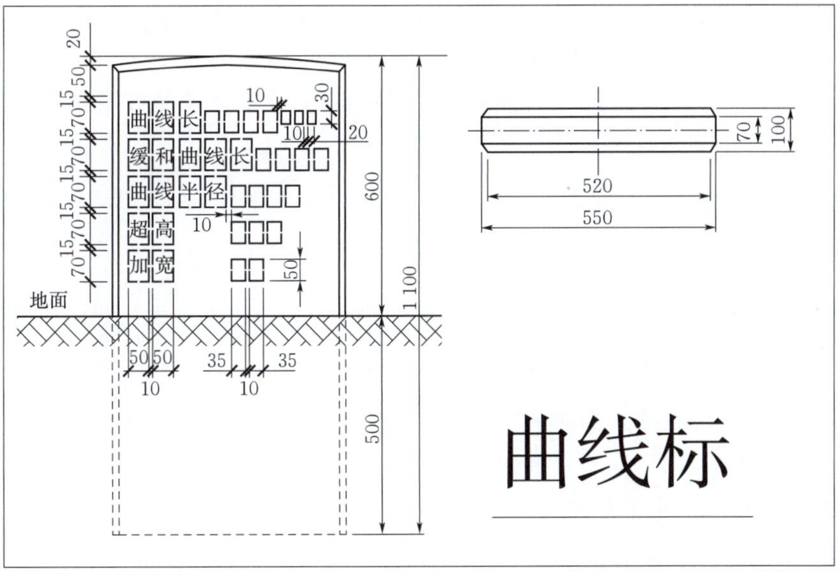

单位：mm

图 2-13　曲线标图示

(2)直缓、缓圆点标(三角标)

直缓、缓圆点标埋设在曲线对应直缓、缓圆点处，如图 2-14 所示。标志全高 900 mm，三面等宽均为 150 mm。地面上部高为 500 mm，埋深 400 mm。两正面汉字规格 90 mm×60 mm；背面印刷里程数字，为竖向印刷所对应里程，数字规格为 50 mm×35 mm，字间隔为 15 mm。

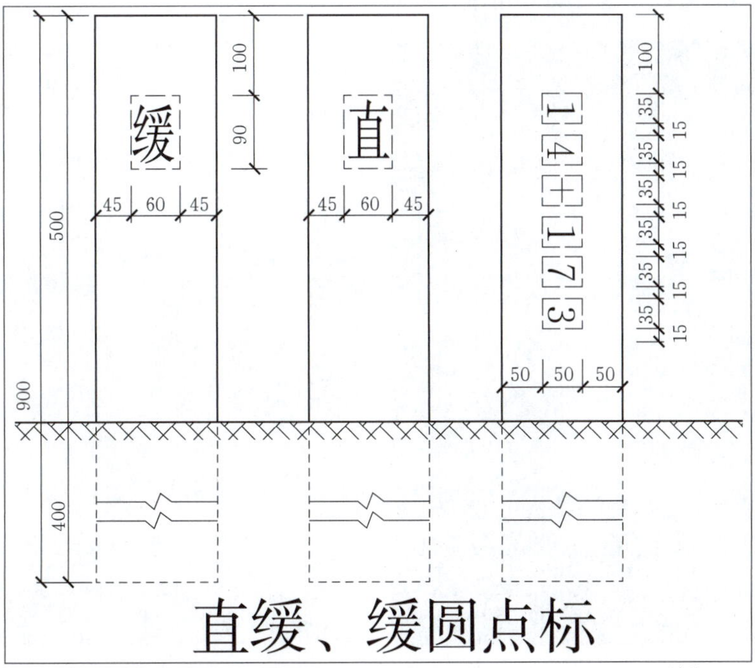

单位：mm

图 2-14　直缓、缓圆点标图示

一段完整的有缓和曲线的曲线，现场应具有直缓桩 2 个，用于标志直线同缓和曲线的分界点；缓圆桩 2 个，用于标志缓和曲线同圆曲线的分界点；曲线标 1 个，用于标志圆曲线中点。同时在两处直缓桩处的钢轨内侧腹部分别漏喷有曲线要素标，如图 2-15 所示。

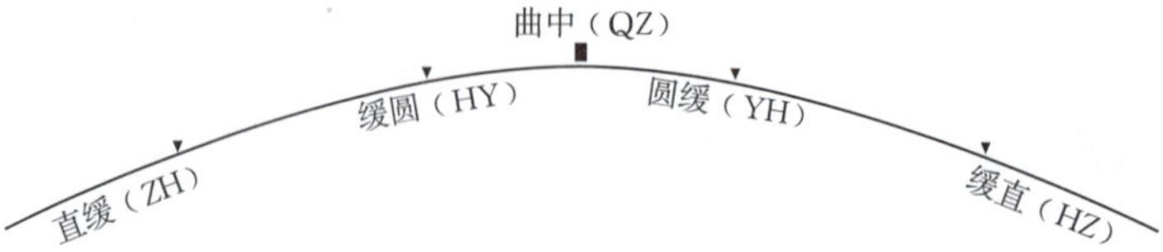

图 2-15　有缓和曲线标志图示

一段完整的无缓和曲线的曲线，现场应具有直圆桩 2 个，用于标志直线同圆曲线的分界点；曲线标 1 个，用于标志圆曲线中点。同时在两处直圆桩处的钢轨内侧腹部分别漏喷有曲线要素标，如图 2-16 所示。

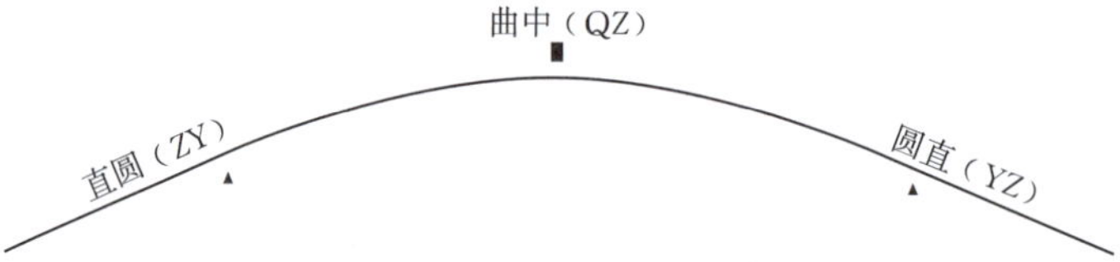

图 2-16　无缓和曲线标志图示

如图 2-17 所示，轨枕上白色油漆标注“YZ”，表示圆直点。

如图 2-18 所示，曲线标志安设在曲线中点，将曲线要素标注为“曲线长 119.18 m，缓和曲线长 40 m，曲线半径 1 500 m，超高 20 mm”。

图 2-17　圆直点示意图

图 2-18　曲线标

如图 2-19 所示，直缓点标志安设在缓直点，标示为直线段与曲线的缓和曲线段的分界点。

图 2-19 直缓点标

2. 曲线标记

①曲线要素漏喷在上股钢轨内侧腹部，字规格 50 mm×35 mm，红底白字。

②在曲线起、终点处标注曲线要素，自起、终点位置向曲线外侧 0.2 m 处开始标注，内容从左至右顺序为：曲线半径 R、曲线全长 L、缓和曲线长 l、超高 H、正矢 F、加宽 S（无加宽可不标注）。并将起、终点处正矢点编号及超高、正矢、加宽漏喷在曲线要素后。

如起点处曲线要素“$R=290$、$L=135.68$、$l=20$、$H=15$、$F=172$、$S=5$；$<1>H=0$、$F=14$、$S=0$”，其最后面（右侧）红底边缘距曲线起点位置 0.2 m；终点处曲线要素“$<n>H=0$、$F=14$、$S=0$；$R=290$、$L=135.68$、$l=20$、$H=15$、$F=172$、$S=5$”，其最前面（左侧）红底边缘距曲线终点位置 0.2 m，“n”为该曲线在终点位置处正矢编号。

如图 2-20 所示，标记表示曲线的起点，曲线要素为半径 1 200 m、全长 412.15 m、缓和曲线长 90 m、超高 80 mm、正矢 42 mm；起点超高 0、正矢 1 mm。

如图 2-21 所示，表示曲线终点，正矢编号为 8，超高 15 mm、正矢 16 mm；曲线半径 400 m、全长 33.256 m、超高 15 mm、正矢 31 mm。

图 2-20 曲线标记 1

图 2-21 曲线标记 2

如图 2-22 所示，表示曲线起点标记，此曲线未设缓和曲线，要素为半径 300 m、全长 65.01 m、超高 10 mm、正矢 42 mm，第一点超高 10 mm，正矢 42 mm。

3. 道岔标记

(1)道岔要素

在尖轨尖端至岔前缝间右股（站在岔前面向辙叉方向分左右股，下同）基本轨内侧腹部从尖轨尖向岔前缝依次漏喷“道岔编号、钢轨类型－号码、铺设年月”，左股基本轨内侧腹部漏喷轨距递减数。如：“103＃　50--1/9　2013.05”，道岔基本要素标记如图 2-23 所示。

图 2-22　曲线标记 3

图 2-23　道岔基本要素标记

(2)导曲线半径

根据道岔类型、铺设图号的不同，道岔的导曲线半径会有所不同。导曲线半径按照外轨工作边计算，一般情况下，6 号、9 号道岔导曲线半径最小为 180 m，12 号道岔导曲线半径最小为 330 m，18 号道岔导曲线半径最小为 800 m。

2.5　测量标准

1. 测量的量

以轨面为测量基准时，在垂直于线路中心线的断面内，测量建筑物和设备的内轮廓点(最近点或最高点或最低点)距两轨顶连线的垂直高度，和其距垂直平分两轨顶连线的直线的距离。

以大地为测量基准时，在垂直于线路中心线的断面内，测量建筑物和设备的内轮廓点(最近点或最高点或最低点)距两轨顶连线中心所在水平直线的高度，和其距两轨顶连线中点所在的铅锤线的距离。

2. 测量允许偏差

(1)测量仪器允许偏差

里程允许偏差：±1.0 m；

线路中心线的静态测量偏差：±3 m；

相邻线间距静态测量偏差：0、−20 mm；

检测横断面间隔不大于 0.5 m；

建筑物和设备的静态测量偏差：0、−20 mm。

(2)人工测量允许偏差

里程允许偏差：±1.0 m；

线路中心线的静态测量偏差：±3 m；

相邻线间距静态测量偏差：0、−20 mm；

建筑物和设备的静态测量偏差：0、−20 mm。

2.6 限界数据计算与判定

2.6.1 直线部分数据计算

以某高度对应的建筑限界减去相应高度限界技术标准得出安全距离。理想状况下，如安全距离大于等于“0”，则设备设施建筑限界符合标准；安全距离小于“0”，则设备设施建筑限界不符合标准。电务设备作为铁路沿线设备中分布最广、最不规则的设备，其中信号机是电务设备中的典型设备。本章主要以信号机举例说明，其他专业设备可照此参考。在考虑人工测量误差、路基下沉、线路位移、重载运输等因素，以电务专业为例，建议在安全距离在大于技术标准“20 mm”条件下，可判断设备设施建筑限界符合标准。

直线部分某设备某一点的限界和高度示意图，如图 2-24 所示。

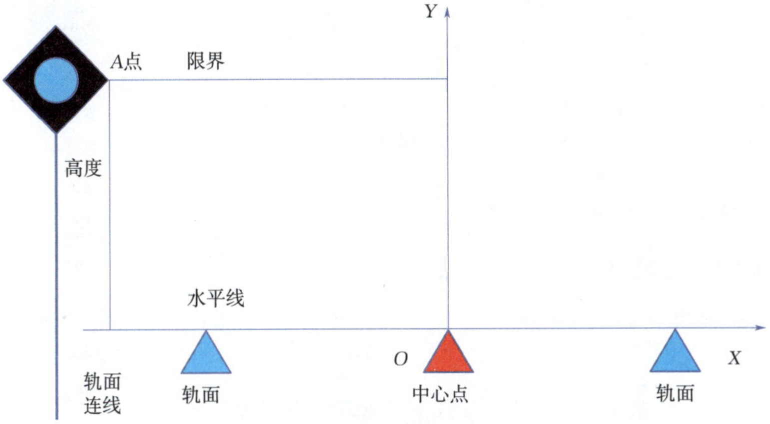

图 2-24 直线测量示意图

2.6.2 曲线设备数据计算

1. 内曲线部分。

某高度对应建筑限界－相应高度限界技术标准－内曲线折减量＝安全距离

内曲线折减量＝40 500/R＋H/1 500 • h

2. 外曲线部分。

某高度建筑限界－相应高度限界技术标准－外曲线折减量＝安全距离

外曲线折减量＝44 000/R

3. 工具选择。

考虑测量精度和现场仪器配置，对高柱设备设施限界一般使用激光测距仪测量，矮型设备设施可使用米尺和铅锤测量。

4. 曲线测量方法。

不存在外轨超高的情况下，高度测量的基准点是指两钢轨顶面连线的水平面和设施设备的交会点。当存在外轨超高时，高度测量的基准点是靠近设施设备侧钢轨面加减 1/2 超高后和线路中心线构成的水平面，与设施设备的交汇点。

考虑人工测量、激光测量都存在测量误差，一般人工测量误差为 0 到 −20 mm，激光测量根据激光测距仪不同误差不一样，当安全距离小于 20 mm 时，都需要进行二次测量确认。

设施设备在外曲线时，应减 1/2 超高，设施设备在外曲线时，应加 1/2 超高。

5. 曲线地段限界、高度示意图，如图 2-25 所示。

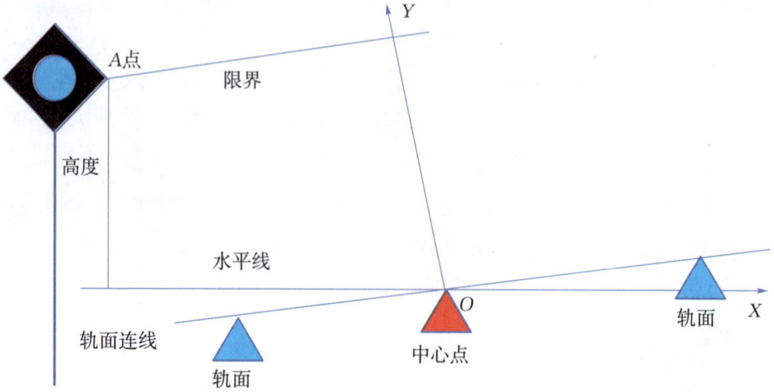

图 2-25　曲线测量示意图

2.6.3　限界标准计算

1.《技规》基本建筑限界标准计算方法

根据《技规》提供的 $v \leqslant 160$ km/h 基本建筑限界标准图，计算相应的高程范围内的限界标准，见表 2-1。

表 2-1　$v \leqslant 160$ km/h 基本建筑限界（正线）计算公式

序号	高程(mm)	限界标准(mm)	备注
1	$h<25$	1 400	
2	$25 \leqslant h<200$	1 400+(h −25)·(1 500−1 400)/(200−25)	
3	$200 \leqslant h<350$	1 725	
4	$350 \leqslant h<1\ 100$	1 875	
5	$1\ 100<h \leqslant 3\ 000$	2 440	含超限径路
6	$3\ 000<h \leqslant 4\ 500$	2 440−(h−3 000)·(2 440−2 000)/(4 500−3 000)	
7	$4\ 500<h \leqslant 5\ 500$	2 000−(h−4 500)·(2 000−1 400)/(5 500−4 500)	
8	$5\ 500<h$	1 400	

2. 超限运输电报限界标准计算方法

下面就超限运输工作中，站段接收到超限电报，根据电报提供货物半宽，如何计算限界标准，举例分析如下：

如某货物测量装车尺寸为：中心高 5 150 mm 处宽各 1 280 mm，一侧高 4 545 mm 处宽各 1 351 mm，二侧高 4 430 mm 处宽各 1 554 mm，三侧高 3 230～4 430 mm 处为半径 2 030 mm 圆弧，圆心距轨面高 2 970 mm，四侧高 1 989～3 230 mm 处宽各 2 046 mm，五侧高 1 879 mm 处宽各 1 706 mm，六侧高 500 mm 处宽各 1 600 mm，七侧高 200～500 mm 处宽各 1 300 mm，以上未衔接高度间均为斜坡形。

通过该尺寸可描绘出货物的外形状态，如图 2-26 所示。通过对货物外观的观察，不难看出货物是由 A～G 这 7 部分组成。其中 D、G 为长方形，A、B、E、F 为普通直角梯形，C 是斜边为圆弧的直角梯形。

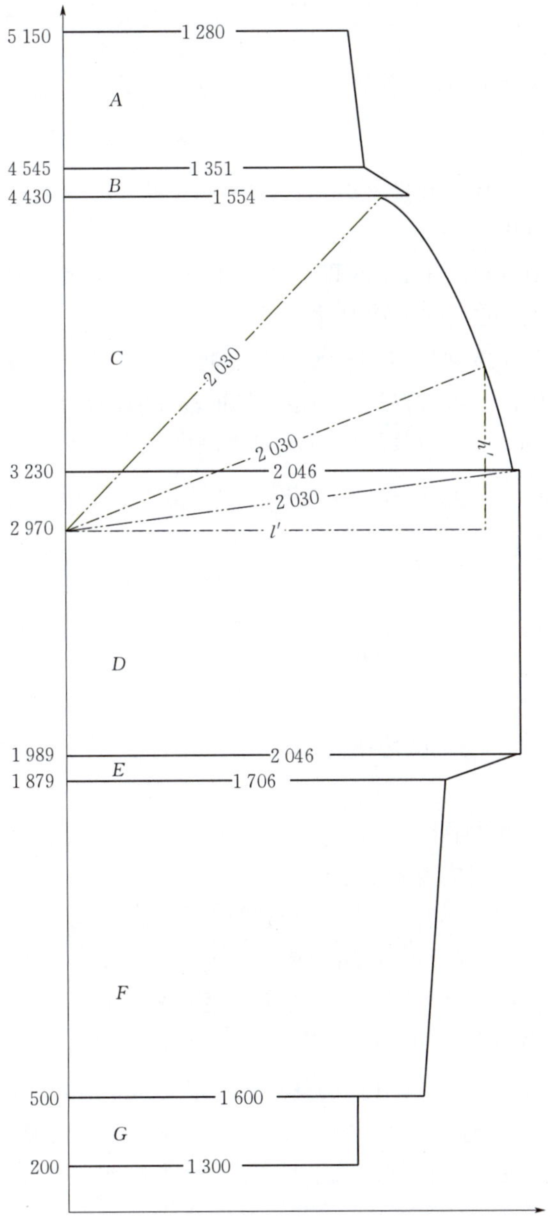

图 2-26　货物外观截面图(单位：mm)

(1)长方形区域内超限货物限界较为直观,可直接与设备限界比较,不需赘述。

(2)普通直角梯形(以 E 区域为例),不难看出 E(图 2-27)可分为 E_1、E_2 两部分,其中 E_1 为长方形,E_2(图 2-28)为直角三角形。根据勾股定理得知:a、b、c 是三角形长度,a'、b'、c'为 E_2 部分任意一点高度对应的尺寸。

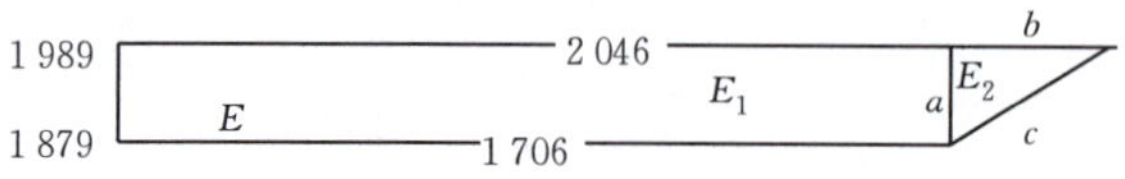

图 2-27　货物的直角梯形区域(单位:mm)

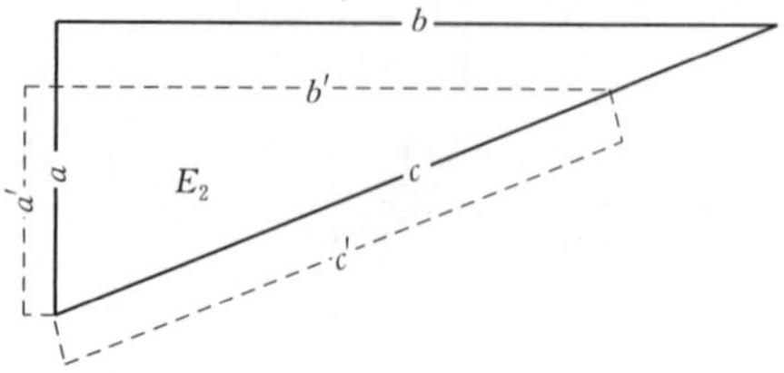

图 2-28　直角梯形前端三角形区域

$a/b=a'/b' \Rightarrow b'=a'b/a$;

$a=1\ 989-1\ 879=110$ mm;$b=2\ 046-1\ 706=340$ mm;$a'=h-1\ 879$,其中 h 为高度位于 1 879－1 989 间的设备;

通过计算后可得出 b',$b'+1\ 706$ 即为 h 高度超限货物尺寸,同理可通过计算得出 A、B、F 区域内任意高度的超限货物尺寸。

(3)斜边为圆弧的直角梯形(C 区域),通过超限电报对三侧高的描述可知在高度 4 430～3 230 mm 范围内超限货物尺寸通过距轨面高 2 970 mm 为圆心,半径为 2 030 mm 所画圆弧确定。通过图 2-26 的 C、D 区域可看出高度为 3 230～4 430 mm 间的超限货物尺寸 l'为$\sqrt{2\ 030^2-h'^2}$,其中 h'=设备高度－2 970(高度位于 1 879～1 989 间)。

2.6.4　限界数据计算和判定

通过上节内容,我们已能够计算出任意高度的超限货物尺寸,而将大量的设备限界与超限货物间的距离进行比对,则可以通过 Excel 筛选、计算功能的应用来快速、准确地实现。

1. 通过单击菜单栏中“数据”按钮,在下拉菜单中选择“筛选”的“自动筛选”实现对各类数据的筛选;

2. 对高度列进行升序排列;

3. 在大件半宽中输入相应数据或公式:

(1)长方形区域部分对应的大件半宽可直接填写;

(2)普通直角梯形区域部分,以高度范围 1 879～1 989 mm(图 2-26 中 E 部分)为例,如济宁站的 S 进站信号机,在距离、高度、曲线半径等相关内容输入完毕后,单击该行对应的大件半宽,在 f_x 中输入“=1 706+(E*** * －1879) * 340/110”(其中“*** * ”代表所在行,下同)单击 f_x 左侧“√”即可自动计算出高度 1 905 mm 的超限货物尺寸,再通过在本/邻线距大件距离框内输入“=L*** * －O*** * ”单击 f_x 左侧“√”即可自动计算出济宁站的 S 进站信号机距离大件的尺寸。将鼠标移至济宁站的 S 进站信号机对应大件半宽数据框右下角,待鼠标显示为“+”后按住鼠标左键向下拖动即可自动计算出各设备在相应高度下需比对的大件半宽值,按此方法可得出高度在 1 879～1 989 mm 范围内全部大件半宽数据，同理可得出设备距离大件的尺寸。其他普通直角梯形范围内同样依照上述方式可得出。Excel 表格计算如图 2-29 所示。

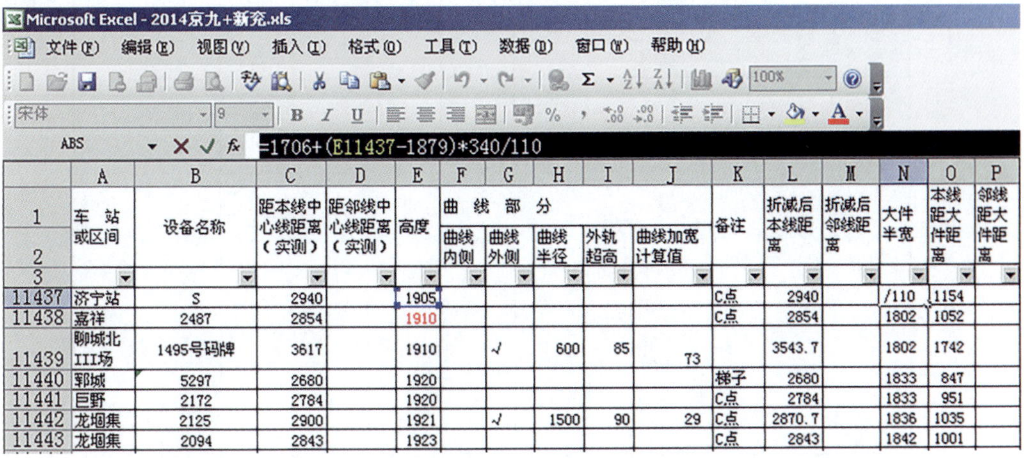

	A	B	C	D	E	F	G	H	I	J	K	L	M	N	O	P
1 2	车　站 或区间	设备名称	距本线中心线距离（实测）	距邻线中心线距离（实测）	高度	曲线部分 曲线内侧	曲线外侧	曲线半径	外轨超高	曲线加宽计算值	备注	折减后本线距离	折减后邻线距离	大件半宽	本线距大件距离	邻线距大件距离
3																
11437	济宁站	S	2940		1905						C点	2940		/110	1154	
11438	嘉祥	2487	2854		1910						C点	2854		1802	1052	
11439	聊城北III场	1495号码牌	3617		1910		√	600	85	73		3543.7		1802	1742	
11440	郓城	5297	2680		1920						梯子	2680		1833	847	
11441	巨野	2172	2784		1920						C点	2784		1833	951	
11442	龙堌集	2125	2900		1921		√	1500	90	29	C点	2870.7		1836	1035	
11443	龙堌集	2094	2843		1923						C点	2843		1842	1001	

图 2-29　Excel 表格计算示例

(3)高度范围 4 430～3 230 mm(图 2-26 中 C 部分)按照上面介绍的方法，单击相应的大件半宽，在 f_x 中输入“=(2 030^2－(E****－2 970)^2)^(1/2)”(其中“****”代表所在行)单击 f_x 左侧“√”即可自动计算出超限货物尺寸，以此类推可以计算出所有高度范围的情况。

4. 对本/邻线距大件距离列进行升序排列，即可直观得出径路上设备距离装卸货物的距离。

5. 备注栏内注明测量位置，对于高度大于 3 000 mm 的设备设施，在高度 1 100～3 000 mm 间选择最突出部位测量限界，高度应填写 3 000 mm；

6. 本(邻)线超限距离≥0 mm，判断信号设备限界计算符合标准，不超限。

下面以大明湖站信号设备建筑限界数据计算和分析为例(见表 2-2)：

大明湖站 XBN 信号机限界：2 270 mm、高度 1 030 mm；

折减后本线距离＝2 270 mm－16.9 mm＝2 253.1 mm；

本线超限距离＝2 253.1 mm－1 875 mm＝378.1 mm；

判断 XBN 信号机限界符合标准。

同理计算大明湖站 SZ 信号机本线超限距离是－17.6 mm≤0，判断大明湖站 SZ 信号机侵限。

通过对于大明湖站站改后，信号设备建筑限界数据筛查、处理，得出大明湖站 S 信号机本线超限距离(安全距离)是 15 mm，≤20 mm 需要现场复核确认；SZ 信号机本线超限距离(安全距离)－17.6 mm，≤0 mm 需要现场复核确认整治；其他信号设备均符合限界标准。

2.6.5　限界数据计算流程

限界数据计算流程如图 2-30 所示。

表 2-2　信号设备建筑限界测量表

单位：mm

序号	车站或区间	设备名称	距本线中心线距离（实测）	距邻线中心线距离（实测）	高度	曲线部分					备注	折减后本线距离	折减后邻线距离	技规标准	本线超限距离	邻线超限距离	是否超限
						曲线内侧	曲线外侧	曲线半径	外轨超高	曲线加宽计算值							
1	大明湖	S	1 890		1 090							1 890		1 875	15		否
2	大明湖	SZ	2 440		1 240	√		3 000	5	17.6		2 422.4		2 440	−17.6		是
3	大明湖	XBN	2 270		1 030	√		3 000	5	16.9		2 253.1		1 875	378.1		否
4	大明湖	XB 信号机	2 514		4 071							2 514		2 126	388		否
5	大明湖	XB 信号机	2 534		4 275							2 534		2 066	468		否
6	大明湖	XB 信号机	2 760		1 060						梯子	2 760		1 875	885		否
7	大明湖	D_{13} 信号机	2 661		870							2 661		1 875	786		否
8	大明湖	S_{IX} 信号机	2 098		910							2 098		1 875	223		否
9	大明湖	S_{IX} 信号机		2 226	1 090								2 226	1 875		351	否

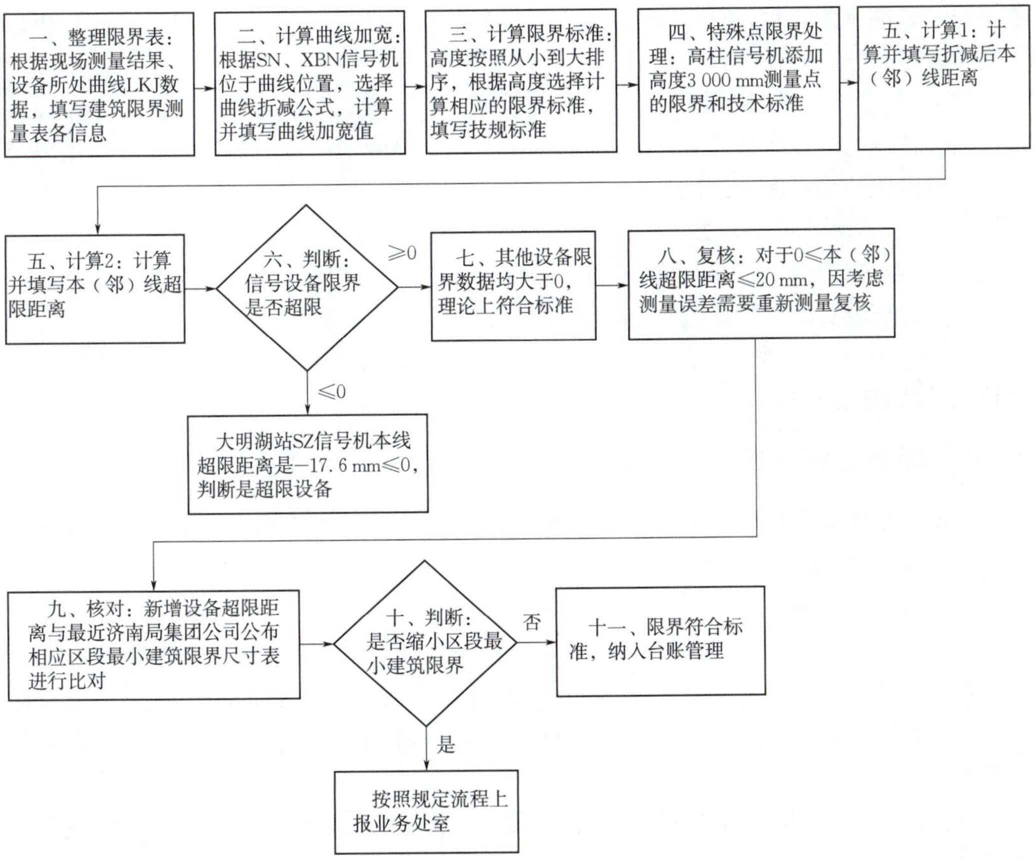

图 2-30　限界数据计算流程

2.6.6　区段限界数据分析

区段限界数据分析是每年上半年由科信部组织开展的一次区段最小建筑限界筛查工作，由各站段具体实施。当区段建筑限界发生变化时，应结合年度超限货物运输径路限界资料，由济南局集团公司科信部统一进行公布。

1. 区段最小建筑限界填写

"区段最小建筑限界尺寸表"按照《铁路建筑实际限界测量和数据格式》内相关要求填写。采用人工方法进行数据离散时，对每个拐点的高程按"区段最小建筑限界尺寸表""距轨面高度"规定的数值分别向上和向下归并，如直线上建筑物或设备在高度 3 100 mm 处的实测建筑限界半宽为 2 380 mm，则在填写"区段最小建筑限界尺寸表"时，应分别归并填写在轨面高度 3 000 mm 和 3 200 mm 处，曲线上将折减后的数据同理填写在"区段最小建筑限界尺寸表"。采用计算机进行数据离散时，可以以 10 mm 为一个单位，对每个拐点的高程分别向上和向下归并。

2. 区段限界数据分析

区段最小建筑限界分析包括筛查区段最小限界值和与往年限界数据对比分析。

(1)根据济南局集团公司公布年度超限运输资料提供的区段字典，按照区段内最新设备设施限界数据，在同一高程范围内，分别筛查直线、(左右)曲线多个限界数据中最小值。对于未测量的高程，相应的限界数据需要结合设备设施外观特点，相互比较分析填写最小限界数据和设备名称。

(2)今年某一区段同一高程筛查出设备设施和最小值，与最近公布的同一区段同一高程的设备设施和最小值相互比较，是否发生变化。如果限界数据缩小，应在当年公布限界资料内说明缩小原因。

(3)当人工限界测量无法实现“区段最小限界限界尺寸表”每个高程范围内均有限界数据时，筛查数据时，不仅要对设备设施的测量特征点进行分析，还应对该设备未测量的高程范围补充填写测量特征点最小限界数据，以使设备轮廓连续。

(4)每年要对管内新建、站改、大修、高改矮等涉及的设备进行重点检查，以确保数据已按照最新数据提报。

2.6.7 限界误差分析

设备设施限界计算测量中，受人工测量、仪器工具、计算方法和曲线折减公式等因素影响，往往会产生限界误差。

1. 人工测量影响

日常工作中，各种设备设施“高度”是通过以两轨顶面中点为基准点，按照“两点确定一条直线”原则，确定被测量设备设施的测量高度基准面。人工测量中，不同的测量者在选择判断高度基准中，难免会产生测量误差。特别是在有外轨超高的区段，测量高度基准误差更大。

设备设施的“限界”使用米尺测量时，会受米尺是否与轨面垂直、米尺是否直顺等因素影响，造成设备设施的限界测量产生误差。

还有可能因记录错误产生误差。如数字记录颠倒，测量时从钢轨外侧进行测量，记录时未增加二分之一轨距等情况。

2. 仪器工具影响

目前在用的激光限界测量仪，铁路部门尚没有明确的企业标准，不同厂家生产的激光限界测量仪误差标准各异，另外激光测头也受激光衰耗、测量对象侧面积等因素影响，在测量限界中产生误差。

2.7 数据分析

2.7.1 单次设备测量数据分析

针对单个设备的单次测量，除现场核对曲线要素，确认加宽影响范围，根据信号机等参照物核准设备测点里程外，还需对本次实测所取得数据进行处理分析，目的是判断设备限界是否满足标准要求。

1. 确保测量记录完整。填写时：线别、是否电气化、股道编号、是否正线、设备名称、曲线半径、外轨超高、加宽范围等关键信息完整。

2. 获得限界测量数据。对直线区段距线路中心左右两侧各 2 600 mm、曲线区段距线路中心左右两侧各 3 300 mm，高度 6 000 mm 以内及建筑限界高度要求大于

6 000 mm 的房建设备需进行限界测量，获取自轨面起测量高度(mm)、距线路中心线距离(mm)数据。

3. 考虑曲线加宽的影响。曲线上设备限界是否按照加宽后数值与《技规》进行比较。

4. 进行设备限界判定。如距线路中心线距离(mm)小于限界标准值(mm)，则表示设备不满足限界要求。

2.7.2 同一设备多次测量数据分析

对同一设备多次测量所取得的测量数据，通过 Excel 软件的绘图功能，可以实现多年数据比照分析，目的是直观地观察设备高度、限界的变化趋势，分析数据误差，摸排仪器、人工等测量误差因素，筛查隐患设备，有针对地采取相关预防措施。数据如图 2-31 所示。

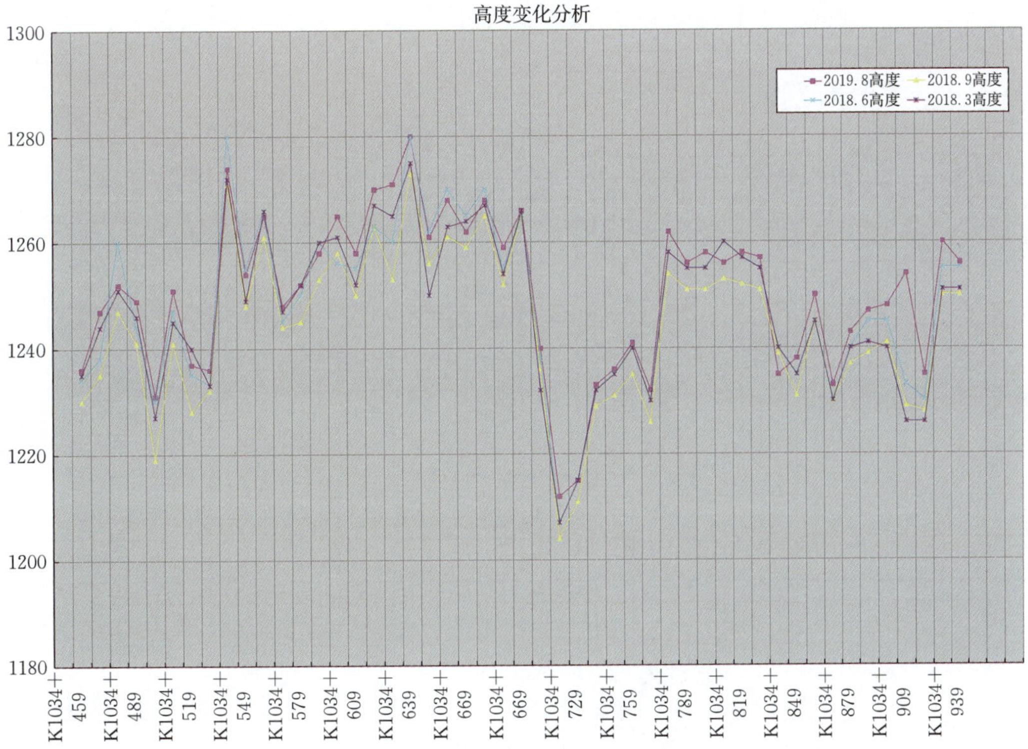

图 2-31 同一设备多次测量分析

2.7.3 区段最小建筑限界设备

所谓区段最小建筑限界设备，即进行数据离散归并后，该区段各高度上限界最小即最不利的设备，是该区段最大通行货物尺寸的限制处所，直接决定该区段的实际运输能力，往往是需要重点关注的关键设备。

对待区段最小建筑限界设备，首先现场需要重新进行测量复核，确定测量的限界数据是否准确。如数据准确，则应根据实际情况分析，采取不同措施。

1. 位于小曲线半径内侧的设备。因曲线折减，应关注每年工务曲线半径、外轨超高的变化情况，充分研判是否存在因曲线、超高发生变化，造成设备侵入限界的可能。

2. 当设备实际限界数据和相应高度限界标准接近。如安全距离不足 30 mm 时，考虑工务一次起拨捣工作量和人工测量误差，对该类设备在配合维修、施工中需重点关注。

3. 因集中修或施工作业导致线路发生变化涉及该设备时，应分析线路变化前后的设备限界，判断是否侵入基本建筑限界及是否缩小区段最小建筑限界。

对区段最小建筑限界设备，如其限界条件较为紧张，除采取措施防止其限界进一步缩小外，还应统筹进行设备整治或线路调整，尽量改善限界条件，以利于铁路运输能力提升。

3 限界组织管理

本章侧重对铁路局集团公司整体建筑限界管理的设计，重点阐述标准化管理的基本内容。组织管理旨在统筹协调各专业管理，推动专业下沉。基于各铁路局集团公司管理实际，组织管理流程细节要求不一、负责科室不同、数据报表形式不一等问题是标准化管理的阻碍，整体组织管理应尽量统一，各专业应分别根据本专业特点、设备实际情况对具体管理流程进行细化分解，以限界管理规章为共同基础，统筹各专业管理细化规定，系统性消除结合部梗阻，打通跨专业管理流程，形成自上而下、上下结合、全面细化的管理制度，突出框架性和规范性，对共性规定和同一管理要求进行固化。

3.1 组织架构

1. 铁路局集团公司建立超限超重货物运输及限界管理委员会。管理委员会架构如图 3-1 所示。

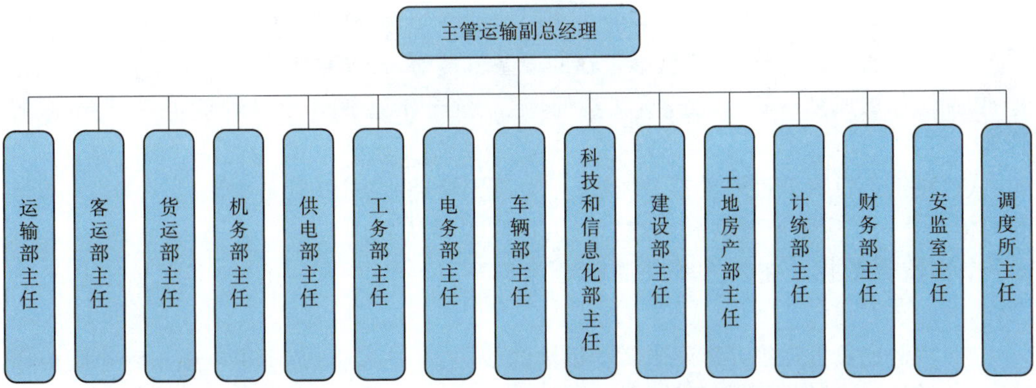

图 3-1 铁路局集团公司超限超重货物运输及限界管理委员会框架图

主要职责：

贯彻落实国家铁路局和国铁集团[①]涉及限界管理的有关法规、标准和办法等，研究决定限界管理的有关重大事项，对合资铁路、地方铁路及专用铁路等行使限界管理工作的监督、检查和业务指导职责。

2. 在超限超重货物运输及限界管理委员会下设限界管理办公室。限界管理办公室设在铁路局集团公司科信部，负责全铁路局集团公司的限界日常管理工作。铁路局集团公司限界管理办公室框架如图 3-2 所示。

① 中国国家铁路集团有限公司，下同。

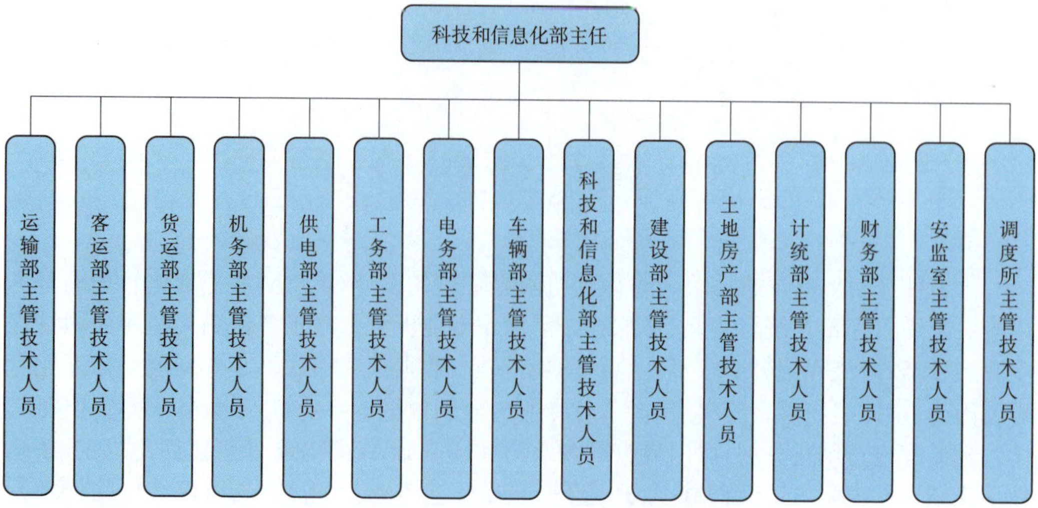

图 3-2　铁路局集团公司 限界管理办公室框架图

主要职责：

制定有关限界管理规章制度和工作计划，健全完善、及时修正限界管理资料；协调、检查、监督各部门、各单位的限界管理工作；对违反限界管理要求的情况提出处理建议意见。

3. 具体分工。

限界管理实行专业负责制。各业务部门要加强领导，确定限界管理负责人和主管工程技术人员，本着专业分工负责（谁管辖的设备谁测量，谁变更限界尺寸谁上报）、密切配合、相互协作的原则，明确任务，落实责任，建立健全本系统的限界管理台账，规范限界管理。

（1）科信部负责拟订限界管理规章，开展限界管理业务培训；负责汇总、公布、上报铁路局集团公司年度限界数据；负责汇总、上报限界系统基础数据字典，综合处理、发布和上传管内限界数据。在限界管理委员会领导下，检查、考核各系统、各单位限界管理工作。

（2）货运部负责提供办理超限货物运输的线路、车站名称；负责审核施工缩小限界申请。负责提报办理超限货物运输的线路、车站名称；负责审查、审批新增开办超限货物运输车站申请。

（3）铁路局集团公司工务、电务、机务、供电、车辆、土房、客运、货运部负责本专业的限界管理工作；负责按规定向限界主管部门提供限界资料；负责监督、检查本系统内各有关基层单位的限界管理工作；负责组织录入、审核、汇总和管理本专业设施设备限界数据，负责限界系统的本专业用户信息维护，按规定向科信部提报相关资料；负责本专业限界检测和管理业务培训；负责制定本部门管辖的侵限设施设备整治计划，并组织实施等。

各设施设备管理单位录入站线设施设备限界数据时，需要线路曲线资料的，工务部门应予以提供和配合。

（4）信息技术所负责本级限界系统的运行维护工作，保障数据库服务器和应用服务器以及应用系统正常运行，负责完成系统日常升级维护和指导工作。

(5)计统部、财务部负责审批铁路局集团公司主管业务部门研究制定的侵限设施设备整治费用计划,保证整治资金的落实。

(6)建设部负责指导、督促铁路工程建设管理单位做好工程限界、施工限界相关管理工作;负责督促工程建设管理单位组织或配合工程限界验收,组织工程限界缺陷整改和限界资料汇总、报审,确保新线工程建筑限界满足规范、规定和《技规》要求;负责组织工程建设管理单位提报既有线施工缩小限界申请,并审核确认。

(7)涉铁办负责指导、督促涉铁工程(含专用线工程)施工管理单位做好工程限界、施工限界相关管理工作;负责确保邻近营业线施工工程建筑限界满足规范、规定和《技规》要求。

(8)安全监察室负责监督检查设计、建设、监理、施工、设备管理和行车组织单位落实执行国家、国铁集团、铁路局集团公司限界管理要求。

(9)设施设备管理单位应向车站、货运中心提供相关限界资料,车站、货运中心应掌握站内、货场、接轨专用铁路和铁路专用线调动超限车辆相关径路的限界资料,确保超限货物运输安全。

3.2 管理依据

1.《标准轨距铁路限界　第 1 部分:机车车辆限界》(GB 146.1—2020)。

2.《标准轨距铁路限界　第 2 部分:建筑限界》(GB 146.2—2020)。

3.《铁路技术管理规程》(TG/01—2014)。

4.《铁路建筑实际限界测量和数据格式》(Q/CR 55—2014)。

5.《铁路车站及枢纽设计规范》(TB 10099—2017)。

6.《铁路超限超重货物运输规则》(铁总运〔2016〕260 号)。

7.《中国铁路总公司超限货物运输线路建筑限界管理办法》(铁总货〔2018〕213 号)。

8. 铁路局超限超重货物运输管理办法。

9. 铁路局超限货物运输线路建筑限界管理实施细则。

10. 铁路局各专业限界管理办法。

3.3 人员配备

铁路局集团公司层面:科信部、运输部、客运部、货运部、机务部、供电部、车辆部、工务部、电务部、建设部、土地房产部、涉铁工程办公室、调度所应配备主管工程师。

站段层面:应配备主管工程技术人员、主管科室负责人,明确分管领导,其中主管工程技术人员负责制定站段限界管理办法、限界日常管理、限界数据的录入;主管科室负责人负责站段限界的日常管理、限界数据的审核;主管领导负责限界数据的审核、协调处理站段限界管理存在的问题。

车间层面:设备管理单位应设兼职限界管理工程师;按照限界管理工作要求,组织完成管内设备建筑限界测量、检查。每年按规定组织完成限界测量检查,建立健全限界管理台账。完成上级布置的特殊货物运输工作。对管内因施工、线路变化等原因引起的限界变化，及时组织进行限界测量并上报，及时更新限界系统数据，实行闭环管理。

限界管理人员实行准入制定，原则上设备管理单位限界管理人员应经考试培训合格后方可从事限界管理专业工作，各单位限界管理人员应该保持相对稳定。限界管理人员发生变化时，应做好技术交接并及时向主管业务部备案，保证限界管理工作的延续性。

3.4 管理要求

1. 坚持安全第一、预防为主、综合治理的方针，建设、设计、施工、行车组织、设备管理等单位和部门应严格执行限界管理的有关规定。

2. 铁路局集团公司各部门、单位要切实加强干部履职履责，强化红线意识和底线思维，以问题为导向，从严开展限界安全隐患排查整治，切实盯住问题解决，切实做到履职尽责。

3. 铁路局集团公司各部门、单位要加强限界管理业务培训，将限界管理相关内容纳入职工日常培训工作，提高限界管理人员业务素质，并建立限界管理人员梯队。要加强限界系统业务培训，确保限界系统使用人员熟练操作。限界管理人员发生变化时，由本单位组织限界系统培训合格后方可接任，限界资料及电子备份资料必须交接清楚，不遗漏。

4. 铁路局集团公司各业务主管部门应积极组织开展侵限设施设备整治工作，日常发现设施设备侵入建筑限界时，设备主管部门和单位要立即采取措施整治，各业务主管部门加强组织、督促，确保各单位对侵限设施设备整改到位。对受客观条件限制难以立即整治的侵限设施设备，设施设备管理单位应建立侵限设施设备台账，实行销号管理，制订侵限设施设备整治方案并纳入年度工作计划，逐步减少或消除侵限设施设备。

3.5 新建线路限界管理

1. 设计阶段：新建线路在设计阶段应充分考虑超限列车的通行条件，站内正线须保证能通过超限货物列车。此外，在编组站、区段站及区段内选定的三至五个中间站上，单线铁路应另有一条线路，双线铁路上、下行各另有一条线路，须能通行超限货物列车。车站设计时应根据当地工业生产情况、军事运输需求，满足铁路货场或专用线超限车调动及装卸作业需求，车站货场、专用线办理超限货物运输业务的，应同步设计与接轨点同侧的至少一条到发线具备通行超限列车。

设计中应注意由于建筑限界是以轨面为基准，因此在设计建（构）筑物或设备时，必须考虑钢轨顶面标高可能产生的变动量，例如站台、接触网的高度应考虑路基沉降带来的轨道的下沉量，跨线桥、雨棚、接触网应考虑加厚道床、更换重轨带来的轨道抬高量，使其在轨顶标高变化后，仍不侵入建筑限界轮廓。

2. 施工图设计审查。在施工图设计阶段，在站场施工图中对设备限界设计要清晰明确；设计审查、提前介入单位要把建筑限界作为重点进行审查，同时要审核办理军用、超限货物的货场、专用线与通行超限列车的股道的连通情况，把好设计关。设计变更（含联系单）要重点复核限界变化情况。

3. 施工过程控制。在施工阶段，建设、施工、监理单位要全面掌握设计意图，领会建筑限界设计要求，施工中加强过程控制，确保设备限界符合《技规》、《铁路建筑实际限界测量和数据格式》和设计标准；各设备管理单位要做好提前介入，安排专人盯控关键设备限界情况，并同建设、监理、施工等单位做好协调配合，发现侵限问题，督促相关单位做好整改。

4. 严格验收把关。在验收阶段，做好设备限界相关技术资料移交、现场控制点标识指认及限界复测、整改验收工作，加强联调联试期间的限界管控。

(1)设备限界技术资料移交。各设备管理单位根据需要督促建设单位提供相关设备在站场的平面示意图，在图上标注有关设备里程，书面(加盖建设单位公章)提供设备限界竣工资料。

(2)对于邻近股道有曲线的关键设备，由建设单位组织设计、施工、监理单位以及工务、设备管理单位单位到现场，就直缓(缓直)点、缓和曲线中点、缓圆(圆缓)点、曲线限界加宽起、止点等控制点的位置在现场给予准确指出并标识，相关单位共同签字确认。

(3)严格按照各专业规定的限界测量点位测量，并在限界测量表中记录数据。同时检查设备范围内有无曲线影响，若设备在曲线加宽范围内，相关数据须按曲线加宽计算。

(4)限界检测应在设备建设完工，线路基本稳定(线路精调完成)后进行。涉及连续设备(如站台、隧道)时，要检查边缘是否有突变情况(包括钢筋头、铁钉、混凝土残渣等)，各结构等是否有变形、松动、开裂、下沉等问题，有问题及时通知建设单位督促施工单位整改。

(5)设备管理单位进行限界测量时，工务、建设、设计、施工、监理单位应参与并做好配合，对测量的结果共同签字确认。对不满足限界要求的，建设单位立即组织施工单位限期整改，整改后须重新测量；因特殊原因需要分项、分段验收开通的，应对已完工的设备的建筑限界先行进行验收，并对测量结果共同签字确认。

5. 设备监控及复测。联调联试期间，设备管理单位对建筑限界加强监控，每月进行一次全面检查测量，中间过程尤其线路每次精调后加强巡检，发现问题及时进行复测并做好整治。

3.6 站场改造管理

1. 总体要求

站场改造系指原有线路、电务、供电、房建等设备变更或改造(发生设备技术参数变化)。

(1)站场改造的工程设计、施工、监理必须符合《技规》《铁路建筑实际限界测量和数据格式》和相关工程技术规范的要求，位于曲线范围的建筑物、设备应按《技规》规定加宽限界。初步设计及施工图审查阶段，各设备管理单位、车务站段、业务主管部门和建设管理单位(项目管理机构)应严格审核设备设施限界情况及超限列车运行径路相关内容。必要时要征求调度部门意见。

(2)站场改造施工，一般不允许造成技术设备侵入建筑限界。涉及可能引起限界变化的，施工前，施工单位应与相关设备管理单位共同测量限界，对测量结果进行确认；施工中，施工单位严格按规范施工，满足建筑限界要求。施工结束后，竣工验收后建设管理单位(项目管理机构)应组织施工单位向铁路局集团公司相关设备管理单位提报限界资料，设备管理单位须按规定对限界资料进行复核，造成其他设备侵限时，应立即查明变化原因，施工开通时应恢复原限界（或优于原限界）。造成其他设备限界变化时，施工设施设备的管理单位须通知相关设施设备管理单位共同确认限界后逐级上报。

(3)站场改造完成后，各设备管理单位应督促建设管理单位（项目管理机构）按照限界表格格式及时移交设备限界资料，设备管理单位应复核确认，存档管理。站场改造开通运营后，设备管理单位应按规定对设备限界进行复测。

2. 站场改造超限运输作业流程

(1)施工单位编制施工方案时，要对限界变化情况进行说明，并在施工方案中单独列出。施工方案审查时，必须对限界变化情况进行审查，并将缩小既有限界的情况纳入审查意见。

(2)超限货物运输线路上的各项施工原则上不得缩小既有限界，施工过渡过程中确需临时缩小既有限界时，建设管理单位提报施工方案前要按“施工缩小限界核备表”格式要求向设备所属铁路局集团公司主管业务部提出申请，经主管业务部审核确认后提前30日报铁路局集团公司货运部审批。

施工单位向主管业务部提报施工计划申请时，应附铁路局集团公司货运部或国铁集团货运部的施工缩小限界核备凭证。

货运部将批准的缩小既有限界施工申请表书面通知调度所和运输部，运输部要及时以传真等方式转相关车务站段。施工单位要严格按照货运部批准的限界进行施工。

施工结束限界恢复正常后，建设管理单位及时书面报告铁路局集团公司货运部，货运部恢复正常批转超限货物运输电报。

(3)各相关设备管理单位要及时、准确地掌握限界变化情况，并按规定逐级上报。对于站场改造等影响超限货物运输径路或行车设备发生变化的施工，车务站段要提前组织相关设备管理单位对超限货物运输径路的限界进行测量确认（区间线路施工完成后，由设备管理单位负责对限界进行测量确认），各相关设备管理单位在施工开通后3日内将盖章后的限界资料报主管业务部，同时更新铁路限界管理及超限超重货物运输辅助决策系统。

(4)各业务部审核后，对缩小超限货物运输线路上既有限界的限界资料、设备参数确认情况进行说明并签字盖章后，于施工开通后5日内报科信部。科信部汇总各业务部提报的资料，签字盖章后，于施工开通后7日内提供给运输部、货运部和调度所。运输部要及时将限界资料以传真等方式转相关车务站段。

(5)对超限货物运输线路上的行车设备变化施工，开通前各设备管理单位应对限界变化的设施设备数据进行测量，确认限界数据符合要求（不缩小既有限界或批准缩小的限界）后方可销记。

3.7 线路大修管理

线路设备大修是为全面恢复和提高线路设备固有可靠度而对线路进行的大规模修理，根据线路设备各部件状态变化规律的不同，线路设备大修可分为：钢轨大修、道岔大修、轨枕大修、道床大修、线路中修、扣件大修、道口大修和其他大修。具体有无缝线路或普通线路更换新轨、再用轨，更换失效轨枕、严重伤损混凝土枕，清筛道床、补充道砟，成组更换新道岔和新岔枕，成段道床全断面清筛等。在线路设备大修实施过程中，往往伴随着大型机械、大量劳务人员作业，造成道床高低变化、线路中心线位移、轨面高低变化，造成铁路建筑限界产生变化。

有鉴于此，必须清醒认识到线路设备大修对铁路建筑限界的影响，针对施工内容具体分析，提前参与到线路集中修设计中，预先理清线路集中修后设备及限界的变化情况，及时反馈优化意见，达到满足施工设计，同时保护限界的要求，争取进一步改善设备限界条件。尤其要做好施工前的配合设备调查，施工过程的限界管控，施工结束前的限界复核。

1. 做好设计审查。在施工图设计阶段，应会同工务实施单位及设计单位做好现场调查，掌握现场设备情况及施工内容可能对设备限界造成的影响，提前沟通反馈意见，做好核对校验不断优化，充分讨论大修设计、方案在铁路建筑限界方面的可行性，在站场施工图中对铁路建筑限界设计要清晰明确；充分考虑铁路建筑限界，原则上不得缩小既有限界；确需缩小既有限界时，设计部门必须对限界变化情况进行明确标注、说明。进行施工图审查时，必须对建(构)筑物的限界变化情况进行审查，并将缩小既有限界的情况纳入施工图审查意见。

2. 施工过程控制。在施工阶段，配合单位要全面掌握施工进程，监控设备变化，跟进限界测量，完成一段测量一段，确保变化后的设备建筑限界符合《技规》、《铁路建筑实际限界测量和数据格式》和设计标准，发现侵限问题，及时反馈督促工务实施单位做好整改。

3. 严把开通验收。在开通前应会同工务实施单位做好限界复核，形成限界测量数据表并双方签认，对因施工破坏的检测点标志等同步做好恢复。如存在限界侵限问题，不满足开通条件时不予进行销记，务必确认设备全部限界达标，满足开通条件时方可销记开通。

3.8 设备接管验收管理

1. 新线竣工开通运营、既有线技术改造完工交付运营、大修完工和改扩建工程竣工验收前，建设管理单位(项目管理机构)应组织施工单位采集限界数据，并提前 20 天向相关设备管理单位、使用单位、铁路局集团公司主管业务部、运输部、货运部提报限界资料。否则不得验收交接。设备接收单位须复测并确认限界达标，并建立限界管理台账，完成限界系统数据维护相关工作。复测确认限界不达标的，建设管理单位(项目管理机构)应组织进行整改。

2. 路外工程建(构)筑物及相关设备跨越铁路，或附着在铁路建(构)筑物(如桥梁、隧道)上，且有可能引起限界发生变化时，设计方案必须报经铁路局集团公司审查同意后方可按规定开工建设。竣工验收后建设单位应组织施工单位向铁路局集团公司相关设备管理单位提报限界资料，设备管理单位须按规定对限界资料进行复核。

3. 专用线由产权单位委托具有铁路线路限界检测资质的机构进行限界检测，并将铁路建筑限界资料作为办理专用线运输、超限货物运输的基础资料。

4. 新增与机车、车辆有直接互相作用的设施设备，在使用中不得超过规定的侵入范围。竣工验收后建设单位应组织施工单位向铁路局集团公司相关设备管理单位提报限界资料，设备管理单位须按规定对限界资料进行复核。

3.9 侵限处所整治

设施设备管理单位应建立侵限设施设备台账，实行销号管理，并于每年年底，将侵入基本建筑限界的设施设备进行汇总，填写“侵限设施设备统计表”逐级上报至科信部。

铁路局集团公司各业务主管部门应积极组织开展侵限设施设备整治工作。设施设备管理单位应制定侵限设施设备整治方案并纳入年度工作计划，所需费用纳入财务预算，逐步减少侵限设施设备。

确因客观条件造成侵限桥隧较多、接触网高度及支柱限界不达标的限界紧张区段，短期内难以整治的，设施设备管理单位应加强管理、严格控制，杜绝人为因素缩小限界。同时，设施设备单位应主动与工务部门建立施工联动机制。

日常发现设备和建筑物侵入限界时，设备主管部门和单位要立即采取措施整治，各业务主管部门有责任组织、督促基层单位对侵限设备和建筑物进行整改。

侵限处所整治的整体要求如下：

1. 从严管理。严格限制缩小建筑限界的施工，尽量减少新增侵限处所。

2. 多单位联动。工务、电务、房建、接触网等专业要建立联动机制，防止由于拨道、抬道等因素导致限界进一步缩小。

3. 源头控制。因客观条件、历史原因造成的侵限处所整治应尽量结合设备设施大修、改造对限界进行优化，在设计阶段重点研究解决。

4. 动态管理。日常发现设备和建筑物侵入限界时，设备主管部门和单位要立即采取措施整治，各业务主管部门组织、督促基层单位对侵限设备和建筑物进行整改。

5. 安全卡控。涉及站内侵限的设施设备，设备管理单位应书面向车务站段提报，车务站段应制定措施并纳入《车站行车工作细则》(以下简称《站细》)。涉及区间侵限的设备车务及调度部门应制定措施确保行车安全。

3.10 施工缩小限界管理

设施设备管理单位应动态掌握限界变化情况，并及时通过限界系统更新限界数据，不得随意缩小既有限界。既有线技术改造应尽可能改善限界条件，提高超限货物通行能力。

新建、改建铁路的工程设计、施工、监理必须符合《技规》和相关工程技术规范的要求，各设计、施工及验收接管单位都必须做好限界的检查、复核正确后方可投入运营。

新线竣工开通及既有线技术改造完成后，按验收程序由相关工程建设管理部门及时将限界资料移交接管单位，并上报铁路局集团公司业务主管部门。

受不可抗力或客观条件限制影响，设施设备侵入《技规》规定的基本建筑限界，或已经侵入基本建筑限界的设备限界进一步缩小的，设施设备管理单位在更新限界系统数据的同时，应填写“限界缩小报告单”，报铁路局集团公司业务主管部门审核确认后，分别送铁路局集团公司科信部、货运部、调度所。导致区段综合最小限界缩小的，铁路局集团公司货运部应及时将“限界缩小报告单”报国铁集团货运部。

超限运输线路施工图设计时，设计部门应充分考虑超限货物运输线路上的限界问题，原则上不得缩小既有限界；确需缩小既有限界时，设计部门必须对限界变化情况进行明确标注、说明。建设管理单位组织施工图审查时，必须对建(构)筑物的限界变化情况进行审查，并将缩小既有限界的情况纳入施工图审查意见。

施工单位编制施工方案时，要对限界变化情况进行说明，并在施工方案中单独列出。施工方案审查时，必须对限界变化情况进行审查，并将缩小既有限界的情况纳入审查意见。超限货物运输线路上的各项施工原则上不得缩小既有限界，施工过渡过程中确需临时缩小既有限界时，建设管理单位提报施工方案前要按“施工缩小限界核备表”格式要求向设备所属铁路局集团公司主管业务部提出申请，经主管业务部审核确认后提前 30 日报铁路局集团公司货运部审批。

施工限界小于所在区段的综合最小限界时，铁路局集团公司货运部还应以超限货物运输电报形式报国铁集团货运部审批(施工时间不超过 10 日，或施工期间可以临时恢复原限界，或可以组织绕行，不影响超限车辆正常通行的除外)。

施工单位向主管业务部提报施工计划申请时，应附铁路局集团公司货运部或国铁集团货运部的施工缩小限界核备凭证。主管业务部和施工计划批准部门应重点进行审查，建设管理单位、监理单位应加强缩小既有限界施工的监督检查，确保施工单位在施工过程中严格按照铁路局集团公司货运部的批复要求办理。

设施设备日常维修(如线路拨道、抬道等)不得缩小既有限界，确需缩小时，比照施工缩小既有限界办理。

缩小既有限界的施工经铁路局集团公司货运部(或国铁集团货运部)审批同意后，货运部根据施工限界变化情况批转超限货物运输电报，或合理调整超限货物运输计划。货运部将批准的缩小既有限界施工申请表书面通知调度所和运输部，运输部要及时以传真等方式转相关车务站段。施工单位要严格按照货运部批准的限界进行施工，调度所和车站凭批准的缩小既有限界施工申请表及货运部批转的超限货物运输电报接发超限货物列车。

施工结束限界恢复正常后，建设管理单位及时书面报告铁路局集团公司货运部，货运部恢复正常批转超限货物运输电报。

对未向铁路局集团公司货运部提出缩小既有限界申请的超限货物运输线路上的施工，视为该线路没有缩小既有限界，货运部可按照铁路局集团公司已公布的既有限界数据审批超限货物运输计划。

各相关设备管理单位要及时、准确地掌握限界变化情况，并按规定逐级上报。对于站场改造等影响超限货物运输径路或行车设备发生变化的施工，车务站段要提前组织相关设备管理单位对超限货物运输径路的限界进行测量确认(区间线路施工完成后，由设备管理单位负责对限界进行测量确认)，各相关设备管理单位在施工开通后 3 日内将盖章后的限界资料报主管业务部，同时更新铁路限界管理及超限超重货物运输辅助决策系统。

各业务部审核后，对缩小超限货物运输线路上既有限界的限界资料、设备参数确认情况进行说明并签字盖章后，于施工开通后 5 日内报科信部。科信部汇总各业务部提报的资料，签字盖章后，于施工开通后 7 日内提供给运输部、货运部和调度所。运输部要及时将限界资料以传真等方式转相关车务站段。

施工缩小限界流程如图 3-3 所示。

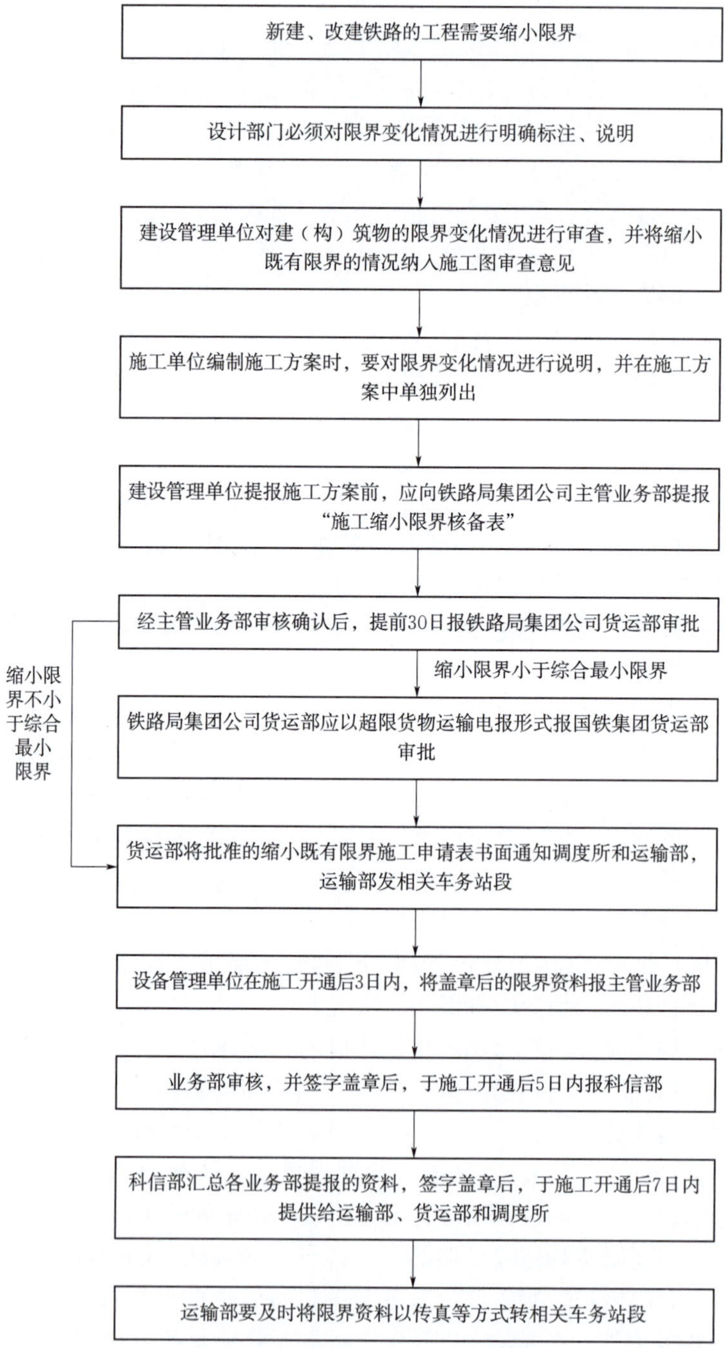

图 3-3　施工缩小限界管理流程

3.11 车型试验管理

车型试验主要包括以下两种情况：一种是新车型（如复兴号动车组）通过标准轨距铁路机车车辆限界规（以下简称：限界规）的检查，一种是普速线路首次通行动车组列车试验。

1. 新车型通过限界规的检查

（1）环境条件。不应在有影响检查的风、雨、雪和强烈震动环境条件下机车车辆限界检查。

（2）被检机车车辆（以下简称：被检车）的设计制造应符合 GB 146.1—2020 的各项有关要求。

（3）对被检车需要调整的机构（如机车的排障器、撒砂管、受电弓等）进行调整。

（4）被检车应在以下状态下分别进行检查：

①被检内燃机车及蒸汽机车空车及全整备状态应符合表 3-1 的规定。

②被检电力机车的空车及全整备状态应符合表 3-2 的规定。

③被检车辆在自重或全整备加载重状态。

④被检动车组在自重或全整备加载重状态。

表 3-1　内燃机车及蒸汽机车空车及全整备状态

装载情况	状　态	
	空　车	全 整 备
燃料（柴油或煤）	空	满
砂	空	满
水（工质水或冷却水）	空	正常位
柴油机用机油	正常位	正常位
液力传动或交速箱机油	正常位	正常位
其他润滑油脂	正常位	正常位
随车工具	全套工具	全套工具
乘务员	无	定员

表 3-2　电力机车空车及全整备状态

装载情况	状　态	
	空　车	全 整 备
砂	空	满
水	空	正常位
变压器冷却油	正常位	正常位
各种润滑油剂	正常位	正常位
随车工具	全套工具	全套工具
乘务员	无	定员

(5)进行型式试验的被检车,其上部限界检查应在空车状态下进行,下部限界应在重车或全整备状态下进行,侧向限界间隙检查应在空车、重车(或全整备)两种状态下进行。重车检查时应计入零部件垂直方向的磨耗限值。

(6)进行例行试验的被检车,其上部限界检查应在空车状态下进行,其下部限界检查和侧向间隙检查可做简化检查,即在空车状态下进行下部限界检查,但应计入重车状态下车辆的弹簧压缩量、车体因载重引起的变形量以及零部件垂直方向的磨耗限值。

2. 限界检查的操作

(1)符合规定的被检车,以小于 5 km/h 速度通过限界规检查区段。

(2)被检车以下列方式通过:

①本机通过。

②其他机车、牵引车牵引或推进。

③卷扬机牵引。

被检车被牵引部位应是车钩,不允许斜拉。

(3)限界检查结果,可直接观察或通过显示屏观察。

3. 限界检查记录

(1)检查日期。

(2)被检车的车型车号。

(3)限界规编号及有效截止日期。

(4)检查结果。

(5)有关部门盖章,有关人员签字。

检查结果由检查单位存档备案并记录在机车车辆的履历簿上。

4. 普速线路首次通行动车组列车试验

因联调联试或运行组织要求,普速线路会遇到需要运行或牵引动车组的情况(以下简称:动车组上线普速线路)。客运专线动车组列车机车车辆限界在高度 350～1 250 mm 处较电气化铁路机车车辆轮廓最大宽 25 mm,且客运专线铁路的基本建筑限界轮廓大于 $v>160$ km/h 客货共线铁路的基本建筑限界轮廓,故动车组上线普速线路运行时需要综合考虑限界标准不同带来的风险。各铁路局集团公司对该情况采取的措施不尽相同,以济南局集团公司为例,主要按照以下步骤进行。

(1)运行前限界复核。

动车组上线普速线路前,各系统需对径路上限界进行全面复核。重点对近一年内有过改建、新建、大修的地段进行复核。确保限界最低符合客货共线铁路的基本建筑限界要求。

(2)运行条件确认。

根据上线运行车辆的机车车辆限界,对未达到客运专线铁路的基本建筑限界要求的设备,逐个进行确认,比照超限货物运输要求,确保各专业设备(线路)限界满足距离运行车型机车车辆限界大于 200 mm 以上的要求,对于不满足的设备(地段)进行整治,如不能整治的,比照超限货物运输要求,进行限速通过,或在上线运行车辆通过前拆除设备。

(3)试运行工作。

由车辆部牵头,按照技术标准等开展试运行工作。

5. 开行或牵引动车组进入普速区段。

按照各铁路局集团公司行车组织及添乘要求,进行首趟车添乘确认或联调联试运行确认。

3.12 《站细》管理

《站细》是车站行车工作组织的基本规定,由车站站长组织站区机务、车辆、工务、电务、供电、信息、房建等有关设备管理单位按规定向车站提供设备技术资料,车站依据提供的技术资料及有关规章要求,结合车站运输条件及设备情况,按《车站行车工作细则编制规则》进行编制和修订,《站细》的编制和修订应纳入限界管理的有关要求。

1.《站细》第 3 条车站示意图

车站示意图内应标明线路的有效长、线间距等内容,其中能够接发超限列车的股道应按《铁路工程制图标准》的要求做好标记。

线路有效长:在线路的全长中,可以停放机车车辆而不影响信号显示、道岔转换(压中间道岔除外)或邻线行车可利用线路全长中的部分长度。

有效长起止点:设有信号机的线路为信号机—信号机、信号机—警冲标、信号机—车挡或信号机—轨道绝缘节;无信号机的线路为警冲标—警冲标、警冲标—车挡、道岔尖轨尖端—车挡,具体起止点由车务部门组织工务、电务共同确认。

股道有效长的测量由车务部门组织工务、电务部门共同测量。

股道的有效长存在与竣工图(施工图)等资料不一致的情况,如设有信号机及轨道绝缘的线路,竣工图有效长一般和施工图基准一致为信号机—警冲标(或警冲标—警冲标)的距离。当有效长资料不一致时,一般采用有效长最短的数据。

2.《站细》第 17 条侵入建筑限界的设备

(1)设备名称及处所:指侵入建筑限界固定设备名称及其所处的位置。如Ⅱ、4 道间 $S_{Ⅱ}$ 出站信号机、3 道西侧旅客站台等。

(2)至线路中心线距离:根据工务、电务、供电、房建等部门向车站提供的设备限界数据资料编制,只填写侵限设备距侵入线路中心线的距离。

(3)距轨面高度:填写侵限设备距轨面的实际高度。

(4)《技规》规定限界、侵入限界距离:根据《技规》附图 1 标准填写。

(5)一个设备如有多处侵限,应分别填记。

侵入铁路建筑限界的设备应纳入年度限界数据,年度限界数据公布后车站应与既有技术资料及《站细》内容进行核对,发现不一致时,应向设备管理单位索要技术资料,影响行车安全时,应立即制定安全措施,确保行车安全。

3.《站细》第 47 条接发超限列车的办法

根据车站站场设备,各种建筑限界条件的具体情况,《站细》应明确准许接发超限列车的线路、会车条件(包括邻线停留车辆和邻线停留超限车辆时,接发超限列车的限制办法)等内容。

准许接发超限列车的线路依据：一是设计及竣工资料，二是后期因运输需求，由车站组织设备管理单位现场确认。既有车站拟新增超限运输股道时，车务站段应提前征求设备管理单位意见，向运输部提出申请。运输部同意后，车务站段向铁路局集团公司请示，由科信部根据车务站段请示，组织相关设施设备管理单位对超限货物列车运行径路限界进行校核，确认是否符合限界标准要求。相关设施设备管理单位确认后，将签字盖章后的资料按程序报主管业务部审核，主管业务部审核签字盖章后报科信部。运输部根据科信部汇总的限界资料，确定是否新增超限运输股道，并组织修订《站细》。

超限列车会车条件(包括邻线停留车辆和邻线停留超限车辆时，接发超限列车的限制办法)，是为保证超限列车接发安全及作业人身安全，在接发超限列车时，必须要考虑相邻线路的接发列车情况，应根据与邻线间线间距不同，制定不同的安全措施，一般而言，当接发超限列车线路与邻线线间距不足 5 000 mm 时，邻线必须空线；与邻线距离大于 5 000 mm 不足 5 300 mm 时，禁止相邻线路接发、停留超限列车及调动、停留超限车辆；与邻线距离 5 300 mm 及上时，无接发车限制。

4.《站细》第 79 条装载超限货物车辆调车的规定

车站应根据工务、电务、房建等部门提供的设备技术数据，依据《技规》《铁路调车作业》及有关规定，编制以下内容：

(1)准许调动装载超限货物车辆的线路，按各车场分别说明。

(2)调动装载超限货物车辆的规定：包括调动的范围、调车作业通知单的编制要求、连挂及调动速度的要求，邻线不得停留堵门车(停留车距警冲标间的距离小于溜入车组的长度及安全距离的停留车)安全措施等。

(3)固定停留装载超限货物车辆的线路。

(4)其他作业限制。

《站细》限界相关条款的编制如缺乏限界资料时，应在符合相关规章制度的前提下，联系设备管理单位提供最准确的限界管理资料，包括侵限设备及处所，线间距，区间线间距等。在《站细》编制及日常管理过程中，应咨询设备管理单位意见。日常可采取发函要求提供、组织联合测量等方式掌握现场数据资料。

车务站段在超限货物股道开通使用前，应根据设计文件和设备管理单位提供的竣工资料等，编制“接发超限列车进路及最小道岔号”，并在设备开通前 10 天发函抄送相关设备管理单位，因运输组织及其他原因需新增接发超限列车股道时，车务站段也要编制“接发超限列车进路及最小道岔号”，发函抄送相关设备管理单位。设备管理单位根据通知要求对超限货物运输径路上涉及的所有设备进行全面测量及确认，并形成书面确认报告。确认报告应当包含设备基本情况，确认结论及最不利限界情况等内容，并将测量结果报铁路局集团公司业务主管部门审核，业务主管部门审核后组织设备管理单位修改限界系统数据，并报科信部。如涉及站内侵限的设施设备，设施设备管理单位须书面向车务站段提报相关限界数据资料，车务站段根据侵限数据制定相关安全措施，并纳入《站细》管理。

如 2023 年 10 月，日照站站场改造开通时，日照站发布通知，组织工务、电务、供电、房建、车辆等专业，对日照站超限货物运输调车径路情况进行现场测量确认。

如有本专业设备影响超限货物运输径路，应当全部进行测量确认，并根据现场实际情况及测量数据形成报告。如下例日照站房建专业货物一站台货5道、二站台货3道设备技术条件符合《技规》规定但不满足《铁路超限超重货物运输规则》(以下简称《超规》)要求的情况说明。

房建专业日照站提报示例:

日照站超限货物列车站内调动径路限界确认情况说明

按照2023年10月10日日照站关于确认日照站超限货物列车站内调动径路的通知要求,青岛房建公寓段组织对日照站货3、货5道超限货物列车运行径路上的货物二站台、货物一站台设备参数进行了测量确认,货物二站台仓库雨棚高度超过6 m,限界符合要求,货1、货2、货4、Ⅱ—6道、Ⅱ—12道、Ⅱ—14道无房建设备。因货物一站台设备部分位于曲线范围,按照《中国铁路济南局集团有限公司超限货物运输线路建筑限界管理实施细则》(济铁科信〔2019〕68号)规定,依照《铁路建筑实际限界测量和数据格式》对以轨面基准实测数据进行换算。换算后确认,货物一站台货5道设备技术条件符合《技规》规定但不满足《铁路超限超重货物运输规则》(铁总运〔2016〕260号)要求,货物二站台货3道设备技术条件符合《技规》规定但不满足《铁路超限超重货物运输规则》(铁总运〔2016〕260号)要求,具体情况如下:

1. 货物一站台货5道设备部分位于曲线地段,设备高度445～1 150 mm,直线段最小限界为1 768 mm,曲线段折减后最小限界为1 770 mm。

2. 货物二站台货3道设备位于直线地段,设备高度931～1 191 mm,最小限界为1 750 mm。

编制人:　　　　审核人:　　　　审批人:

2023年10月25日

青岛房建公寓段

如车务站段要求确认的超限货物运输径路不涉及本专业设备,同样经现场确认后,形成书面报告确认无本专业设备,不影响超限货物运输,如下例2023年11月济南站房建专业确认。

房建专业济南站提报示例:

济南站超限货物列车运行径路限界确认情况说明

2023年11月16日济南站施工完成后,济南房建公寓段对济南站超限货物列车运行径路进行了确认。经确认,济南站超限货物列车运行径路无房建设备,满足超限货物列车通过要求。

编制人:　　　　审核人:　　　　审批人:

2023年11月16日

济南房建公寓段

3.13 限界资料管理

设备管理单位限界资料管理包括:年度限界测量数据、区段最小建筑限界、施工缩小限界和侵限设备管理资料。

1. 年度限界数据资料管理

(1)按照年度建筑限界周期测量要求,各单位每年组织进行全面测量,测量工作应当进行复核、抽查,以减少数据误差。经复核、审核后建立"××专业设备建筑限界表(台账)",按照各专业要求时间节点上报相关业务部室并存档。

(2)年度限界复核、提报流程(图 3-4):

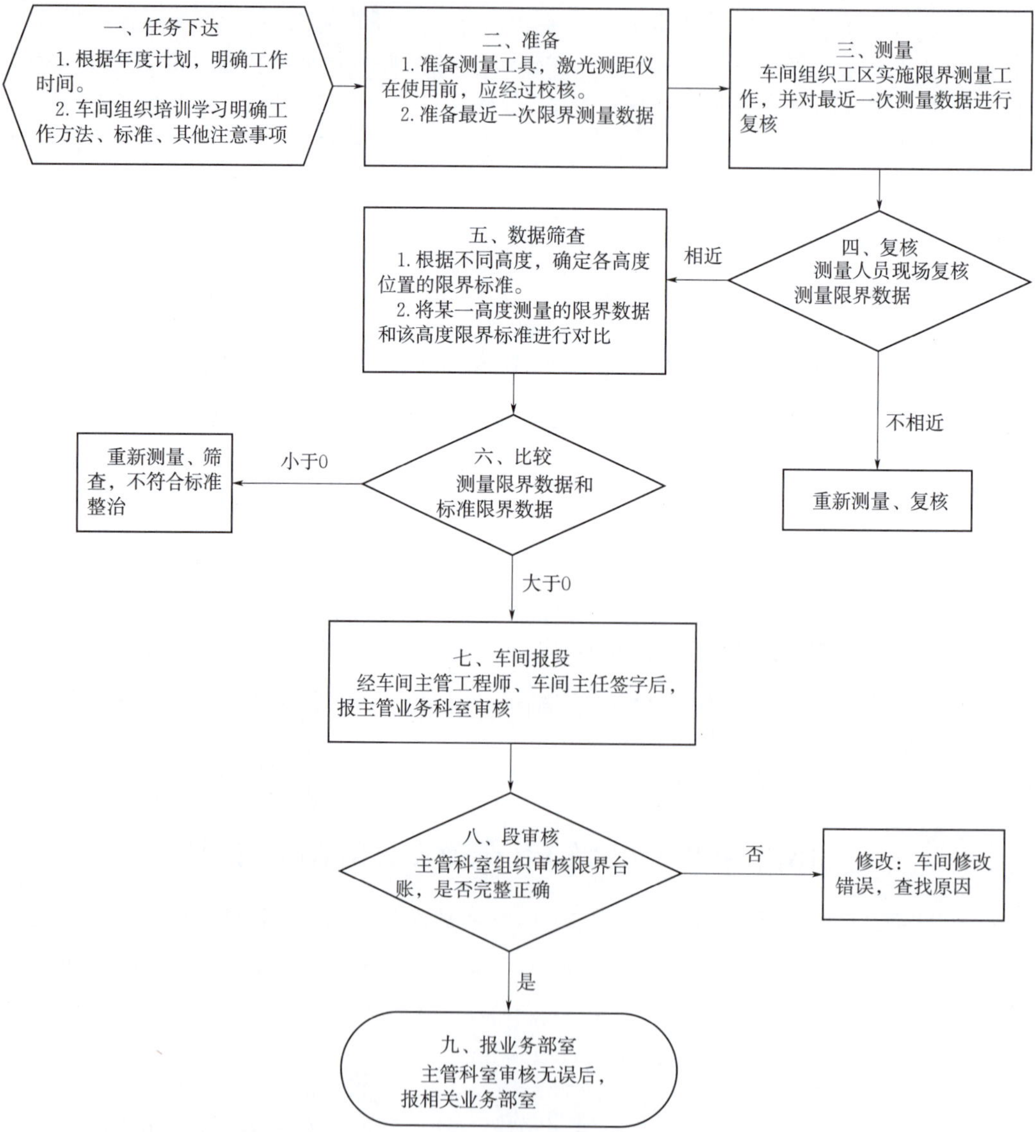

图 3-4 年度限界复核、提报流程

说明：

①“相近”是指限界偏差小于 20 mm，高度对应拐点 20 mm 范围的数据，要按照高的限界标准执行，避免因测量误差造成的安全风险。

②在考虑测量误差的情况下，对于“小于 0”或“大于 0”设备的判断，应综合考虑保持 20 mm 安全距离。

(3)年度超限货物运输径路限界管理：

铁路局集团公司每年按计划公布“年度超限货物运输径路限界资料”。各单位按照铁路局集团公司工作要求按程序流程上报各类年度限界资料。主要包括：“相关专业限界数据主要说明事项”“具备超限超重货物承运人资质的线路汇总表”“具备超限超重货物承运人资质的车站汇总表”“接发超限超重货物列车径路及最小道岔号”“线路(区段)桥隧(房建、供电、电务、车辆)设备综合最小建筑限界尺寸表”“4.6 m 及以下线间距所在区间及距离表”“半径为 800 m 及以下曲线所在区间及长度表”“列车运行径路并行区段情况一览表”“侵限设施设备统计表”等表格。其中限界数据空白的处所，视为在规定的检测范围内(直线区段距线路中心左右两侧各 2 600 mm、曲线区段距线路中心左右两侧各 3 300 mm，高度距轨面 6 000 mm 且不小于相应的建筑限界高度)没有任何设施设备。

①各设备管理单位需按公布的区段字典，按照《铁路建筑实际限界测量和数据格式》要求，汇总、提报“线路(区段)桥隧(房建、供电、电务、车辆)设备综合最小建筑限界尺寸表”“侵限设施设备统计表”。

②工务专业需对限界字典基础数据表进行核对，包含线路划分表、曲线表、区间划分表、区段划分表、站名字典表、股道划分表等。同时提报“4.6 m 及以下线间距所在区间及距离表”“半径为 800 m 及以下曲线所在区间及长度表”“列车运行径路并行区段情况一览表”。

③车务专业核对、提报“接发超限超重货物列车进路及最小道岔号表”“股道划分表”。

④货运部核对、提报“具备超限超重货物承运人资质的线路汇总表”“具备超限超重货物承运人资质的车站汇总表”。

⑤各专业根据现场实际情况，将需要特殊说明的事项汇总形成“相关专业限界数据主要说明事项”，重点对本专业表格编制的原则，不满足超限运输的设备(处所)、特殊设备说明等进行明确。

科信部将各专业提报资料进行汇总，并在规定时间内发文公布。

(4)最小建筑限界管理流程(图 3-5)：

说明：

①左右曲线是按照列车运行方向填写。

②采用人工方法进行离散时，距轨面高度的数据分别向上向下并归，如距轨面高度 3 100 mm，限界数据是 2 400 mm，应分别填写在尺寸表的高度 3 000 mm 和 3 200 mm 栏内。

2. 侵限设备设施资料管理

(1)车间每年结合年度限界测量任务，组织各工区对管内信号设备限界进行全面检查测量。对于检查发现的侵限设备设施，车间应立即复核、确认、并上报主管段业务科

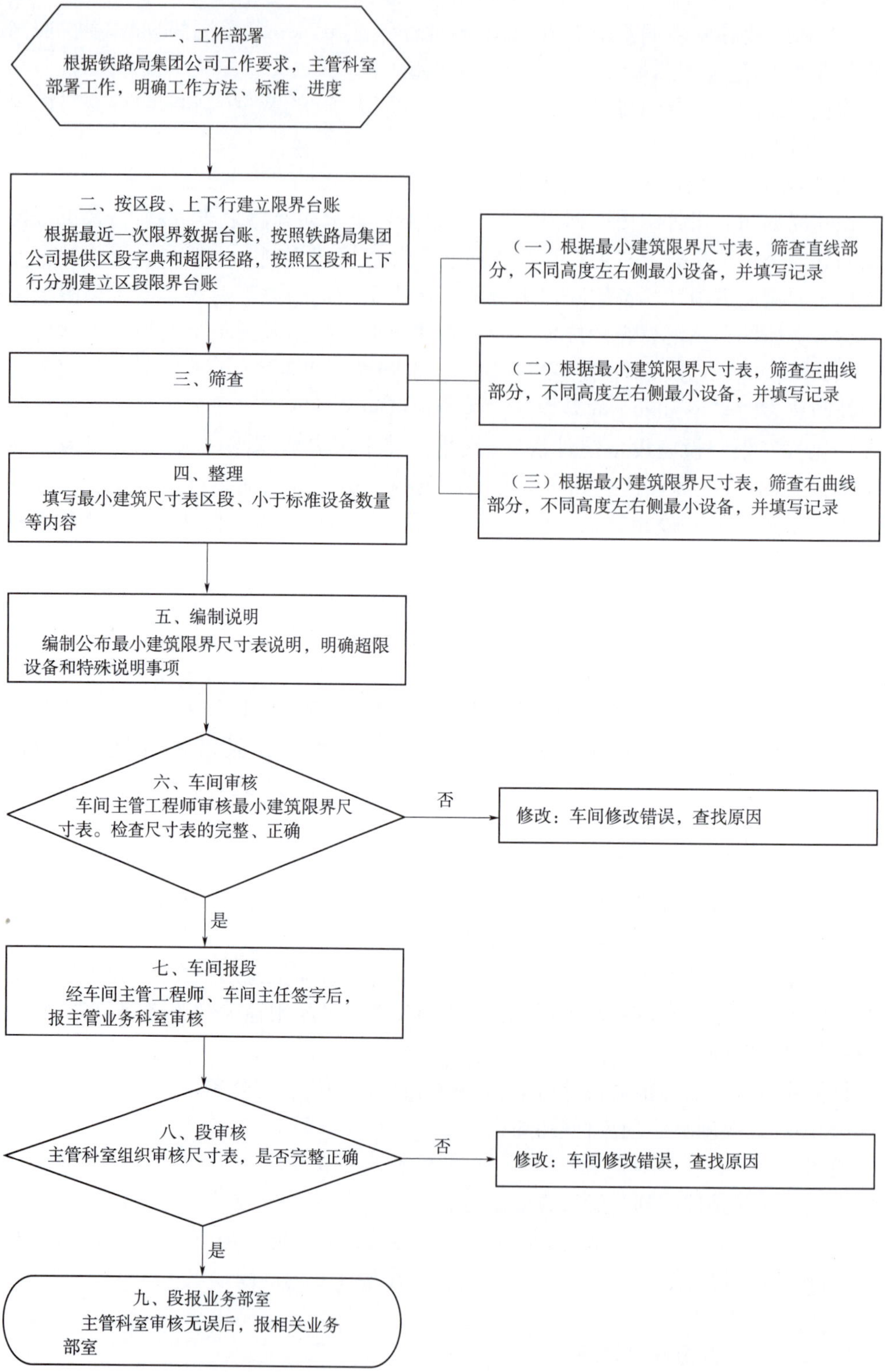

图 3-5　最小建筑限界管理流程

室。对于车间上报的侵限设备设施,段主管业务科室应进行现场检查确认并组织车间制定整改措施。段、车间、工区三级应分别建立"侵限设备设施台账"。对因条件限制确实无法整治的设备,车间应汇总后报段主管业务科室,段主管业务科室 3 天内上报铁路局集团公司主管业务部室。

(2)设施设备管理单位应建立侵限设施设备台账,实行销号管理,并于每年年底,将侵入基本建筑限界的设施设备进行汇总,填写"侵限设施设备统计表"逐级上报至科信部。

(3)侵限设备整治流程图(图 3-6):

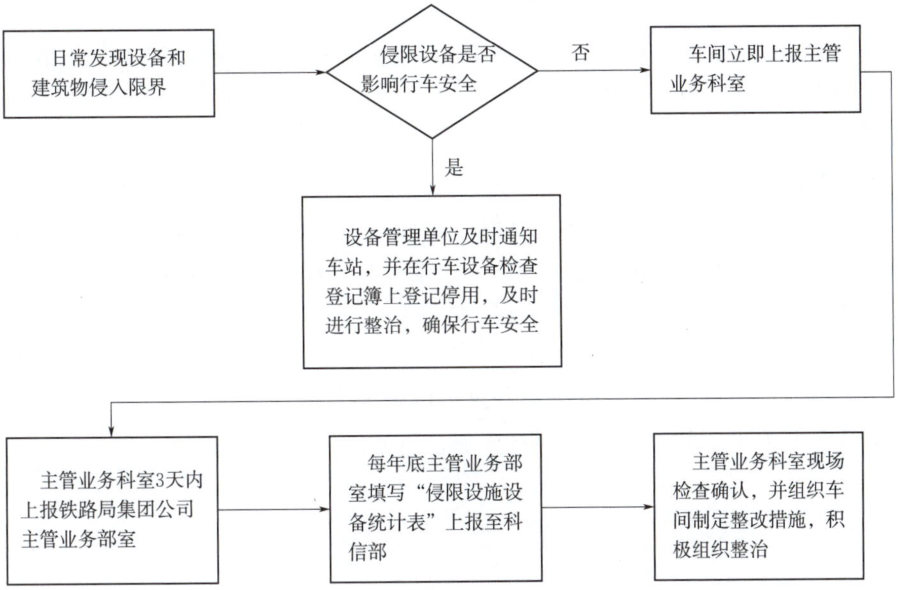

图 3-6　侵限设备整治流程图

3. 各级单位留存的限界资料

(1)资料要求:

①各类技术规章:

将限界相关国家标准、行业/企业标准、国铁集团规章、铁路局集团公司规章、站段规章进行保存。

a. 车间:需留存电子版和纸质版,并及时更新。

b. 工区:需留存电子版,并及时更新。

②周期测量限界资料:

a. 车间:电子版、纸质签字版"建筑限界表(台账)",按照各专业规定的最低保留年限进行留存。

b. 工区:电子版、纸质签字版"建筑限界表(台账)",实测资料一并保留。按照各专业规定的最低保留年限进行留存。

(2)年度(最小)限界资料:

①车间:电子版、纸质签字版"××最小建筑限界尺寸表",每年按照通知时间节点前完成。

②工区:保留"××年度超限货物运输径路限界资料"电子版,用于查阅对照即可。

(3)新建、站改等工程:

①车间:既有线施工需要临时缩小设备限界的,车间提前35天按照“施工缩小限界申请表”报段,留存电子版、纸质签字版。

不缩小限界的施工,车间留存好隐蔽工程影像资料。

开通后三日内上报最终齐全完整的新建、站改限界资料,并在年度数据中纳入,车间需留存电子版、纸质签字版。

②工区:保留实测数据。其他无硬性要求。

(4)超限运输:

①车间:各专业根据本专业超限运输需要上报的限界资料进行留存电子版、纸质签字版,建议保留不小于两年。

②工区:没有硬性要求。

(5)专项整治:

①车间:一般来说,专项整治需有各级文件通知要求、活动推进计划、问题清单、总结等,按照每次专项整治要求保留电子版和纸质签字版。建议保留不小于两年。

②工区:没有硬性要求。

(6)限界系统:

车间统一建立台账,统一对每个设备进行设备编号,做到同一设备编号唯一,并根据开放时间及时更新数据以及台账资料。

3.14 结合部管理

建筑限界管理结合部主要存在于侵限设备整治、各专业施工配合、超限超重货物运输等情形下。对于结合部管理,应当遵循“从速从简”的原则。根据设备情况、整治难易程度统筹施策。重点整治设备管理单位侵限设备台账不健全,现场设施设备日常维修各专业协调配合机制不健全,超限货物运输线路结合部设备分界不明确等问题。

1. 建立日常沟通机制。各专业间应当建立日常沟通机制,对设备维修计划及时进行互通,通过站区联劳会议、车站天窗修协调会、定期邮件交流等形式,将本专业设备维修时间、维修地点、维修内容告知相关单位,充分研判日常维修尤其是起拨道、清筛等项目对各单位设备铁路建筑限界的影响,根据实际需求组织相关单位进行配合,共同确保维修实施后铁路限界安全。

2. 做好大型施工配合。重点是无缝线路或普通线路更换新轨、再用轨,更换失效轨枕、成组更换新道岔和新岔枕,成段道床全断面清筛等,在施工图设计阶段,各设备管理单位应会同实施单位及设计单位做好现场调查,提前沟通反馈意见,充分讨论设计、方案在铁路建筑限界方面的可行性,确保限界设计清晰明确;在施工阶段,配合单位要全面掌握施工进程,监控设备变化,跟进限界测量,确保变化后的设备建筑限界符合设计标准,发现侵限问题,及时反馈督促实施单位做好整改。在开通前,配合单位应会同实施单位做好限界复核,确认设备全部限界达标满足开通条件后方可销记开通。

3. 设备日常管理结合。对各单位相关技术参数、技术标准进行共享,尤其是到发线曲线参数、侵限设备台账、车站站细等关键资料，便于各单位共同进行限界管控。

4. 综合考虑整治方案。按照“从速从简”的原则进行实施。如某站原计划通行超限超重货物列车的径路股道存在房建雨棚侵限，备选股道存在某矮型信号机接近距离小于100 mm。如按原径路组织运输，则房建需进行营业线施工整治雨棚，且需供电部门接触网停电配合，时效性差，投入成本高。如按备选径路组织，则需电务部门临时拆除信号机显示机构，相较而言实施灵活，操作便捷。因此在此设备条件下，综合考虑由电务进行临时拆除信号机处理；又如某站站台整体侵限，站台帽石与站台墙平齐无整治余量，此种情况房建已无处理能力，则需安排工务进行拨道处理。

5. 段内结合部。各单位内部应当制定相应流程，对数据采集、数据分析、现场盯控、结果反馈等环节形成闭环沟通，防止限界管理的中梗阻与流程断链。现场数据采集后必须向分析人员反馈上报，数据分析后必须向现场人员和分管负责人反馈结果，设备整改后必须向分析人员重新反馈上报，以此动态闭环，形成管理常态。

3.15 人员培训管理

为加强业务培训，提高专业素质，铁路局集团公司及各基层单位可采用多种形式，有的放矢地扩大培训范围，提高培训质量，切实做好限界管理培训工作。

1. 一般要求

根据专业特点有针对性地开展培训工作。充分利用视频会、交班会等形式组织日常学习，进行工作提醒。定期开展限界管理培训班，系统学习限界管理专业知识，切实提高管理人员和现场作业人员的业务素质。铁路局集团公司应每年组织限界管理人员进行培训，培训时间不少于 32 学时；站段应每年对专兼职限界管理人员、现场作业人员进行培训，培训时间不少于 8 学时。

2. 培训内容

铁路局集团公司及各基层单位应针对管理人员及现场作业人员特点，各有侧重地做好动态培训工作。将限界基础理论和标准、限界管理规章制度、超限货物运输组织、限界事故典型案例以及超限超重货物辅助决策系统辅助与维护等方面作为管理人员重点学习内容；把限界数据测量标准与方法以及限界测量实例作为现场作业人员重点掌握内容。

3. 检查监督

定期做好检查督导工作，主要检查主管限界专业技术人员更换情况、培训记录，现场测量人员业务水平，日常业务考试等内容。针对检查发现的问题，重点整治规章制度、测量方式方法不掌握，未组织培训即接任，资料交接有遗漏，专业管理有差距等问题。

3.16 限界专项整治

限界管理标准化是一个过程，以专项检查整治为载体，推进建筑限界标准化管理，可以作为加强限界组织管理的一个重要思路。专项检查整治查整并举、以查促整、标本兼治，要坚持系统引领、集中组织、自上而下、突出重点，按照规范化、强化规范化、标准化、强化标准化的顺序逐年推进，久久为功，持续夯实限界管理安全基础。

3.16.1 活动目标

以现场实际作业为重点，强化专业安全意识，夯实基础管理，加强限界规章制度、技术资料、测量标准、组织流程、结合部、人员培训管理，闭环整改存在问题，推进铁路建筑限界管理标准化、程序化、规范化。

3.16.2 检查整治重点

1. 第一年

(1)源头限界管理。在新建、改建铁路和设备改造施工过程中，是否按设计、施工、监理、验收规范和程序进行检查、验收。竣工后限界资料是否及时移交，移交的资料与现场实际数据是否对应、是否发生变化。在超限货物运输线路改造过程中，施工图审查时是否将缩小既有限界的情况纳入施工图审查意见，施工方案审查是否对限界变化情况进行审查，施工过渡过程中确需缩小既有限界时是否按规定报批。

(2)设备接管复测。新建、改建铁路的验收接管单位是否按照程序要求对设施设备的限界进行检查和复测，是否存在侵入铁路基本建筑限界的情况。设施设备日常维修(如线路拨道、抬道等)造成其他设备限界变化时，施工单位是否通知相关设施设备管理单位共同确认限界。超限货物运输线路上行车设备发生变化的施工，开通前各设施设备管理单位是否对限界变化的设施设备数据进行测量。

(3)测量方式方法。工务、电务、供电、房建、车辆、货运等专业是否建立了限界数据测量标准，是否明确了现场限界数据测量方式方法，现场测量人员是否严格执行确定的测量方式方法。限界检测和数据格式是否符合《铁路建筑实际限界测量和数据格式》(Q/CR 55—2014)要求。限界检测设备是否定期进行计量检定或校准。

(4)侵限处所整治。设施设备管理单位是否动态掌握限界变化情况，对超限径路上侵限设施设备是否及时进行整治，限界进一步缩小是否严格按照程序逐级上报。受客观条件限制难以整治处所是否结合技术改造尽可能改善限界条件，是否加强对濒临侵限设施设备的检查整治。涉及站内侵限的设施设备，设备管理单位是否书面向车务站段提报，车务站段是否制定措施并纳入《站细》。

(5)限界规章管理。铁路局集团公司各设施设备管理单位及业务主管部门是否依据《超限货物运输线路建筑限界管理实施细则》要求制定了本单位、本部门的细化办法，负责限界测量和资料管理的科室、车间是否制定了具体可操作的管理制度，相关规章制度要求是否宽于上级规章。相关部门、单位办理超限货物运输时是否严格执行了限界管理规章的规定。

(6)限界资料管理。限界定期检查测量记录是否真实齐全。“铁路限界管理及超限超重货物运输辅助决策系统”(以下简称限界系统)限界数据是否存在错误或漏缺。限界系统基础数据字典、年度限界数据是否按程序要求汇总上报。车站超限货物列车运行径路是否纳入《站细》管理，超限货物列车运行径路变化和增减后，车务站段是否及时通知相关设施设备管理单位并组织进行限界测量确认，设施设备管理单位是否及时提报相关限界资料。

2. 第二年

(1)规章制度管理。主要检查业务部、站段限界管理规章制度制定修订、落实情况。

重点整治专业管理无办法，站段管理无细化，车间管理无措施，执行上级规章标准不严格，规章制度要求宽于上级规章、上下一般粗等问题。

（2）限界资料管理。主要检查各专业定期检查测量记录数据、限界系统录入数据，车务站段技术资料、《站细》。重点整治限界资料错误或漏缺、与限界系统数据不一致，车站限界技术资料不全，《站细》无侵限设备管理措施等问题。

（3）限界测量标准。主要检查各专业限界数据测量标准。重点整治限界检测设备未定期计量检定或校准，现场测量人员不掌握标准，限界检测和数据格式不符合《铁路建筑实际限界测量和数据格式》（Q/CR 55—2014）要求等问题。

（4）组织管理流程。主要检查超限货物运输线路缩小限界改造施工图、施工方案审查流程，新增车站超限股道报批流程，设备接管复测及资料审核流程，超限货物运输管理流程。重点整治相关限界管理流程不掌握，超限货物运输电报管理不规范等问题。

（5）结合部管理。主要检查侵限设施设备整治、专业间施工维修配合管理、结合部设备管理情况。重点整治设备管理单位侵限设备台账不健全，现场设施设备日常维修各专业协调配合机制不健全，超限货物运输线路结合部设备无人管等问题。

（6）人员培训管理。主要检查主管限界专业技术人员更换情况、培训记录，现场测量人员业务素质，日常业务考试等内容。重点整治规章制度、测量方式方法不掌握，未组织培训即接任，资料交接有遗漏，专业管理有差距等问题。

3. 第三年

（1）限界数据管理流程。突出数据完整性、准确性，重点检查整治：一是铁路建筑实际限界测量对象是否全面、是否存在遗漏；二是曲线测量范围是否满足要求，是否存在不足；三是测量工具是否定期计量检定或校准；四是现场采集数据是否准确，是否存在较大偏差；五是测量数据处理方法是否掌握，计算公式是否正确；六是限界系统数据录入是否及时准确。

（2）限界专业管理标准。突出限界管理标准化、规范化，重点检查整治：一是限界组织管理体系是否健全、技术人员业务素质是否满足限界管理要求；二是专业测量标准、站段管理制度、现场作业指导书是否配套。

（3）日常限界施工组织。突出方案审查、资料提报时效性，重点检查整治：一是超限径路改造施工时，专业部门之间是否联系彻底、相关站段之间是否沟通到位、站段科室之间是否对接到位、限界资料逐级提报是否及时；二是缩小既有限界（另外包括缩小线间距）的施工图及施工方案审查是否规范，施工后限界资料提报是否及时。

4. 第四年

（1）技术管理方面。一是《技规》《铁路建筑实际限界测量和数据格式》《铁路车站及枢纽设计规范》等限界技术要求落实是否到位，相关设施设备是否满足规范要求，在管理上是否制定细化标准和落实措施。二是新建、改建铁路和设备改造项目设计、施工、验收是否落实限界技术要求，相关人员是否明晰限界技术要求并确认限界变化情况。三是专业限界测量标准是否建立，落实是否到位，测量、计算、录入等技术管理过程能否保证数据的完整性和准确性。

（2）基础管理方面。一是年度限界资料提报、站场改造施工限界资料提报、调车进路限界资料管理、专用线限界资料管理、《站细》限界资料管理流程是否清晰，在管理上有无具体措施、规章制度。二是各专业部门、各站段及其内部科室是否存在限界管理结合部问题，是否建立有效的联系沟通机制。三是各层级限界专业管理责任是否明确，日常管理中是否落实监督检查责任。四是专业技术管理人员配备是否到位，是否深入现场发现并解决问题，长期性、反复性问题是否得到有效卡控，检查考核标准是否健全，发现问题考核奖励机制是否落实。

(3)现场作业方面。一是限界测量作业涉及到的典型设备、测量方法、数据记录、基础台账是否编制现场作业标准或岗位作业指导书，是否采取流程图、图示、视频、动漫等形式提高直观性、易学性。二是测量器具使用维护是否规范，现场操作人员是否掌握操作方法及注意事项。三是日常限界数据、年度限界数据台账资料格式、提报流程是否规范，限界系统管理维护和数据变更是否及时、准确、规范。四是因超限货物运输条件需求，现场需要对既有设备进行拆移等改造，改造前后是否确认限界变化情况，超限运输条件制定是否科学合理。

5. 第五年

(1)技术设备实际限界方面。一是对照站段限界管理台账查现场设备可靠性，突出关键设备、关键部位，集中整治一批侵限、濒临侵限设备。二是根据超限运输线路施工、站场改造、集中修计划查限界数据变化后台账管理情况，重点整治数据变化信息不掌握、过程控制不到位的问题。三是根据超限货物运输电报查提报限界数据的准确性，重点整治数据与现场设备不符导致运输条件不准确，影响运输效率的问题。

(2)限界管理制度落实方面。一是对照超限货物运输线路建筑限界管理办法、铁路建筑实际限界测量和数据格式、铁路车站及枢纽设计规范等上级规章和标准查专业管理责任落实情况，重点整治专业管理弱化的问题。二是对照铁路局集团公司规章制度查站段主体责任落实情况，重点整治限界管理人员履职不到位的问题。三是对照本系统限界测量标准及作业指导书查作业人员责任落实情况，重点整治现场人员不按标准作业的问题。

(3)技术人员业务素质方面。一是结合限界管理岗位特点查人员基本业务素质，突出新职、调整人员的培训和教育，重点整治岗位管理弱化的问题。二是结合《铁路建筑限界管理标准化指导手册》中的知识体系查相关人员对限界数据采集、分析、录入及审核提报流程掌握情况，重点整治限界管理人员专业性不强，技术业务素质不高的问题。三是结合升级版限界系统在铁路局集团公司推广实施查限界系统运用及管理情况，集中整治系统录入数据有错误、有漏洞和维护不及时的问题。

3.16.3 推进计划

根据管理实际制定，一般可分准备、检查、整治、总结四个阶段。

1. 准备阶段

根据专项检查整治活动要求和专业特点，各专业部室、站段组织制定加强限界标准化管理的具体措施和专项整治方案，明确检查整治项目、开展方式、权责范围、相关要求，组织深入发动学习。

2. 检查阶段

各单位按照专项整治方案，组织落实干部现场管控、安全监督检查、安全风险管控、隐患排查治理等内容，就检查情况形成问题清单，对照制定整改措施，明确责任人和完成时限。

3. 整治阶段

各单位根据检查问题清单，落实闭环销号。对整治过程和整治结果落实监督检查，实现过程质量控制与验收销号，确保问题隐患切实解决。对解决不了的问题分析原因、逐级上报，采取相关措施确保安全。

4. 总结阶段

各单位对照本次活动目标和落实情况，做好总结工作，总结开展典型问题、好的做法、经验教训，针对研究下一步工作方向和管控重点，确保限界管理思想境界、工作标准、管理水平、落实能力、工作质效、服务意识再上新台阶。

3.16.4 有关要求

1. 第一年

（1）提高思想认识。限界和超限货物运输涉及国家重点工程、国防建设、人民生命财产和铁路行车安全，各单位、各部门领导和业务主管人员必须高度重视，充分认识限界管理的重要性，组织相关人员记名传达学习《关于"4·6"青藏公司兰青线超限货物列车刮碰侵限的接触网吊柱事故的通报》，并指定专人组织做好本次限界管理专项检查整治工作。各部门、单位主要负责人要亲自布置，对检查出的问题清单要亲自组织研究并制订整改计划，确保活动取得实效。

（2）强化干部履职。各部门、单位要切实加强干部履职履责，强化红线意识和底线思维，结合铁路局集团公司安全大检查再深入要求，以问题为导向，从严开展限界安全隐患排查整治，切实盯住问题解决。着力克服工作拖沓、不作为等问题，切实做到履职尽责，举一反三，深入吸取事故教训，严格落实铁路局集团公司《超限货物运输线路建筑限界管理实施细则》规定的相关责任及要求。

（3）加强技术管理。铁路局集团公司各业务主管部门要在所列检查整治重点基础上，根据专业特点，细化明确本系统专项检查主要内容及要求，进一步加大专业管理力度，指导帮助站段解决实际问题。各单位要以当前正在进行的年度限界资料提报为抓手，对管内超级超限运输径路设备限界数据进行全面测量、复核，发生变化的数据纳入年度限界资料一并提报，确保限界数据准确、完整、动态更新。

（4）开展侵限整治。铁路局集团公司各业务主管部门应积极组织开展侵限设施设备整治工作，日常发现设施设备侵入建筑限界时，设备主管部门和单位要立即采取措施整治，各业务主管部门加强组织、督促，确保各单位对侵限设施设备整改到位。对受客观条件限制难以立即整治的侵限设施设备，设施设备管理单位应建立侵限设施设备台账，实行销号管理，制订侵限设施设备整治方案并纳入年度工作计划，逐步减少或消除侵限设施设备。

（5）加强学习培训。各部门、单位要加强限界管理业务培训，将限界管理相关内容纳入职工日常培训工作，提高限界管理人员业务素质。同时要加强限界系统业务培训，确保限界系统使用人员熟练操作。限界管理人员发生变化时，由本单位组织限界系统培训合格后方可接任，限界资料及电子备份资料必须交接清楚，不得遗漏。

（6）严格监督检查。各业务主管部门要加强对本系统专项检查整治活动的组织和各项工作的指导，对系统内各单位活动开展情况要进行监督检查。铁路局集团公司安监室、科信部将对活动开展情况进行抽查，对未按照要求开展活动或对活动各项要求落实不到位的部门和单位，严格纳入铁路局集团公司安全逐级负责制考核。

2. 第二年

（1）提高思想认识。限界和超限货物运输涉及国家重点工程、国防建设、人民生命财产和铁路行车安全。各部门单位主管领导必须高度重视，充分认识限界专项检查整治和标准化管理的重要性，亲自把关审核本系统限界标准化管理措施、总结报告，确保活动取得实效。

（2）强化干部履职。各部门单位要切实加强干部履职履责，深化“理顺规范年”建设，提升境界标准，以问题为导向，从严限界安全隐患排查整治，着力克服作风漂浮、不担当不作为问题。各单位要对发现解决限界管理安全隐患的技术管理人员、现场作业人员实施快奖重奖，切实调动全员保安全的积极性、主动性。

（3）加强专业管理。各业务主管部门要根据专业特点，明确本系统专项检查整治主要内容及要求，进一步加大专业管理力度，指导帮助站段解决实际问题。各单位要结合技术规章、LKJ 基础数据专项整治等活动，深入排查限界管理安全隐患，切实盯住问题整改销号，确保限界管理无漏洞。

3. 第三年

（1）加强限界管理基础性工作。一是健全建筑限界管理技术台账，动态掌握建筑限界尺寸变化情况，保持建筑限界数据准确。二是对因线路抬道拨道、施工搭设脚手架等引起限界变化的，及时测量和上报数据。三是加强集中动力动车组运行径路旅客高站台建筑限界检查整治，确保高站台建筑限界符合标准。

（2）创新限界标准化管理工作。各相关部门、单位紧紧围绕管理制度执行、人员梯队建设、考核制度落实、结合部管理等方面，提出进一步加强限界管理的意见建议，一并纳入专项检查整治活动总结。

4. 第四年

（1）加强组织领导。各部门、单位要压实管理责任，主管领导要负起第一责任人责任，认真研究制定推进方案，细化分工、明确期限、有序实施。各业务部门要针对京九线、京沪线等重点专列运输通道，开展解剖式检查整治，通过现场实测、对比分析、问题整改、建标立标等方式，消除曲线站台、隧道内吊柱支柱、矮型信号机三灯位列、高柱信号机壁板等重点设备及抬落拨改道影响设备的安全隐患。

（2）强化统筹推进。各业务部门要加强顶层设计，强化工作组织，深入开展技术、管理、作业三个层面的限界管理标准化整治工作，做到业务指导与检查整治同步，专业管理“下沉”到一线。

5. 第五年

（1）加强工作组织。各部门、单位主要领导要主动上手，亲自部署，组织制定相应的整治方案和推进计划，并指定专人具体负责，确保整治活动有序开展。各单位要将专项检查整治情况纳入月度安全例会议程，每月进行总结分析。

（2）结合实际开展。各部门、单位要结合本系统、本单位工作实际开展检查整治活动，做到目标一致、纵向到底、横向到边、各有侧重、形成合力，杜绝照搬照抄，走形式，走过场。铁路局集团公司联合检查发现问题严格纳入经营业绩考核。

(3)排查安全隐患。各部门、单位要深入排查限界管理“砸锅惹祸”的问题，提高站位，积极暴露问题，消除安全隐患。针对上水吸污设备、本线影响邻线设备、专用线设备、调车进路设备及助理接车棚等设备的实际限界，相关专业管理部门和单位必须建立台账，动态掌握；针对车站新增或取消超限股道，股道间线间距缩小等重点风险，各部门、单位要从设计、施工、运输影响等方面重点研判，加强管理，确保安全可控。

4 专 业 管 理

客观上，专业管理还存在工作人员调整更换、结合部施工配合、新线开通设备接管等情形下的现场经验主义、管理思维固化、现场执行偏差等突出矛盾和问题。就整个管理体系而言，尚缺乏一套细化明确、贴合实际、责任清晰、有效执行的专业管理责任闭环内控机制。因此在统一限界组织管理，规范同一业务流程的基础上，还要正确认识各专业特异性，对设备结构、使用环境、测量工具及方法不同等客观原因形成的专业管理差异，需要发挥专业管理作用，不断妥善分析，厘清规定，细化要求，整章建制，以专业规章及站段规章为指导，突出监督检查、结合部管理、日常联系沟通机制，为现场执行和专业管理提供充分支撑。

4.1 专业规章制度

1. 基本要求。

依据《技规》《超规》《铁路建筑实际限界测量和数据格式》《中国铁路××局集团有限公司超限货物运输线路建筑限界管理实施细则》《中国铁路××局集团有限公司超限超重货物运输管理办法》等规定制定车务、车辆、工务、电务、供电、房建专业应制定专业管理办法。

2. 管理机构与职责。

铁路局集团公司限界管理部门，负责限界管理工作，组织各单位定期对本系统限界数据进行复核和汇总，并按规定向铁路局集团公司相关部门提供本系统限界资料。负责监督、检查各单位的限界管理工作；负责组织录入、审核、汇总和管理本系统限界数据；负责本专业限界系统的用户信息维护；组织本专业限界检测和管理业务培训；组织开展侵限设施设备整治工作。

3. 管理责任。

建立机构齐全、权责清晰、沟通顺畅、闭环反馈的管理体系，做到责任明确、信息流畅、处理及时。

（1）专业管理规章制度责任。制定专业管理办法，落实专业管理责任，对本专业管理内容进行明确，各站段应当根据现场实际操作及辖区设备特点细化制定本单位管理办法及相关配套管理制度，形成考核奖惩、仪器运用、作业人员资格与培训等内容全面的管理体系。确保有章可依，权责明晰，规范细致，全面到位。

（2）专业管理监督检查责任。通过明确专业管理监督检查责任，对限界数据现场采集、数据整理审核、数据汇总上报、超限运输条件确定、年度数据公布等环节指定岗位专项负责,实施关键把控,形成全流程责任管理。

(3)结合部管理明确责任。在施工结合部方面,应共同研判论证,抓好过程管控;在设备管理结合部方面,应当学习共享相关技术要求及关键资料,实现专业管理互联互通,结合部管理齐抓共管。

(4)日常联系沟通机制。应当建立各专业间日常沟通机制,共同研判各项工作对铁路建筑限界的影响,确保铁路限界安全。在单位内部应当制定相应联系沟通流程,对数据采集、数据分析、现场盯控、结果反馈等环节形成沟通闭环,防止中梗阻与流程断链。

4. 日常管理。

(1)坚持安全第一的原则。一切设施设备,均不得侵入铁路限界。要把设施设备限界管理工作,放在安全工作重中之重的位置抓好管理和落实。

(2)坚持分工负责、协调配合的原则。各段(站)按照分工负责、协调配合的原则,共同做好限界管理工作。

(3)坚持动态管理的原则。新建、站改、大修等既有线施工,各段(站)应动态掌握设备限界变化情况,及时向业务部提报更新变化的限界资料,并及时通过限界系统更新限界数据,不得随意缩小既有限界。既有线技术改造应尽可能改善限界条件,提高超限货物通行能力。确因客观条件造成侵限桥隧较多、接触网高度及支柱限界不达标的限界紧张区段,短期内难以整治的,现场车间应加强管理、严格控制,杜绝人为因素缩小限界。

(4)坚持侵限病害及时整治的原则。设备存在侵限病害须及时整治,杜绝设备侵限影响运输安全。

(5)坚持周期培训原则。业务部应每年组织段、车间限界管理相关人员进行业务培训。各段利用集中培训、现场教学等形式每年组织车间(科室)、工区限界管理(作业)相关人员进行业务培训。

5. 根据专业管理制定相关制度办法,制定遵循的目标、结构、主要内容、注意事项及各专业系统模板详见表 4-1。

通用系统建筑限界管理办法模板详见附录 1。

4.2 站段规章制度

1. 基本要求

各站段应根据《技规》、《铁路建筑实际限界测量和数据格式》、《铁路行车组织规则》(以下简称《行规》)、《超限货物运输线路建筑限界管理办法》等规章规范,制定本单位铁路建筑限界管理规章及相关配套管理制度。

2. 管理机构与职责(建立健全机构、明确各级管理权责)

段(站)是系统限界管理单位,要指定一名分管领导负责本单位限界管理工作,组织制定本单位限界管理办法,定期组织技术人员对管内限界管理情况进行检查考核。

表 4-1　各系统管理制度要求

序号	管理制度	制定部门	通用内容	个性内容	备注
1	车务建筑限界管理办法	运输部	主要包括：总则、管理机构与职责、日常管理、管理标准及测量要求、限界系统运用管理、责任划分。 (1)总则：简单介绍技术规章性质、依据文件、总体要求等内容。 (2)管理机构与职责：明确运输部、车务站段职责与主要工作内容。 (3)日常管理：以动态管理、侵限病害及时整治、周期培训为基准进行分专业细化。 (4)管理标准及测量要求：围绕测量的量、测量工具、测量方式、数据提报进行细化。 (5)限界系统运用管理：对系统管理的原则进行明确。 (6)责任划分：对各级责任进行明确	(1)总则：车务站段应将限界管理有关内容纳入铁路专用线、专用铁路运输协议。 (2)管理机构与职责：车站主要职责与设备管理单位有区别。 (3)日常管理：对站(车务段)自建建(构)筑物、货物堆码、移动设备站台作业或停留、限界管理与资料收集提出要求。 (4)管理标准及测量要求：对《接发超限超重货物列车进路及最小道岔号》等车务类表格提出要求	
2	车辆设备建筑限界管理办法	车辆部		管理标准及测量要求：增加车辆专业设备要求	
3	工务建筑限界管理办法	工务部		管理标准及测量要求：对《4.6 米及以下线间距所在区间和距离》等工务类表格提出要求	
4	电务设备建筑限界管理办法	电务部		管理标准及测量要求：增加电务专业设备要求。对超限运输径路上限界距离≤300 mm 的设备提出要求	
5	供电设备建筑限界管理办法	供电部		管理标准及测量要求：增加供电专业设备要求	
6	房建设备建筑限界管理办法	土房部		管理标准及测量要求：增加房建专业设备要求	

主要职责:组织车间按照规定及周期完成限界测量检查测量,按要求完成超限货物运输限界核对,对管内因施工、线路变化等原因而引起的设备限界变化情况及时上报业务部。建立健全限界管理台账,督促落实侵限病害整治,定期对车间限界管理工作进行检查考核。

3. 日常管理(规定日常工作各项要求及标准)

(1)坚持安全第一的原则。一切设施设备,均不得侵入铁路限界。要把设施设备限界管理工作,放在安全工作重中之重的位置抓好管理和落实。

①在设计建(构)筑物或设备时,距钢轨顶面的距离应附加钢轨顶面标高可能的变动量(路基沉降、加厚道床、更换重轨等)。

②对侵限的设备应立即采取措施确保行车安全,并根据产生侵限的原因由设备管理单位或施工责任单位及时进行处理。

(2)坚持分工负责、协调配合的原则。各段(站)按照分工负责、协调配合的原则,共同做好本系统限界管理工作。

与相关单位做好本专业限界管理的配合工作,负责提供相关技术资料或提出需求。现场车间应主动与相关部门建立施工联动机制,防止由于拨道、抬道等因素导致限界进一步缩小。

(3)坚持动态管理合的原则。新建、站改、大修等既有线施工,各段(站)应动态掌握设备限界变化情况,及时向业务部提报更新变化的限界资料,并及时通过限界系统更新限界数据,不得随意缩小既有限界。既有线技术改造应尽可能改善限界条件,提高超限货物通行能力。确因客观条件造成侵限桥隧较多、接触网高度及支柱限界不达标的限界紧张区段,短期内难以整治的,现场车间应加强管理、严格控制,杜绝人为因素缩小限界。

①若限界数据发生变化但仍符合限界要求的,应及时修改限界数据,并在权限放开后同步修改限界系统数据,并做好重点监控。

②若限界数据发生变化已不符合限界要求但不影响行车安全的,各段应立即组织分析原因、制定可行有效的整改措施。

③当检查发现设施设备限界变化影响行车安全的,各段(站)要组织车间、工区应及时通知车站,同时汇报调度和业务部,并在行车设备检查登记簿上登记,及时采取措施进行整治,确保行车安全。

(4)坚持侵限病害及时整治的原则。设备存在侵限病害须及时整治,杜绝设备侵限影响运输安全。

各段(站)在日常管理过程中发现侵限,应立即通知车务段(直属站)并上报业务部,同时对发现的侵限要分析产生原因,确定责任单位,督促责任单位及时对侵限病害进行处理。同时制定侵限设备整治方案并纳入年度工作计划,逐步减少侵限设备。

(5)坚持周期培训原则。业务部应每年组织段、车间限界管理相关人员进行业务培训。各段利用集中培训、现场教学等形式每年组织车间(科室)、工区限界管理(作业)相关人员进行业务培训。

4. 限界系统运用管理(规定限界系统的运用维护权责)

(1)各现场车间应指定专人负责限界系统管理和使用,并保持人员相对稳定,加强业务培训,确保熟练操作。现场车间录入人员和段审核人员应加强限界数据审核把关。

(2)线路拟开办超限货物运输业务时,各现场车间根据段统一安排及时录入、更新限界系统。新增超限运输股道时,各单位按照职责分工提报基础数据字典,基础数据字典更新后,各段在限界系统中录入、审核、发布限界数据,业务部负责审核、综合处理、发布。

(3)限界数据实行全覆盖动态管理。设施设备限界数据发生变化的,各段应及时组织现场车间按限界管理有关规及时更新系统中的限界数据。

(4)限界系统使用过程中遇到的各类系统故障,应及时通知主管业务科室。附件(规定限界管理相关表格及材料形式)等主要内容,同时根据本单位实际进一步细化补充。配套管理制度应建立考核奖惩、测量仪器运用、作业人员资格与培训等内容全面的管理体系,确保有章可依,权责明晰,规范细致,全面到位。

具体要求及注意事项详见表 4-2。

表 4-2 各站段管理制度要求

序号	管理制度	制定部门	主要内容	注意事项	备注
1	车务建筑限界管理办法	车务站段	主要包括：总则、管理机构与职责、日常管理、责任划分。 (1)总则：简单介绍技术规章性质、依据文件、总体要求等内容。 (2)管理机构与职责：明确各科室、车站职责与主要工作内容。 (3)日常管理：车务段自建建(构)筑物管理要求；限界技术资料收集、超限列车进路日常管理，车站接发超限超重货物列车进路及最小道岔号编制提报要求，线间距对接发车影响的标准(分区间和站内，站内需按停留车在有效长范围内及有效长范围外分别制定)		
2	车辆设备建筑限界管理办法	车辆段	主要包括：管理机构与职责、限界管理原则、限界管理的标准及测量要求、限界系统运用管理、责任划分等。 (1)管理机构与职责：明确专业管理科室、车间职责。 (2)限界管理原则：坚持动态管理原则。 (3)限界管理的标准及测量要求：明确测量范围、测量要求、数据提报的相关要求。 (4)限界系统运用管理：明确限界系统的使用。 (5)责任划分：明确段、车间的职责		

续上表

序号	管理制度	制定部门	主要内容	注意事项	备注
3	工务建筑限界管理办法	工务段	主要包括：总则、管理职责、技术管理、限界日常管理及测量标准、超限、超重货物运输工作流程、限界管理系统运用管理、侵限设备整治、责任划分等。 (1)总则：介绍规章制定依据、适用范围、意义。 (2)管理职责：明确专业管理分工和科室、车间职责。 (3)技术管理：明确测量周期和测量范围、超限车辆运输条件。 (4)限界日常管理及测量标准：新建、改建铁路施工、日常维修缩小限界要求。 (5)超限、超重货物运输工作流程：超限超重货物运输通过前、中、后的检查、整修和巡视要求。 (6)限界管理系统运用管理：限界系统运用要求。 (7)侵限设备整治：侵限设备建账、整治、销号相关要求	1. 明确专业分工和职能划分，确保分工合理，各司其职。 2. 强化动态管理。加强巡检，动态掌握限界变化情况，及时更新限界资料，以满足日常行车及超限超重货运组织实际需求。 3. 加强新建、改造项目过程控制。积极做好新建、改造项目的前期介入工作，主要抓好设计、施工、验收三个阶段的限界控制	
4	电务设备建筑限界管理办法	电务段、通信段	主要包括：总则、管理机构与职责、限界管理原则、限界管理的标准及测量要求、限界系统运用管理、侵限整治、责任划分等。 (1)总则：介绍简单办法的引用规章制度、适用范围、测量工具、主管业务科室。 (2)管理机构与职责：明确段内各科室、车间、工区的管理职责。 (3)限界管理原则：坚持动态管理原则。 (4)限界管理的标准及测量要求：明确测量范围、测量要求、数据提报的相关要求。 (5)限界系统运用管理：明确限界系统的使用、维护的要求。 (6)侵限整治：明确侵限台账的建立要求，以及侵限设备的整治要求。 (7)责任划分：明确段、车间、工区的职责，以及限界空白数据的含义		

续上表

序号	管理制度	制定部门	主 要 内 容	注 意 事 项	备注
5	供电设备建筑限界管理办法	供电段、维管段	主要包括：总则、管理机构与职责、日常管理、限界测量标准、限界系统运用管理、侵限设备整治、超限超重货物专列运输等。 (1)总则：简单介绍技术规章性质、依据文件、总体要求等内容。 (2)管理机构与职责：明确各科室、车间职责与主要工作内容。 (3)日常管理：明确了供电限界日常检查、复核、日常维修、限界管理人员业务培训。 (4)限界测量标准：明确供电设备测量周期、测量对象、测量的量、测量范围、测量标准要求的内容及方法。 (5)限界系统运用管理：明确限界系统的运用维护职责及要求	(1)高度重视供电设备限界管理工作，动态掌握限界变化情况，及时更新限界资料，确保限界资料完整、准确，并及时向铁路局集团公司相关部门及相关车务段(直属站)报告，以满足日常行车及超限超重货运组织实际需求。 (2)限界检测设备应定期进行计量检定或校准。限界管理使用限界系统，实现数据管理与运用信息化。 (3)加强新建、改建供电设备铁路限界过程控制	
6	房建设备建筑限界管理办法	房间公寓段	主要包括：总则、管理机构与职责、房建限界管理原则、房建限界管理的标准及要求、限界系统运用管理等。 (1)总则：简单介绍技术规章性质、依据文件、总体要求等内容。 (2)管理机构与职责：明确各科室、车间职责与主要工作内容。 (3)房建限界管理原则：明确安全第一、持分工负责、协调配合、动态管理、侵限病害及时整治、信息互通、限界联控等原则。 (4)房建限界管理的标准及要求：明确房建设备建筑限界管理，标准要求、测量周期、点位设置等具体内容。 (5)限界系统运用管理：明确限界系统的运用维护职责及要求	(1)强化动态管理。加强巡检，动态掌握房建设备限界变化情况，及时更新限界资料，并及时向铁路局集团公司相关部门及相关车务段(直属站)报告，以满足日常行车及超限超重货运组织实际需求。 (2)加强新建、改造项目房建限界过程控制。积极做好新建、改造项目的前期介入工作，主要抓好设计、施工、验收三个阶段的房建限界控制，并将邻靠曲线线路的站台、雨棚等房建限界作为控制的重点	

5 作业指导

铁路建筑限界管理的关键在现场落实，铁路建筑限界管理的标准化关键在现场作业的标准化。作为规章制度与现场一线作业的过渡与和衔接，作业指导书对现场一线作业需要的操作步骤、执行标准等内容还不够详细，对新情况、新仪器也不能及时纳入指导书，一线作业对照学习、操作、执行存在较大差距。作为现场落实的直接工具，必须结合现场实际创新作业指导书的形式、格式及内容，把抽象的理论概念和管理制度具象化，以贴合实际、简明扼要、便于操作、受众面广为主要特征，面向一线操作人员，解决为何做、怎么做、做到什么程度三大问题。把现场作业全流程、基层工作全过程逐段分解，为现场操作人员提供详细、准确、可对照的操作规范。

5.1 基本要求

1. 作业指导书成为“现场作业的唯一标准”，规定了各专业设备限界现场测量的作业程序、项目、内容、要求及标准，按规范要求完成各专业设备限界现场测量，确保测量数据准确、记录正确，为后续录入表格、系统提供原始依据，有效指导现场作业，加强现场作业控制，推进现场作业标准化规范化，实现作业过程安全和设备质量可控。

2. 设备管理单位管理要求。

设备管理单位负责本单位的管理规定、作业指导书、应急预案等的制定，负责本单位所管辖（含代维）范围内各类设备设施的限界测量、台账建立、限界数据录入、处理，设备侵限整治，涉及限界变化的施工盯控、风险管控、方案编制等工作。各设备管理单位应动态精准掌握设备设施的限界变化，并按要求及时向车务站段和铁路局集团公司主管业务部门提供限界数据及资料，定期开展限界测量及现场管理检查，按要求开展专项整治工作。

3. 车务站段管理要求。

车务站段应掌握管内车站、货场及已签订有关协议与国家铁路接轨相关线路的限界资料，并根据设备设施管理单位提供的技术资料，及时修订完善《站细》相关内容，并按规定对有关人员进行培训。开行超限运输专列，新增、变更超限运输线路（股道）时，组织设备管理单位进行现场复核，并按要求进行行车组织。同时定期开展限界管理检查，按要求开展专项整治工作。

5.2 作业程序、项目、内容

现场作业流程如图 5-1 所示。

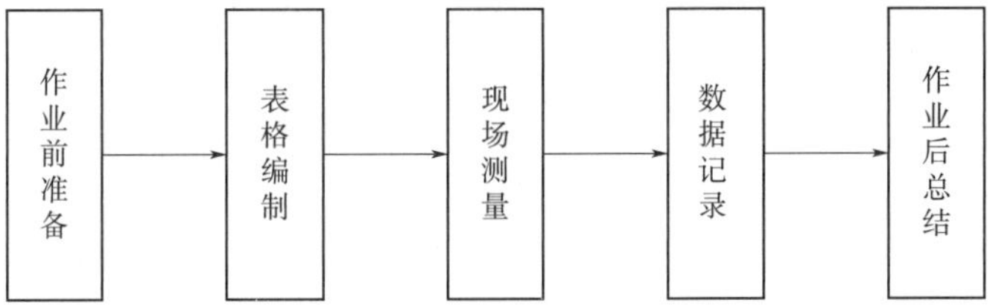

图 5-1 作业流程图

1. 作业前准备：计划核对、工具准备、资料准备。

2. 表格编制：根据当日测量内容，提前编制好测量表格，测量表格编制方法详见第二章。

3. 现场测量：测量前校核、测量范围确定、设备特征点辨识，附加测量要求、测量周期等要求；展现方式：流程图、示意图、现场操作图像等方式；关键点提醒：对作业过程中的安全关键项点进行提醒，实现现场操作对标卡控。

4. 数据记录：对限界测量记录内容逐项进行对照说明，规范填记形式，对涉及曲线的范围、参数、形式、加宽特殊说明等重点内容必须填记清楚，以实现多次数据的可比性，便于设备管理和数据分析。

5. 作业后总结：下道前，检查携带的工具材料是否齐全，根据上道前登记材料工具清单进行核对，确保无遗漏。人员料具全部下道，出作业门后，录像结束，作业完毕。回到工区后，将当日测量结果及时录入表格，并计算有无侵限设备。

5.3 现场测量

1. 测量前校核

先在直线段选定一个待测设备，在该待测设备上选取一点做标记，用激光测距仪测量该点限界数据，激光测距仪测量得出该点的高度值和距离线路中心的距离值，同时使用钢尺等尺具进行测量。当激光测距仪的两个测量值与钢尺测量两个测量值误差在 20 mm 范围内，则认为该激光测距仪测量数值准确，可以使用。如误差超过 20 mm，则查找原因并消除误差，在仪器测量误差原因无法找到并消除时，后续测量均使用尺具测量。

2. 测量范围及对象

测量范围：直线区段距线路中心左右两侧各 2 600 mm、曲线区段距线路中心左右两侧各 3 300 mm，高度 6 000 mm 以内的所有轨旁设备进行测量。对于建筑限界高度要求大于 6 000 mm 的线路，按限界要求高度测量。

5.4 安全注意事项

1. 驻站联络安全措施

(1)驻站联络员上岗前按规定穿防护服、戴防护帽、佩戴标志齐全、携带通信设备、防护用品、作业人员分工单、批复计划、点外计划等资料到达相应车站行车室。于作业开始前 40 min 在行车设备施工登记簿内完成登记，办理登记等相关手续，并作好记录。

(2)驻站联络员要精力集中，时刻监视列车运行情况，及时掌握作业组动态及列车运行动向，现场防护员必须坚持每 3 min 与驻站联络员联系一次，联系中断视为有车，立即通知现场作业负责人命令所有人员(料具)下道。

(3)发现邻线有列车通过时，驻站联络员要及时把行车信息通知现场防护员，并在行车防护信息传递、回复确认表中逐一确认信息传递、回复情况。

2. 行车防护安全措施

(1)现场防护员上岗前穿戴规定防护服、防护帽，佩戴标志齐全，携带通信设备、防护用品及证件。

(2)现场防护员在接到驻站联络员、工作领导人列车运行信息后，要吹响防护喇叭提醒各作业组人员停止作业，并检查确认作业人员有无侵入限界的情况。

(3)现场防护员按规定应站立在安全地点且便于瞭望的处所防护，不得做与防护工作无关的事。不得侵入未封锁线路限界，显示停车手信号进行防护，发现列车、车辆进入作业区段情况时，应立即拦停列车，并立即通知工作领导人和驻站联络员。

(4)作业完毕，得到工作领导人通知后方可撤离作业现场。

3. 现场作业安全措施

(1)作业人员到达现场准备完毕，必须接到工作领导人准许进入线路的命令后方可进入栅栏，作业过程中现场防护员必须每 3 min 与驻站联络员进行一次联系，确保联系畅通，联系中断时立即停止作业，并迅速撤至安全地点。

(2)作业过程中，作业组要时刻面向来车方向进行作业，冬季作业时，作业人员佩戴的防寒棉帽不得遮挡耳孔。

(3)作业中接到来车信息后，现场防护员要及时组织作业人员下道避让，按规定设置软隔离(警戒带)，并将下道情况汇报驻站联络员，驻站联络员未接到现场防护员人员下道信息时，再次电台确认，直至确认现场作业人员全部下道。

(4)上道及跨越线路应严格执行“一停、二看、三通过”以及“手指、眼看、口呼”制度，严禁来车前抢越。作业人员穿越线路时，与驻站联络员确认无列车通过后，方准一次快速穿越。

5.5 各基层作业指导书模板

作业指导书编制要规范，但不是规定性动作越多越好，要贴合现场作业。作业指导书作为实现标准化作业的重要实现手段，能对作业过程中的方式方法进行固化，使相关人员快速熟悉具体工作、弥补自身业务能力的不足、减少对个人业务能力的依赖。使用过程中，模板内容可以作为重要参考，具体详见附录 2。

6　限界系统(超限超重货物运输辅助决策系统)管理

限界系统及超限超重货物运输辅助决策系统的应用，实现了数据录入、曲线折减、区段综合、数据查询、发布打印等功能，为限界数据信息化管理提供了平台。但从限界系统的应用情况看，站段使用限界系统进行数据统一管理的积极性不高，限界数据的信息化管理和应用还需要进一步规范。为此，需要进一步对限界系统面向各级人员进行细化讲解，通过制定系统分级操作指南，以分步骤、配插图、举实例的方式直观地展示系统操作全流程。同时对限界系统辅助限界管理、决策运输条件的意义进行阐明，激发各级人员使用、维护的主动性、自觉性，提高系统数据的准确性、及时性，顺应数据管理信息化的发展方向，助力铁路发展智能化远期目标。

6.1　限界系统管理要求

1. 限界系统管理原则

(1)统一性原则。系统软件、编码规则、基础数据字典、数据共享格式统一编制。系统管理和维护采用集中管理、分级负责、分层落实的原则。

(2)规范性原则。系统的基础数据字典不得随意改动，其修改和维护必须依据国铁集团或铁路局集团公司业务主管部门发布的文电和资料，严格按权限进行。

(3)归口管理原则。系统数据由业务主管部门归口管理，数据质量坚持“谁提供、谁负责”“谁录入、谁负责”“谁管理、谁负责”的原则。各用户严格按权限使用，不得擅自对外提供。

2. 限界系统组成

限界系统主要由数据库服务器、应用服务器以及应用系统软件组成，其中应用系统具有数据采集处理、查询分析、限界系统字典三部分功能。

数据采集处理功能包括：数据采集、综合处理、数据发布。

查询分析功能包括：限界查询、限界打印、历史数据、限界变更、统计分析。

限界系统字典功能包括：限界系统基础字典和其他字典。

限界系统基础数据字典包括：使用单位表、线路表、正线曲线表、区间划分表、区段划分表、站名字典表、车站股道表。基础数据字典中相关内容已在铁路主数据管理平台发布的，应采用铁路主数据。

其他字典主要包括：海拔高度、变更原因、业务分类、设备类型、建限标准、离散高程、单位字典、菜单字典、角色字典等。

3. 各级管理职责

（1）科信部负责开展业务培训，负责汇总、上报限界系统基础数据字典，综合处理、发布和上传管内限界数据。

（2）货运部负责提供办理超限货物运输的线路、车站名称。

（3）工务部负责汇总管内线路、车站基础信息，向科信部提供限界系统相关基础字典信息。

（4）运输部负责汇总管内车站接发超限列车固定线路股道信息。

（5）工务、电务、机务、供电、车辆、土地房产、客运、货运部负责监督、检查本系统内各有关基层单位的限界系统维护管理工作，负责组织录入、审核、汇总和管理本专业设施设备限界数据，负责限界系统的本专业用户信息维护，负责本专业业务培训。各设施设备管理单位录入站线设施设备限界数据时，需要线路曲线资料的，工务部门应予以提供和配合。

（6）信息技术所负责本级限界系统的运行维护工作，保障数据库服务器、应用服务器以及应用系统正常运行，负责完成系统日常升级维护和指导工作。

（7）各设备管理单位对本单位录入的设备的准确性、完整性、一致性负责，负责开展本单位业务培训。

4. 录入维护原则

限界系统录入维护应遵循“谁提供、谁负责”“谁录入、谁负责”“谁管理、谁负责”的原则，录入维护包括基础字典库和设备限界两方面。

5. 录入维护流程

录入基础数据字典→登录系统→丈量法→录入设备台账查询→录入设备断面信息→录入各设备断面信息→计算（设备台账查询）→查看断面尺寸图正确性→数据发布（单个设备）→综合处理→处理不达标设备→数据发布（区段发布、区间发布、股道发布）→确认所有设备均符合要求、综合处理无信息→完成确认。

6. 录入维护要求

（1）系统的基础数据字典不得随意改动，其修改和维护必须依据国铁集团或铁路局集团公司发布的文电和资料，严格按权限进行。

（2）各单位严格按权限使用，不得擅自对外提供。

（3）限界系统中经审核确认的电子数据，具有与签字、盖章的纸质资料同等的效力。

（4）铁路局集团公司各单位、部门指定经过培训的人员负责系统的管理、使用，并保持人员相对稳定，加强业务培训，确保熟练操作。各单位、部门应分设限界数据录入人员和审核人员，加强限界数据审核把关。

（5）年度基础数据字典修改时间以外，限界系统基础数据字典内容发生变化时，相关单位及时更新基础数据字典，审核、盖章后提报铁路局集团公司科信部，并同时报送电子文档。

（6）限界数据实行全覆盖动态管理。限界发生变化时，相关设备管理单位应按限界管理有关规定报告或报批，并及时更新系统中的限界数据。

（7）既有线施工需要临时缩小限界的，须按规定报批，未批准前，不得更新系统数据。

（8）使用单位遇限界系统故障时，应及时通知信息技术部门处理。

6.2 限界系统录入

限界系统录入各专业按照各专业要求具体执行,总体操作方法相似,本节主要以电务设备作为举例参考。其他专业可参照。

第一步:从铁路局集团公司网页选“科技和信息化部”进入科信部首页。从左侧栏选铁路限界管理,进入登录页面。页面如图 6-1 所示。

图 6-1 限界系统登录入口

第二步:在登录页面输入拼音缩写(如青岛电务段输入 qddwd)选择对应单位,下拉菜单选择用户,输入口令后登录系统。页面如图 6-2 所示。

图 6-2 登录页面

第三步:在丈量法界面新增、修改、删除信号设备。

设备编号:必须输入项。设备编号一般为设备管理单位对该设备的台账编号,例如:“001”,最多可输入16个英文字符或数字,不足16个时,系统自动在编号前补足“0”。

注意:为方便管理,建议每个设备一个编号,具体编号规则为:每个车站唯一编号,同一设备本线与邻线编号不同、上下行分开编号。如上行设备01－01－002、01－01－004……,下行设备01－01－001、01－01－003……。

设备名称:必须输入项。设备名称为文本输入项,可输入英文字符和汉字。按照信号设备命名规则,进行规范填写。如为邻线设备,在名称后加“(邻)”。

设备长度:必须输入项。设备长度为设备沿线路方向延伸的长度,单位:m。

页面如图6-3所示。

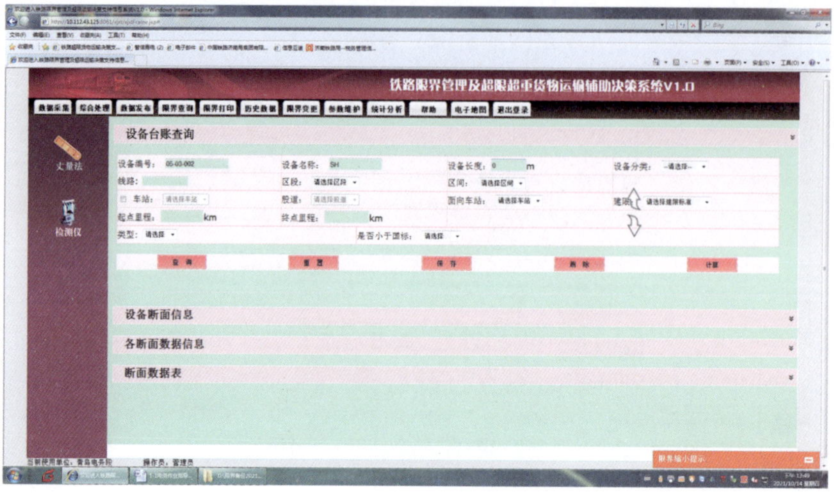

图6-3　丈量法界面

第四步:确定设备分类。

设备分类的确定对后续建限选择很重要,能明确的选择相应设备,不能明确的选择××其他。页面如图6-4所示。

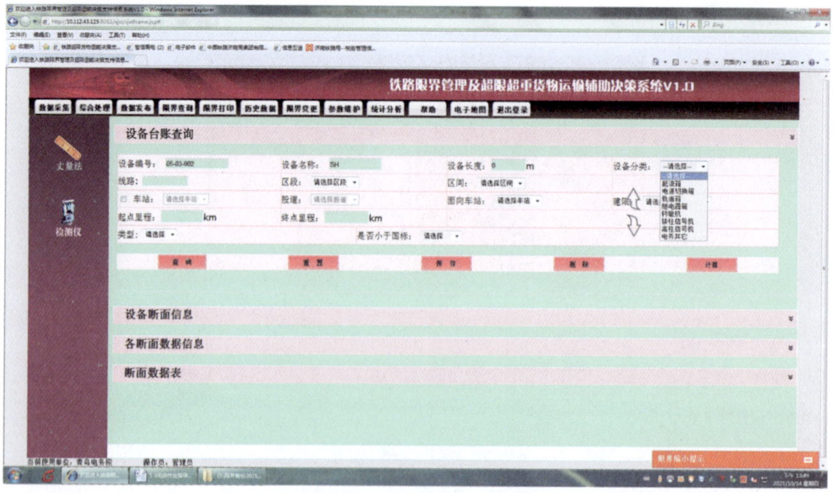

图6-4　确定设备分类

第五步:选择线路。

必须输入项。先输入线路名称的拼音首字母,下拉列表框中会列出本铁路局集团公司线路信息,根据设备所在位置选择实际线路。页面如图 6-5 所示。

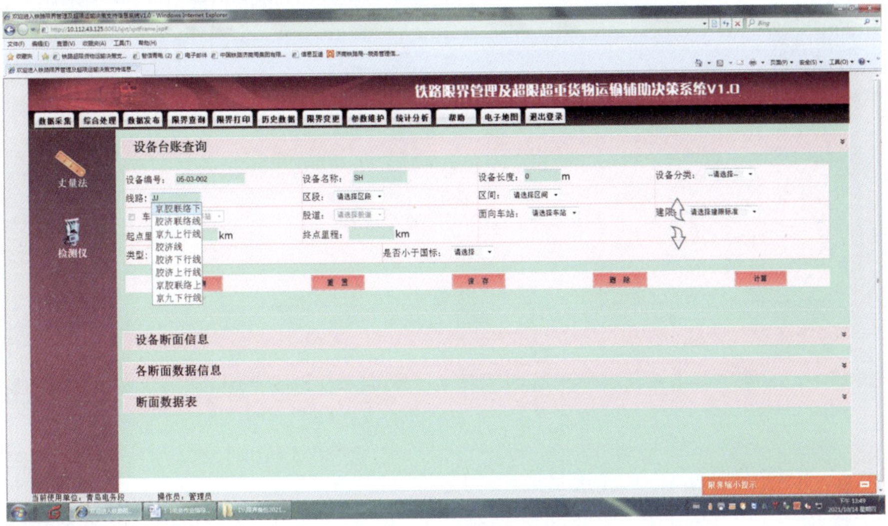

图 6-5 选择线路

第六步:确定区段。

必须选择项。线路选好后,区段列表中会列出该线路的所有区段信息,根据设备所在位置选择实际区段。这里要注意,每个区段都对应有起止里程,所选设备里程必须在该区段范围内,注意分段界限处设备。页面如图 6-6 所示。

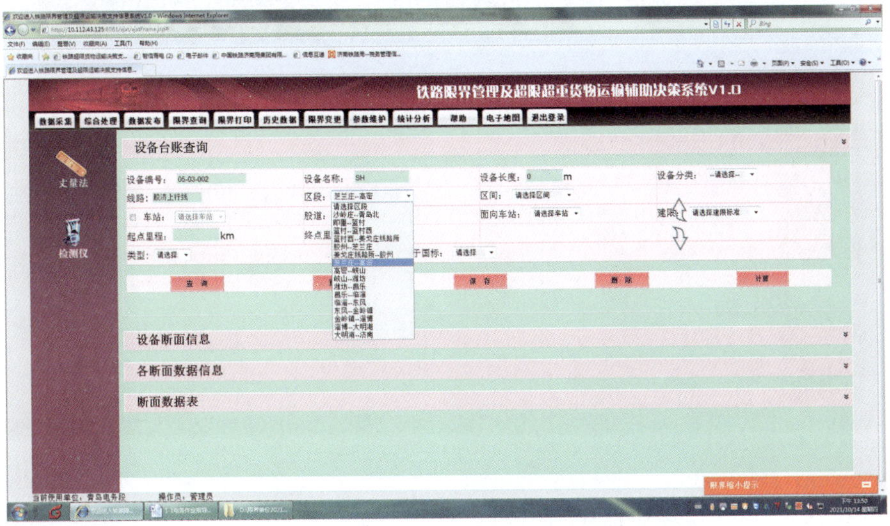

图 6-6 确定区段

第七步:选择区间。

必须选择项。区段选好后,区间列表中会列出该区段内的所有区间信息,根据设备所在位置选择实际区间。页面如图 6-7 所示。

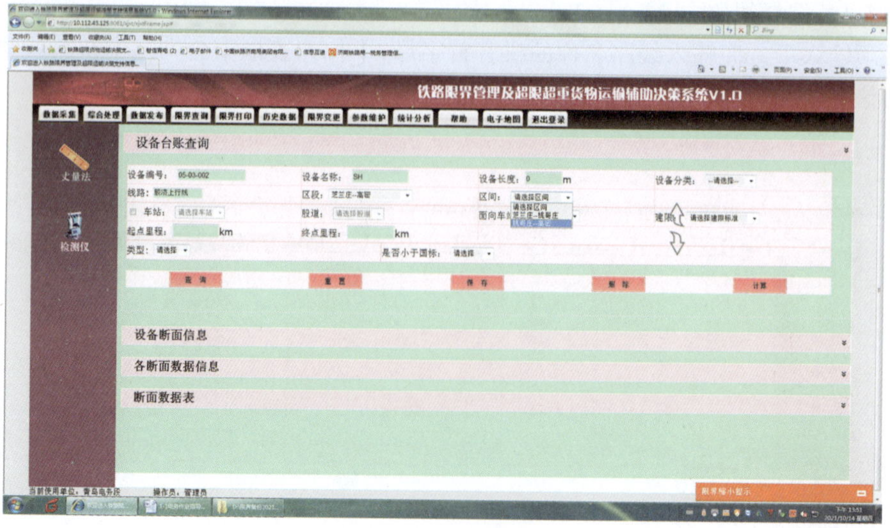

图 6-7　选择区间

第八步：根据设备所在位置选择是否勾选车站。

可选择项。当设备位于车站内时，必须选择该项，否则不用选择。单、双线均以进站信号机为基准，上下行进站信号机间（含进站）信号机处设备属于站内设备，需要勾选车站，以外的设备属于区间设备，不应勾选车站，如接近轨内设备，预告信号机、进站信号机的复示信号机等均属于区间设备，不应勾选车站。页面如图 6-8 所示。

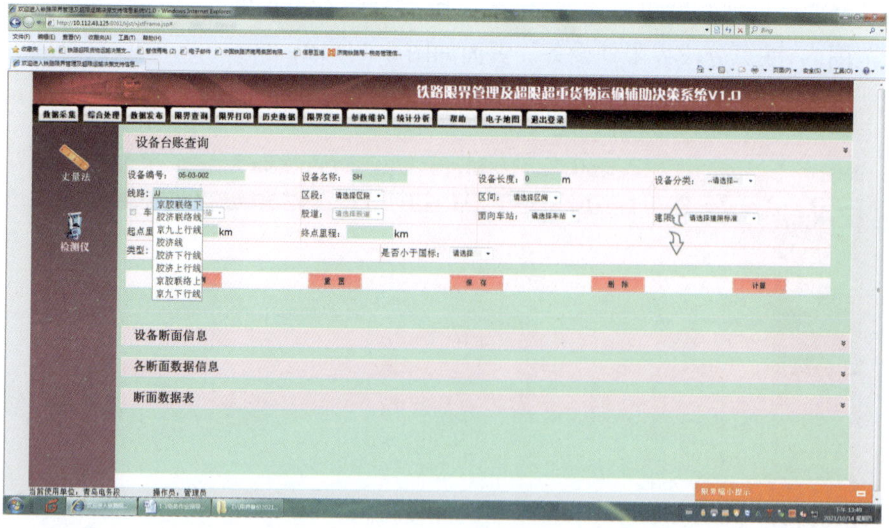

图 6-8　勾选车站

第九步：站内设备选择对应股道。

可选择项。当车站选定时，必须选择该项。列表中会列出该车站内所有办理超限货物的股道信息，根据设备所在位置选择实际股道。（系统中包括超限径路的股道信息）从进站信号机起贯穿正线线路两侧的设备选择正线股道，如该站还存在站线线路是超限股道，则从与正线分歧的道岔起经由该站线超限股道至另一端与正线分歧的道岔止，之间的设备均选该站线。这里需要注意,根据列车运行方向,同一设备的本线与邻线数据,对应的超限股道是不同的。选择时不应选择同一股道。页面如图 6-9 所示。

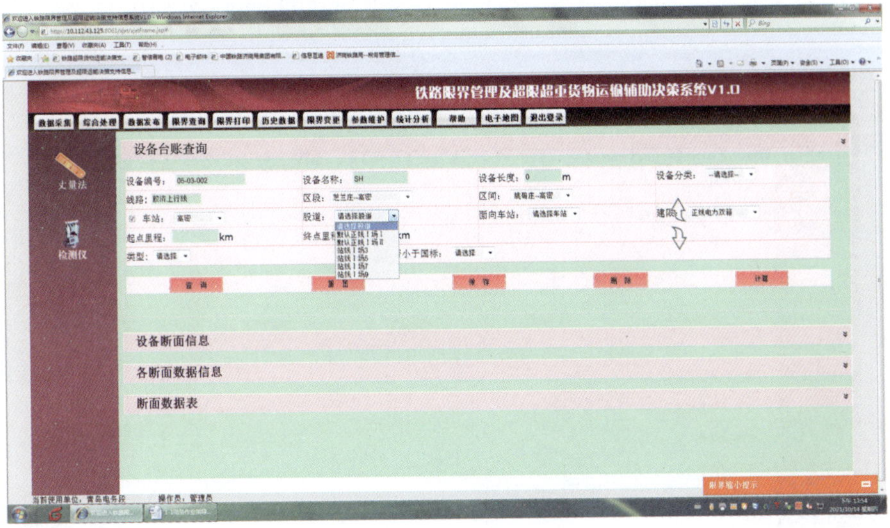

图 6-9　选择对应股道

第十步:确定面向车站。

必须选择项。面向车站是设备录入限界检测数据时的参照物,具有以下三个作用:确定设备所在线路上的左、右位置;确定设备所在的线路与其相邻的线路的左、右线间距;确定设备所在线路曲线的左、右方向。面向车站简单来说就是选择区间栏对应的后方车站,如区间栏选择姚哥庄—高密,则面向车站为高密。该设备的所有信息均是以面向高密为基准。页面如图 6-10 所示。

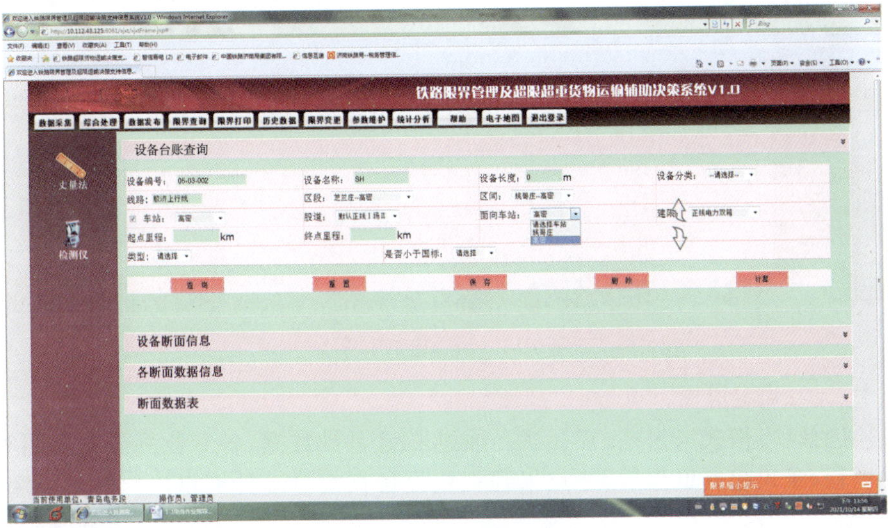

图 6-10　确定面向车站

第十一步:明确建筑限界。

必须选择项。建限为设备所适用的建限标准(具体可参照《技规》中的附图信息),例如:南昆线、黔桂线为电力牵引,可选择电力的基本建筑限界标准,其他线路为内燃牵引,可选择内燃的基本建筑限界标准。这里需要注意:站内站线如果是超限运输径路,在选择时站线的设备也要选择正线对应的建筑标准。页面如图 6-11、图 6-12 所示。

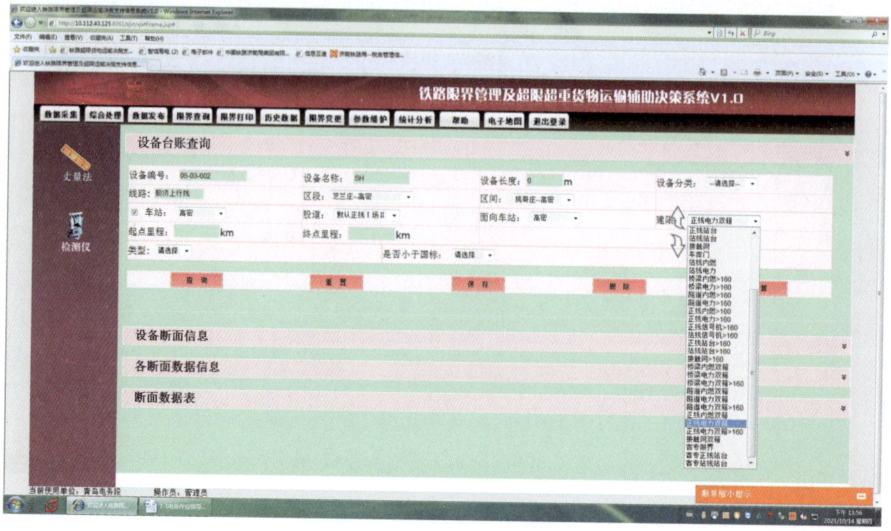

图 6-11　明确建筑限界 1

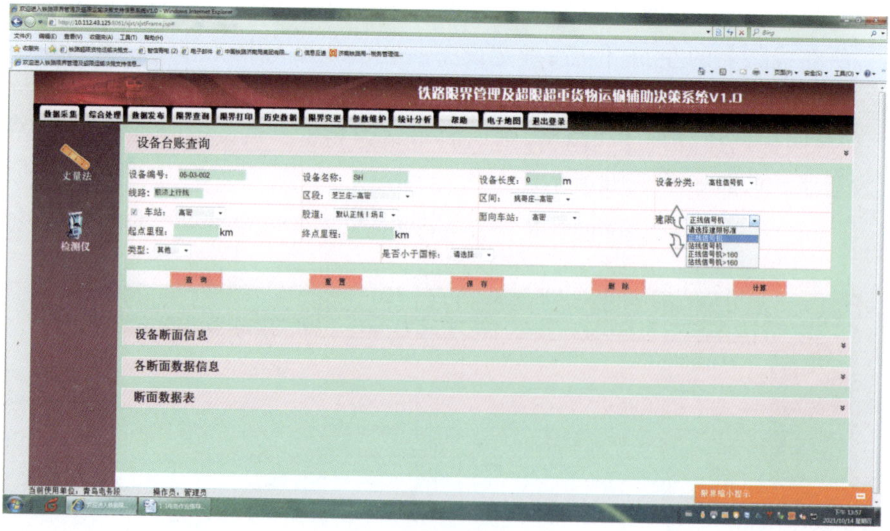

图 6-12　明确建筑限界 2

第十二步:确定里程。

必须选择项,格式×××.×××。通过 LKJ 基础数据、各专业平面布置图等确定设备的里程,录入起点里程后,终点里程根据设备长额自动计算得出。页面如图 6-13、图 6-14 所示。

第十三步:保存设备信息,再点一次丈量法,输入设备编号(如录入设备信息较少时可直接点查询)点击查询,开始录入设备断面信息(点设备编号前的○)。页面如图 6-15～图 6-18 所示。

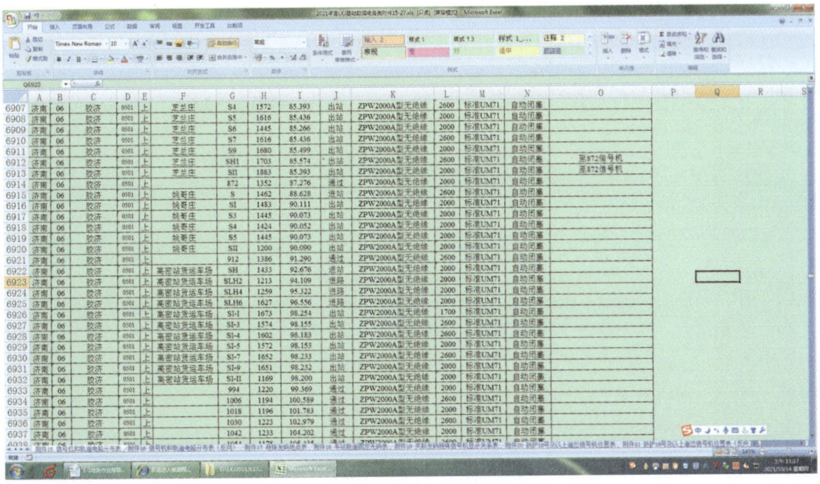

图 6-13 里程查询

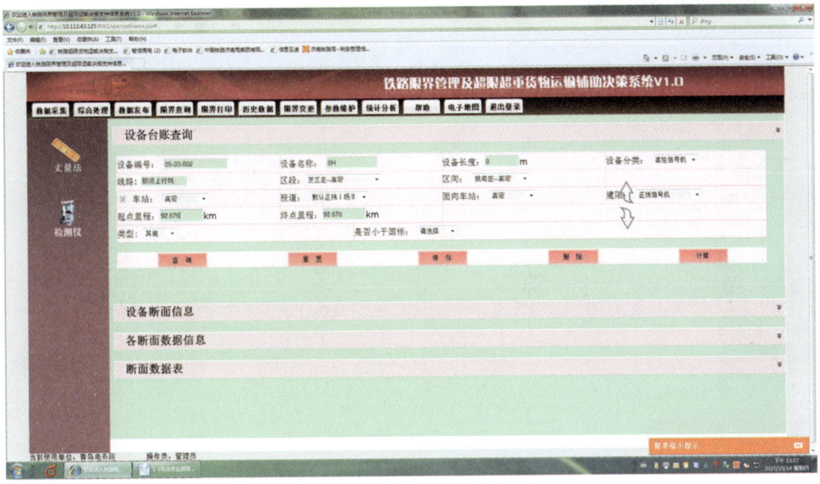

图 6-14 确定里程

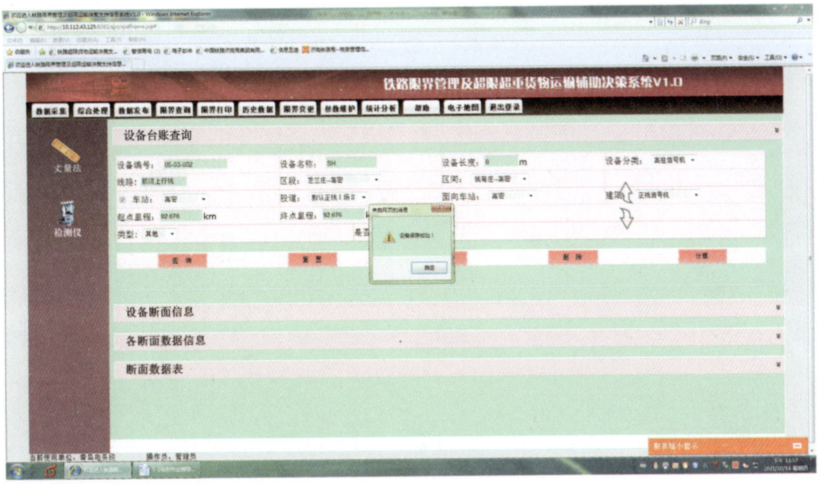

图 6-15 保存设备信息

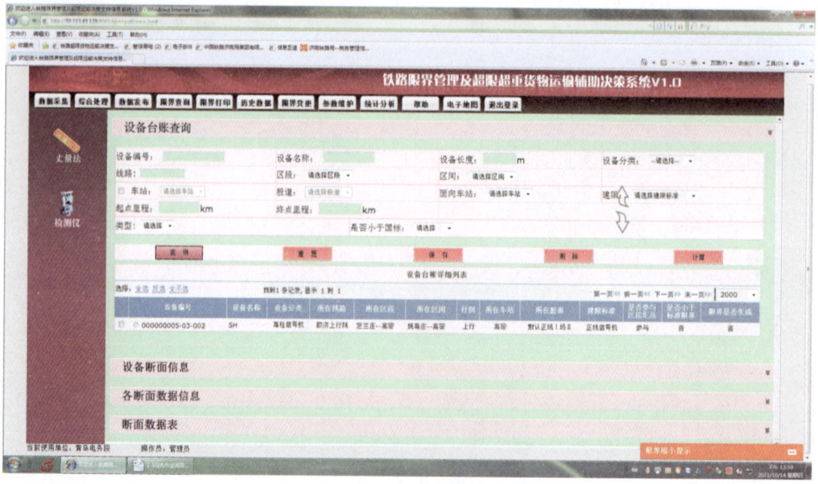

图 6-16　录入设备显示界面

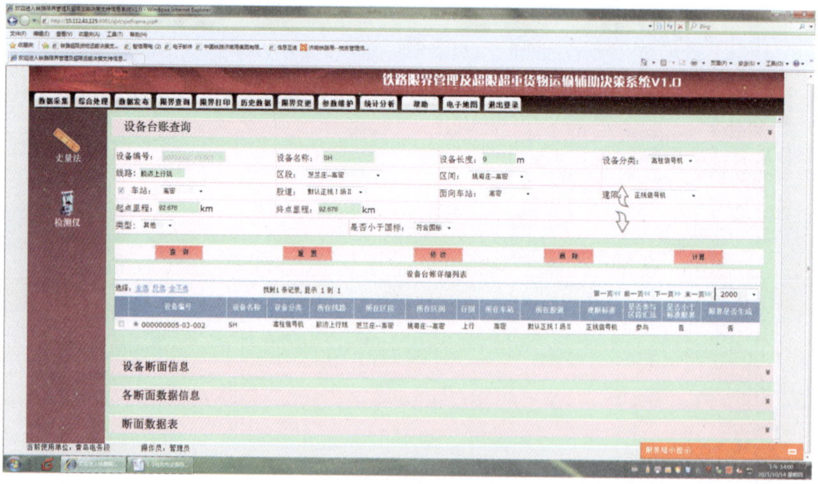

图 6-17　选择设备

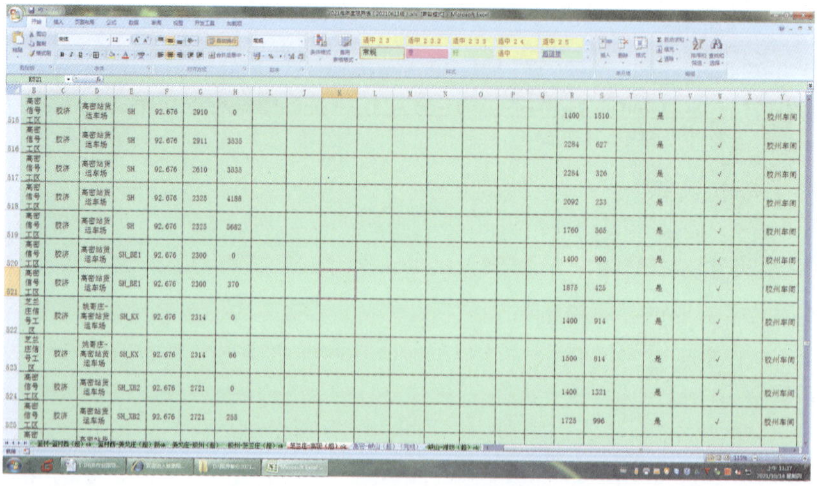

图 6-18　待录入设备限界信息

控制设备名称:可选输入项。当检测设备为附属设备时,必须输入,否则不输入。例如:当检测设备是隧道,并且该检测断面正好是隧道内的设备时,如隧道内的信号机,信号机算是隧道内的附属设备,应该输入“信号机”。

控制点距设备起点距离:可选输入项,单位为 m,是指检测点距离设备起点的距离。例如:隧道设备全长 300 m,检测点距离隧道入口 5 m,那么在“控制点距设备起点距离:”栏填“5”。对于信号机、接触网支柱等设备长度较小的设备,可以不用输入。

曲线方向:可选择项。分为直线、左、右三种情况。根据检测点所在位置和以面向车站为参照物所确定的方向来填写。当后续计算折减后数值和曲线内外不一致时,只需重新调到该处,将曲线方向填另一方向即可。折减后数值即和实际一致。

曲线半径:可选输入项。当曲线方向为直线时,必须为“0”。当曲线方向为左或右时,根据检测点所在曲线线路的半径填写,单位为 m。

外轨超高:可选输入项。当曲线方向为直线时,必须为“0”。当曲线方向为左或右时,根据检测点所在曲线线路的外轨超高填写,单位为 mm。

注意:限界系统中的曲线资料为工务 LKJ 正线线路上的曲线信息,不含各车站内站线股道曲线信息。如果接发超限列车的站线股道设备位于曲线上,请与其所属工务段索取该站线股道曲线的曲线方向、外轨超高、曲线半径等数据,直接在“设备断面信息”界面中输入曲线方向、外轨超高、曲线半径数据,出现如图 6-19、图 6-20 提示,点击“确定”按钮。

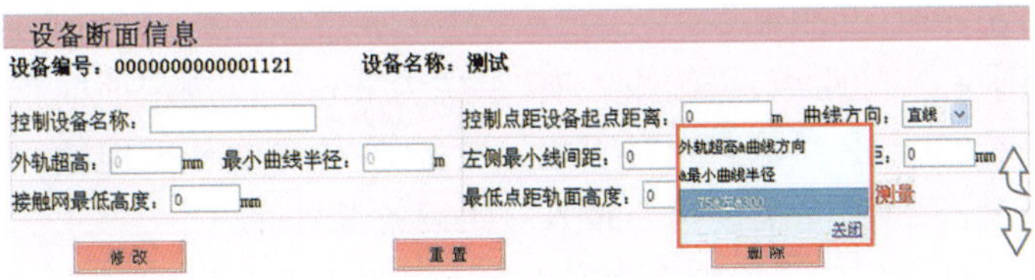

图 6-19 设备断面信息 1

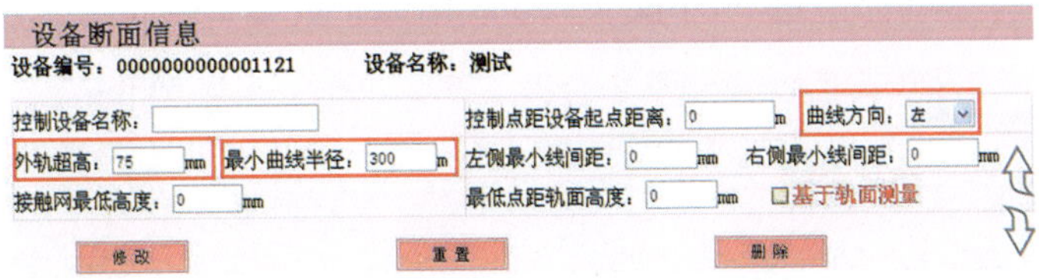

图 6-20 设备断面信息 2

(1)点击“确定”按钮,系统保存当前所录入的曲线信息。

(2)点击“取消”按钮,系统提示核对工务 LKJ 曲线信息。

图 6-20 显示了该位置的曲线信息,外轨超高:75 mm,曲线方向:左,曲线半径:300 m。用鼠标点击提示框蓝色光标条,上述数据自动填入设备断面信息界面的相应栏目中,如图 6-21 所示。

基于轨面测量:可选输入项。默认为基于大地测量,勾选了为基于轨面测量。若后续录入的数据是基于大地为平面测量的所得值,则不勾选该项。对于曲线上的设备,如为基于两钢轨连线为平面进行的测量数据,需要勾选“基于轨面测量”。

填完所有信息点保存，进入各断面数据信息填写具体测量高度和宽度。

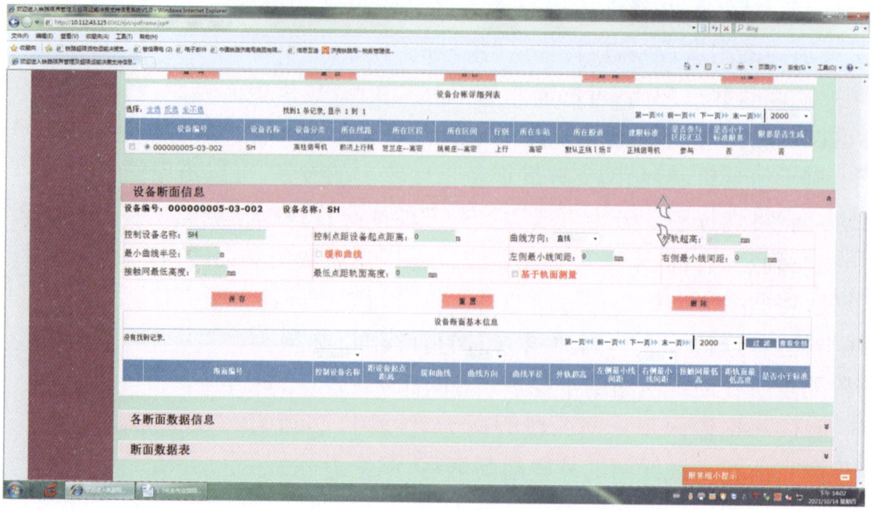

图 6-21　设备断面信息 3

第十四步：填写各断面数据信息。

距轨面高度：必须输入项。检测点距钢轨面的高度，单位为 mm。

左侧距线路中心实际距离：可选输入项，单位为 mm。以选定面向车站为参照物，当检测点位于线路左侧时，必须输入。

右侧距线路中心实际距离：可选输入项，单位为 mm。以选定面向车站为参照物，当检测点位于线路右侧时，必须输入。对于电务设备，左侧和右侧只能输入一侧，不存在两侧同时输入的情况，邻线设备需要重新录入一条设备编号。

终点/孤立点：可选项。当检测点为突出终点或孤立点时，必须选择。

如高密站货运车场 SH 信号机测量了 5 个点，每录入一个高与宽，点一次保存，所有数据均需录入在一个断面信息下，不能录入多个断面。页面如图 6-22 所示。

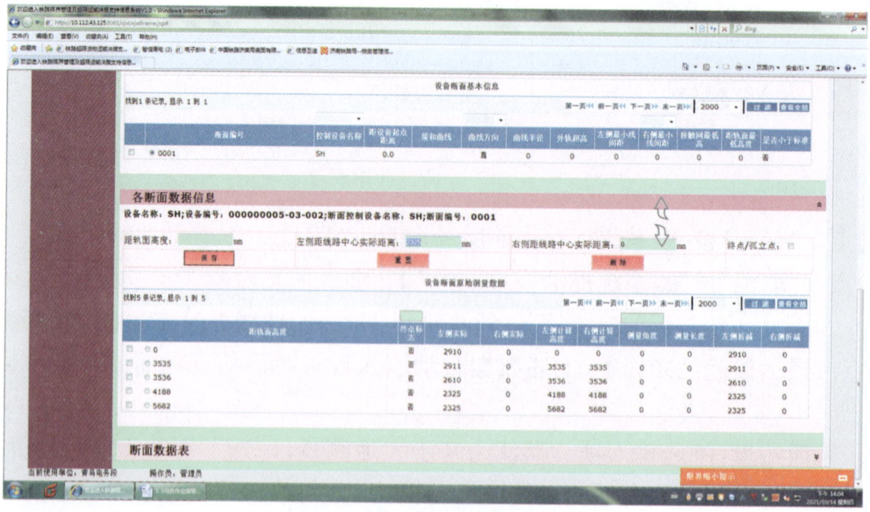

图 6-22　填写各断面数据信息

第十五步:所有信息录入完毕后,拉回到最上方,选中需要计算的设备(点击选中前面的□)。点计算。页面如图 6-23 所示。

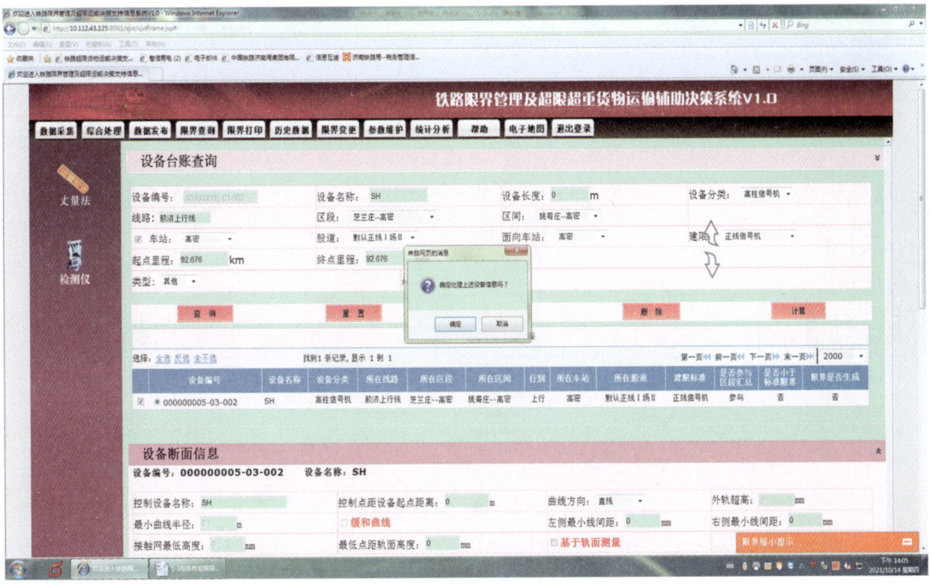

图 6-23 计算设备

第十六步:计算完毕后,拉到最下方,看断面尺寸图(实测)。首先核实轮廓是否与设备真实轮廓一致,其次核实设备是否侵限(侵入蓝色限界内)。页面如图 6-24 所示。

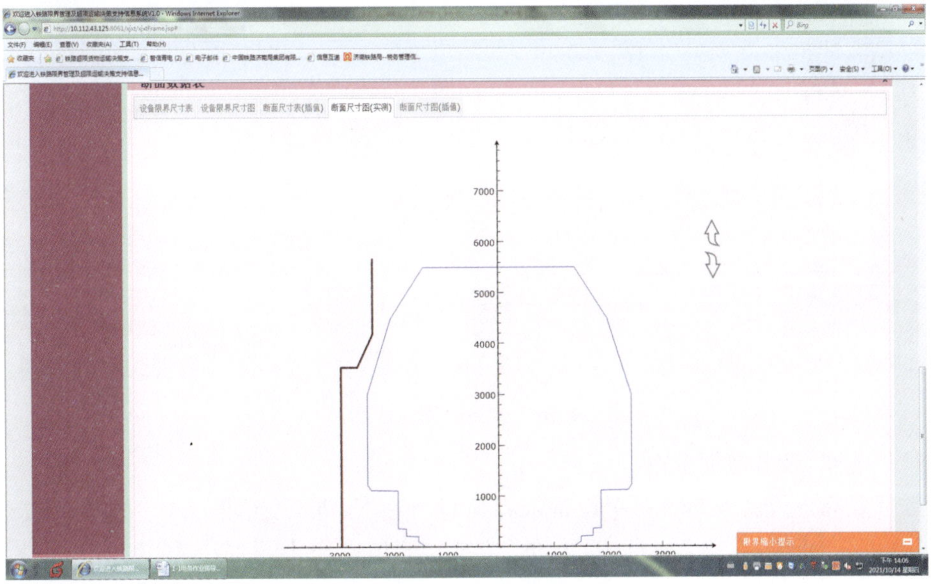

图 6-24 生成设备轮廓

如图 6-25 所示,代表设备在曲线内侧,设备折减后侵限,需要现场核实设备是否侵限,还是数据录入错误,或曲线选择错误。

如图 6-26 所示,代表设备在曲线外侧,不侵限,需要核实设备是否在外侧。

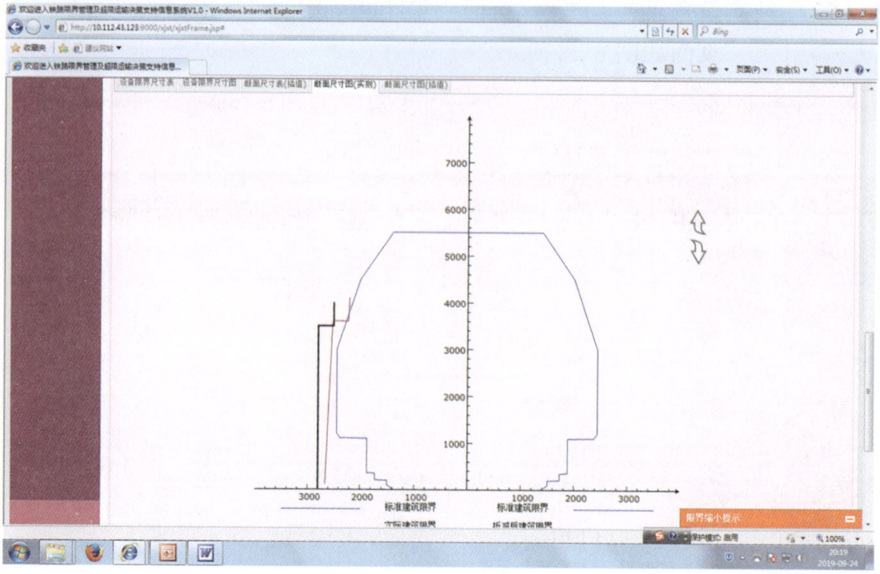

图 6-25　是否侵限比对

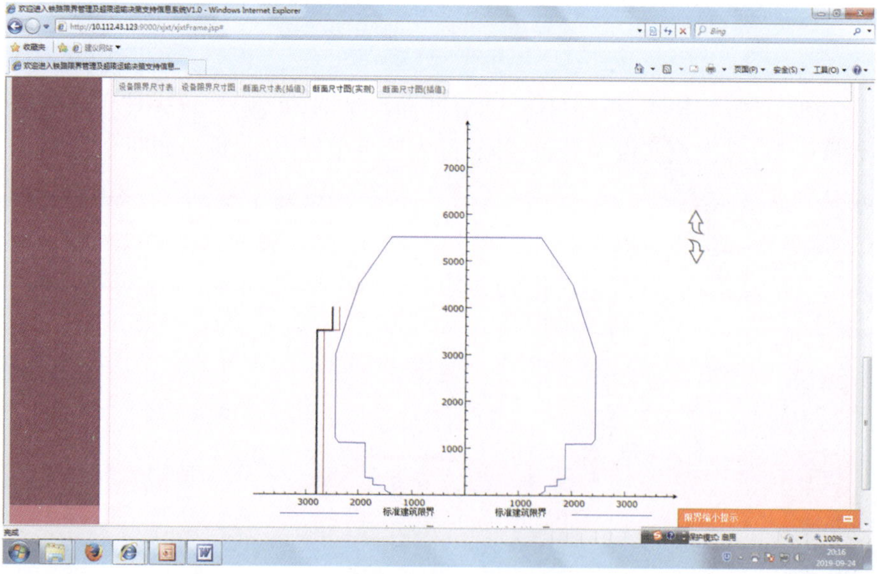

图 6-26　曲线外侧生成示例

第十七步:设备数据发布。

数据发布→设备发布→单个设备限界信息→在“发布标志”框选择“待发布”条件→点击“查询”→点击“全选”→点击“发布”按钮。该项操作为管理员操作,车间层无需操作。页面如图 6-27 所示。

第十八步:综合处理。

在综合处理栏,按照设备综合、区段综合、区间综合、股道综合顺序选择待处理的设备,进行综合处理,直到所有设备均在待综合处理页面无法被查询到为止。如综合处理后仍有设备无法被处理,则需要重点从以下两点查找原因:

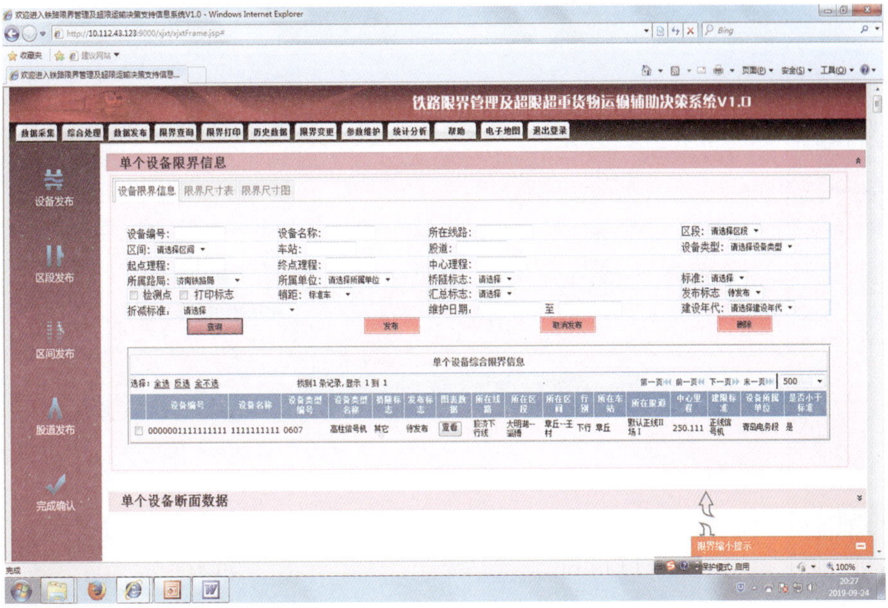

图 6-27　设备数据发布

(1)设备侵限。

(2)设备只录入了设备台账信息内的内容,未录入断面信息、各设备断面信息。页面如图 6-28 所示。

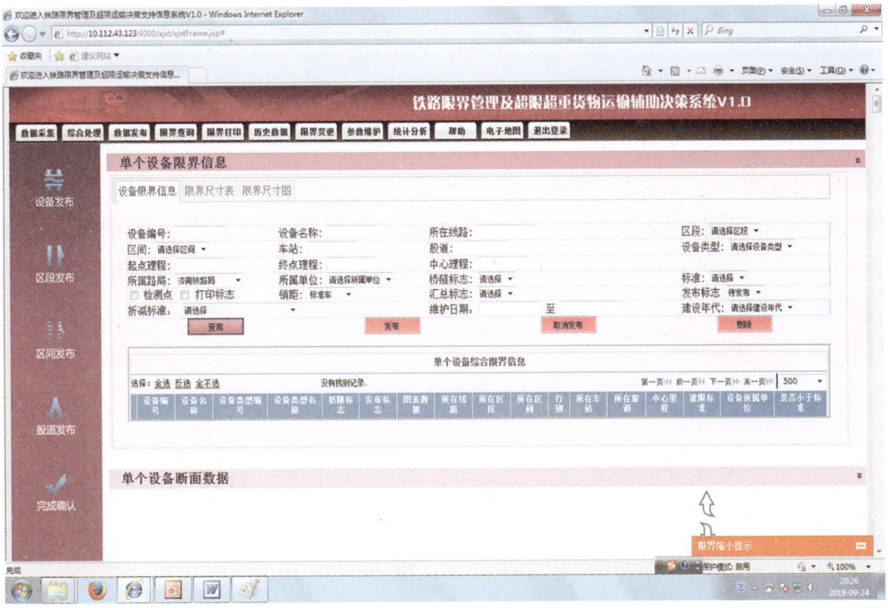

图 6-28　综合处理

第十九步:在数据发布栏,进行区段发布、区间发布、股道发布。发布完毕后,再查询一遍综合处理内有无待处理设备,发布栏每项在“发布标志”选“待发布”查询一遍,是否还有待发布信息。经过两次查询后,均无信息,点完成确认。页面如图 6-29 所示。

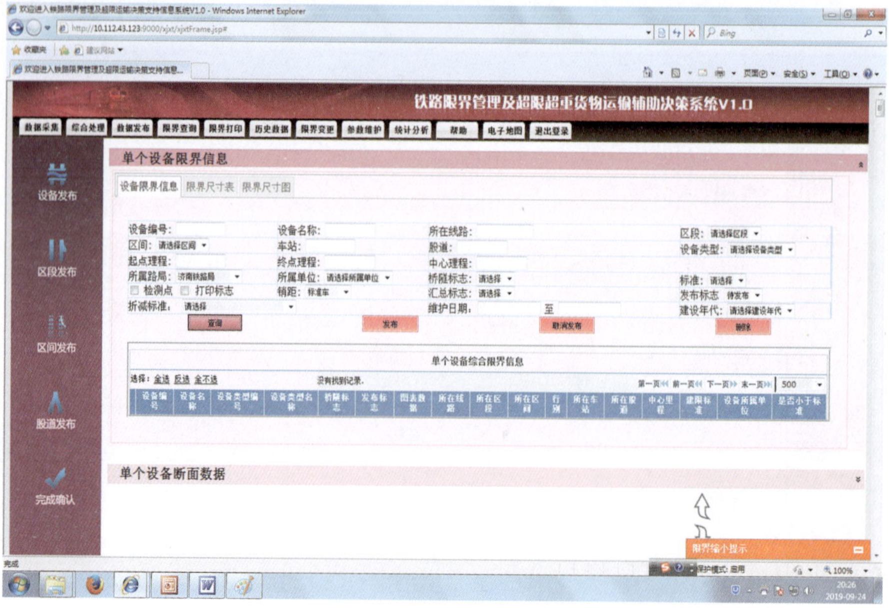

图 6-29　数据发布

6.3　新版限界系统介绍

6.3.1　系统介绍

为强化铁路限界管理，确保超限货物运行安全，国铁集团货运部组织中国铁道科学研究院集团有限公司电子所、南宁局集团公司信息所等单位，依据《货运生产作业与管控平台总体技术方案》对“铁路限界管理及超限超重货物运输辅助决策系统”（称限界系统）进行了升级开发，部署架构由“18＋1”模式改为国铁集团一级部署。目前限界系统已于2023年10月开始陆续在南宁局集团公司、沈阳局集团公司、太原局集团公司、西安局集团公司、济南局集团公司等进行试用，预计2024年底完成后续铁路局集团公司推广实施工作，并正式上线运行。

6.3.2　系统登录

新版限界系统作为铁路货运生产作业与管控平台（以下简称“管控平台”）下货运管理模块的一部分，在管控平台输入用户名（手机号）和密码进行登录，新用户实名注册，不再按照老版限界系统选择单位和用户登录。页面如图 6-30 所示。

6.3.3　设备录入

新版设备录入页面分为草稿版和发布版两个页面。

草稿版本：提供设备信息查询、录入、修改、删除并进行限界变更功能。

发布版本：提供已发布设备台账、断面、断面原始数据、设备限界查询功能。

图 6-30　新版限界系统登录界面

注:站段和车间级用户才能在此页面进行操作,车间设备是由站段选择设备后设置归属车间进行分配,车间只能进行设备录入不可进行限界变更操作。已发布设备后续限界数据变化可在发布版本将要修改或删除设备移入草稿版进行操作,待改动完成后将变更设备选中提交限界变更申请。页面如图 6-31 所示。

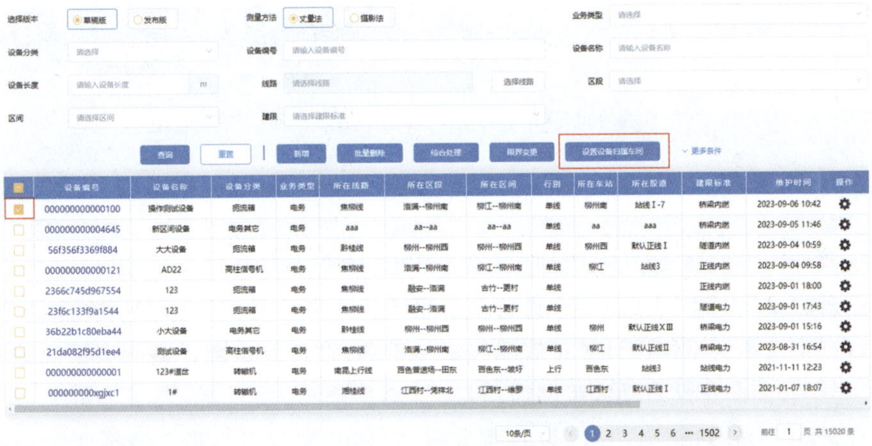

设备编号	设备名称	设备分类	业务类型	所在线路	所在区段	所在区间	行别	所在车站	所在股道	建限标准	维护时间
000000000000100	操作测试设备	箱流箱	电务	焦柳线	洛满--柳州南	柳江--柳州南	单线	柳州南	站线Ⅰ-7	桥梁内燃	2023-09-06 10:42
000000000004645	新区间设备	电务其它	电务	aaa	aa--aa	aa--aa	单线	aa	aaa	桥梁内燃	2023-09-05 11:46
56f356f3369f884	大大设备	箱流箱	电务	黔桂线	柳州--柳州西	柳州--柳州西	单线	柳州西	默认正线Ⅰ	隧道内燃	2023-09-04 10:59
000000000000121	AD22	高柱信号机	电务	焦柳线	洛满--柳州南	柳江--柳州南	单线	柳江	站线3	正线内燃	2023-09-04 09:58
2366c745d967554	123	箱流箱	电务	焦柳线	融安--洛满	古竹--更村	单线			正线内燃	2023-09-01 18:00
23f6c133f9a1544	123	箱流箱	电务	焦柳线	融安--洛满	古竹--更村	单线			隧道电力	2023-09-01 17:43
36b22b1c80eba44	小大设备	电务其它	电务	黔桂线	柳州--柳州西	柳州--柳州西	单线	柳州	默认正线XⅢ	桥梁电力	2023-09-01 15:16
21da082f95d1ee4	测试设备	高柱信号机	电务	焦柳线	洛满--柳州南	柳江--柳州南	单线	柳江	默认正线Ⅱ	桥梁电力	2023-08-31 16:54
000000000000001	123#道岔	转辙机	电务	南昆上行线	百色普通场--田东	百色东--坡圩	上行	百色东	站线3	站线电力	2021-11-11 12:23
000000000xgjxc1	1#	转辙机	电务	湘桂线	江西村--凭祥北	江西村--维罗	单线	江西村	默认正线Ⅰ	正线电力	2021-01-07 18:07

图 6-31　录入设备界面

设备录入:同老版限界系统,按照设备台账、断面台账、断面原始限界数据的顺序依次进行录入。

设备台账:设备台账录入时需要注意设备归属线路、区段、区间、车站、股道等基础字典信息已经发布且核对无误。面向车站为限界数据综合时的参照方向,直接决定了被检测设备是在线路的左侧还是右侧,单线线路一般为大里程方向,复线线路一般为行车方向。设备所在起、止点里程需要在归属区间里程范围内。页面如图 6-32 所示。

断面台账:按照实际测量所在断面位置信息进行断面信息录入,包括控制点距设备起点距离、曲线方向、是否缓和曲线、曲线半径、外轨超高、距轨面最低高度、是否基于轨面测量。页面如图 6-33 所示。

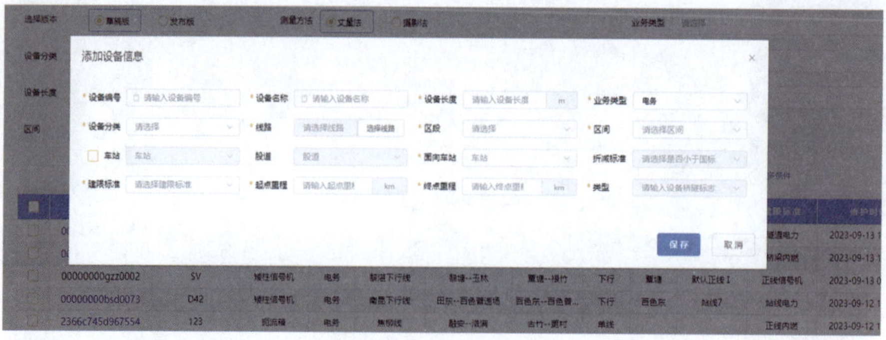

图 6-32　设备录入

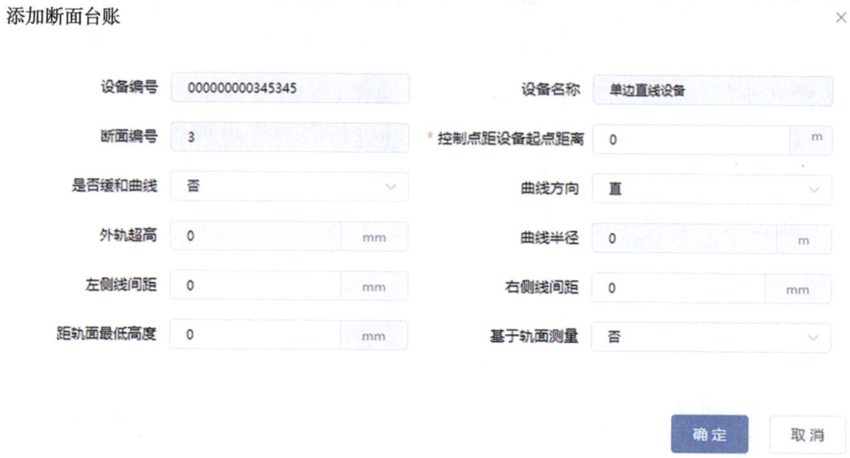

图 6-33　添加断面台账

断面台账录入时需要注意一个设备至少录入一个断面信息。断面所在曲线方向，有直、左、右三个选项。系统设计了正线曲线资料字典，在控制点距设备起点距离输入完成后，系统会结合面向车站自动匹配曲线信息，供用户选择，如“40& 右 &1140”，其中“&”为分隔符，“40”为外轨超高，“右”为曲线方向，“1140”为曲线半径。选择匹配曲线信息后，系统自动填写“曲线方向”“曲线半径”“外轨超高”项。站线上的设备需人工填写曲线信息。当检测设备跨越线路时，需要录入线路中心线上方设备最低高度。供电专业需要录入接触网最低高度。

断面原始信息：录入包括距轨面高度、左侧实际、右侧实际等实际测量数据。断面原始信息录入时需注意至少需要采集录入两个高度点信息。

6.3.4　综合处理

设备台账、断面、断面原始信息录入完成后，在草稿版页面进行综合处理，可以选择多个设备批量综合和单个设备综合处理。完成后可查看设备限界是否符合实际情况和设备是否侵限，包括设备限界离散数据及设备尺寸轮廓图。页面如图 6-34 所示。

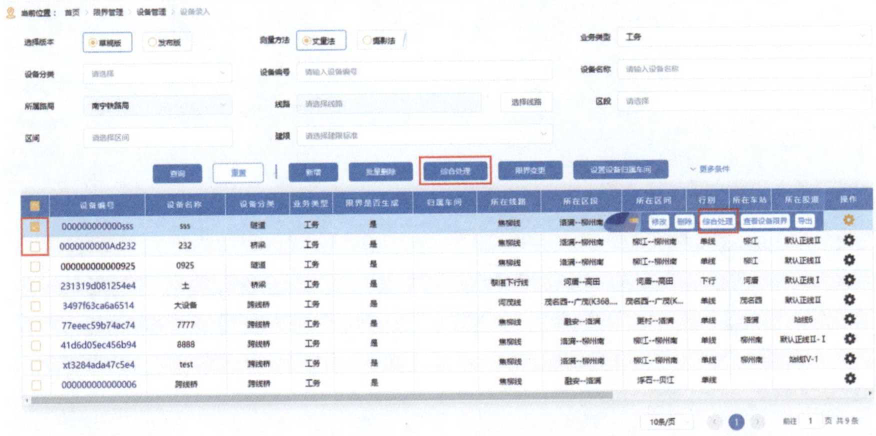

图 6-34　综合处理

新版系统增加综合处理失败提示：设备台账列表中“限界是否生成”列显示红色“失败”，这是设备限界初始化时综合处理失败的数据，说明数据有问题，可能是设备台账没有录入断面，或者断面没有录入断面原始数据，或者断面原始数据只录入一条数据(只有一个点，至少需要 2 个高度)，或者设备归属区间编号在区间字典已经不存在了。需重新进行单个设备综合处理，根据提示综合失败原因进行修改后重新综合处理，提交变更申请。

6.3.5　限界变更

限界变更流程包括：车间及站段设备录入、站段提报变更申请、部室审核确认、部室提交变更申请、科信部审核确认、科信部限界发布。详细流程如图 6-35 所示。

站段变更申请：车间、站段等单位限界数据录入、修改完成后，由站段将限界变更设备进行选择提报变更申请。页面如图 6-36 所示。

综合预处理：生成本单位业务本次变更涉及区段、区间、股道最小综合限界，并可与已发布数据进行对比，确认无误后选择审核部室提交变更申请。页面如图 6-37 所示。

部室审核确认：各业务部室审核站段提交的限界变更申请是否正确，是否有侵限设备需要驳回站段进行核实，确认无误后进行审核确认。页面如图 6-38 所示。

部室提交变更：部室用户对下级单位提报信息审核确认后，进行部室综合预处理生成本次变更涉及本业务区段、区间、股道最小综合限界，并可与已发布数据进行对比。完成后上报科信部审核。页面如图 6-39 所示。

科信部审核确认：科信部审核站段提交的限界变更申请是否正确，是否有侵限设备需要驳回部室进行核实，确认无误后进行审核确认。页面如图 6-40 所示。

科信部限界发布：科信部对下级单位提报信息审核确认后，进行科信部综合预处理生成本次变更涉及区段、区间、股道最小综合限界，并可与已发布数据进行对比。完成后点击发布完成限界变更及发布流程。页面如图 6-41 所示。

需要注意的是：同一单位单个业务一次只能提报一个变更申请，待变更流程完成后才能进行下次变更，故提报变更申请时尽量把所有改动设备完成后再一次性提报。

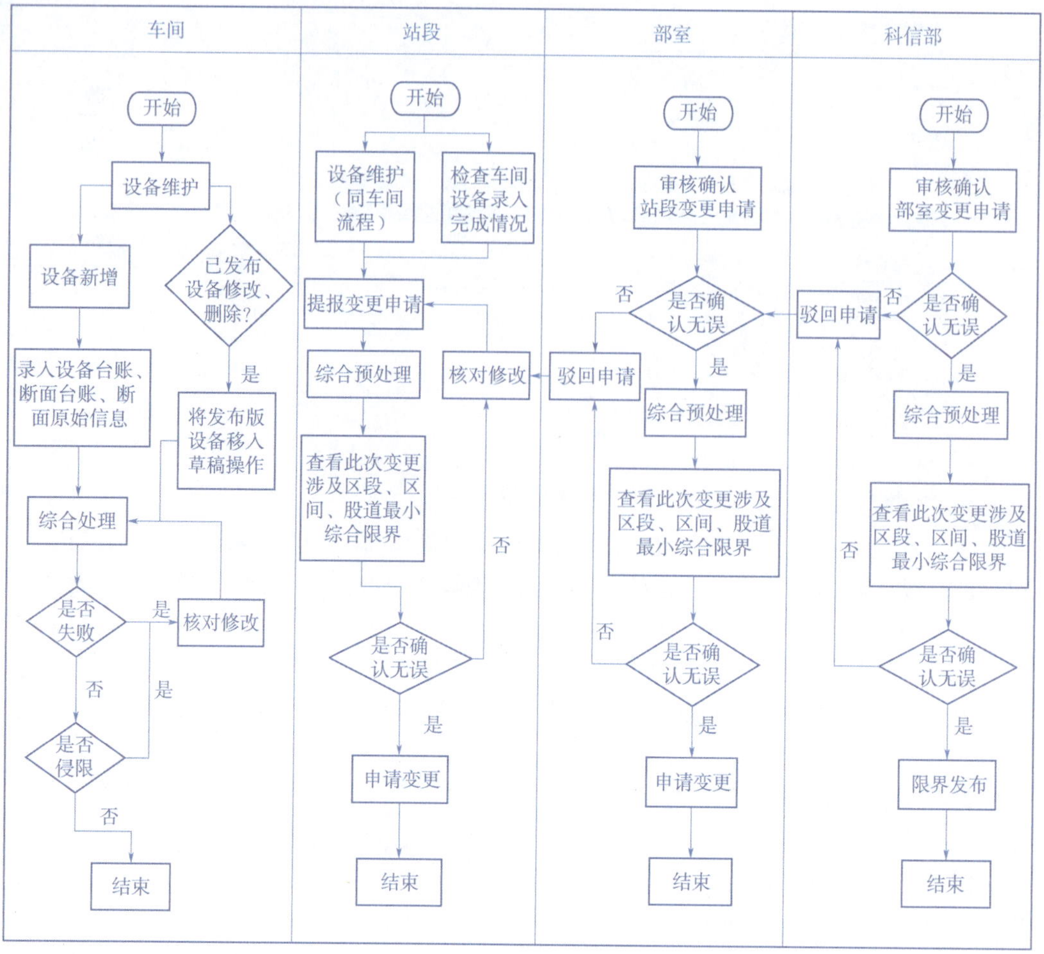

图 6-35　限界变更流程图

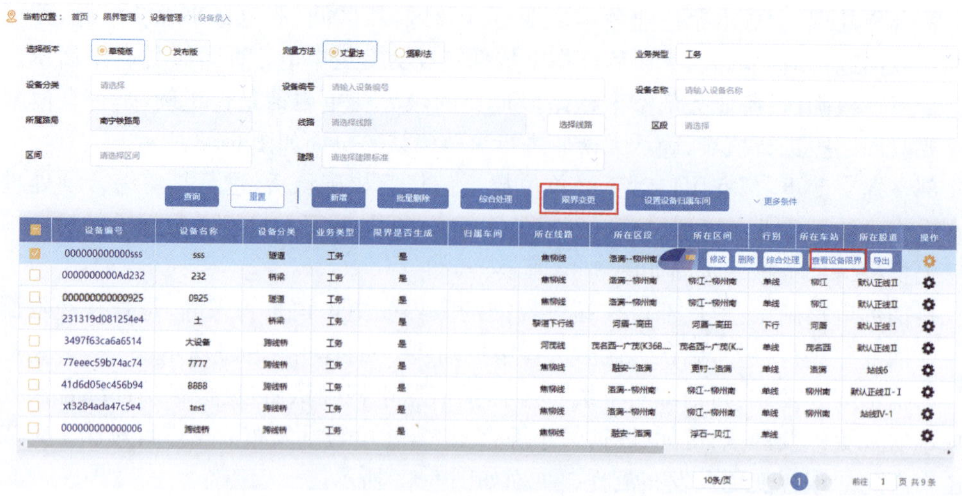

图 6-36　变更申请

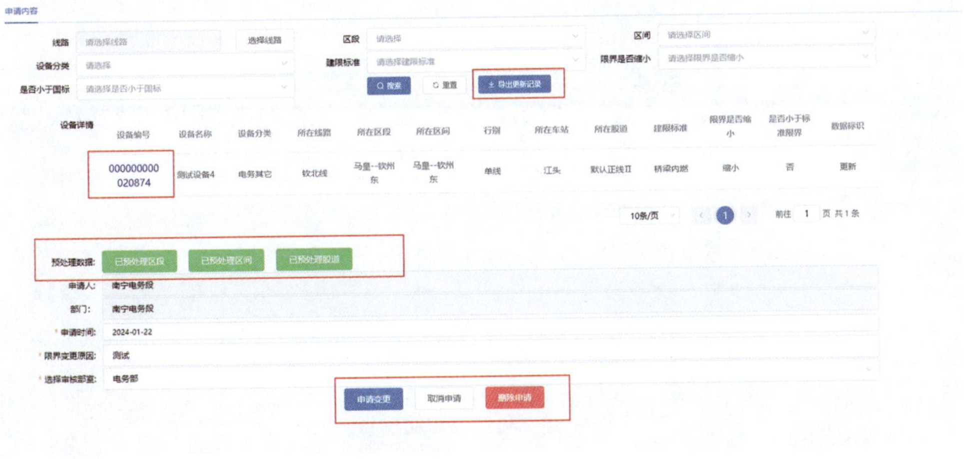

图 6-37　综合预处理

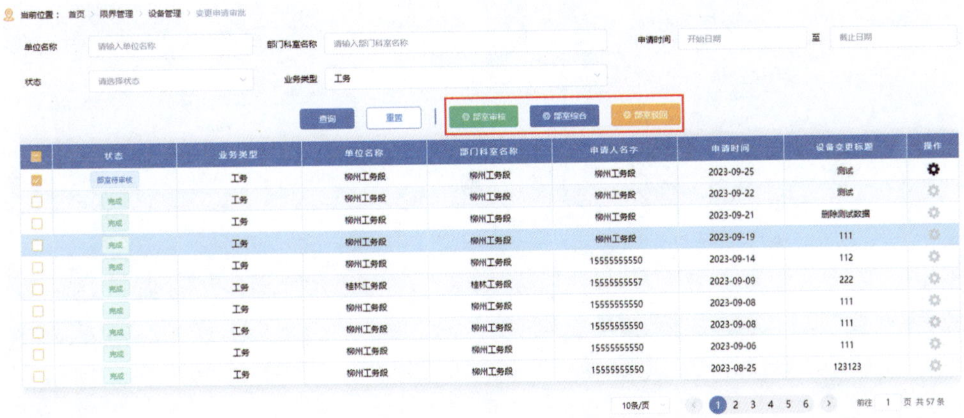

图 6-38　部室审核确认

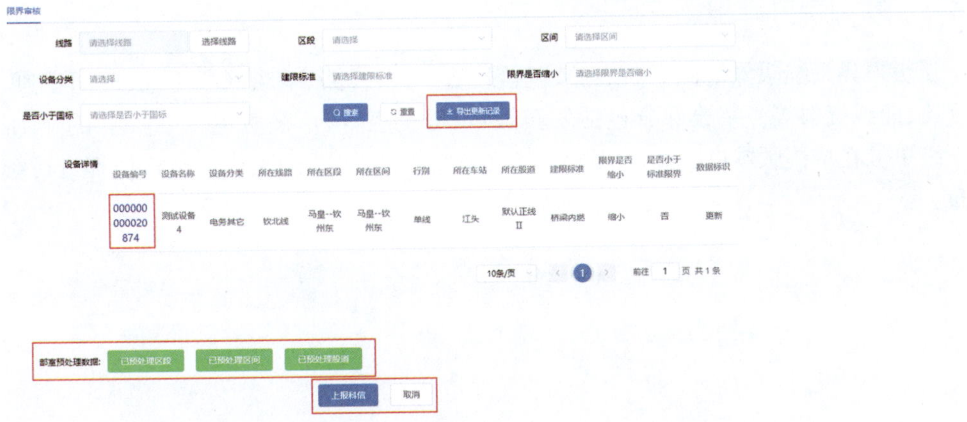

图 6-39　部室提交变更

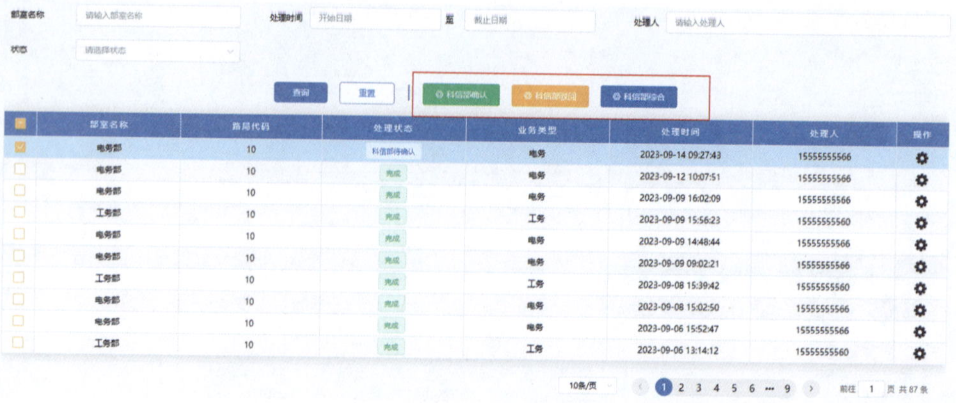

图 6-40　科信部审核确认

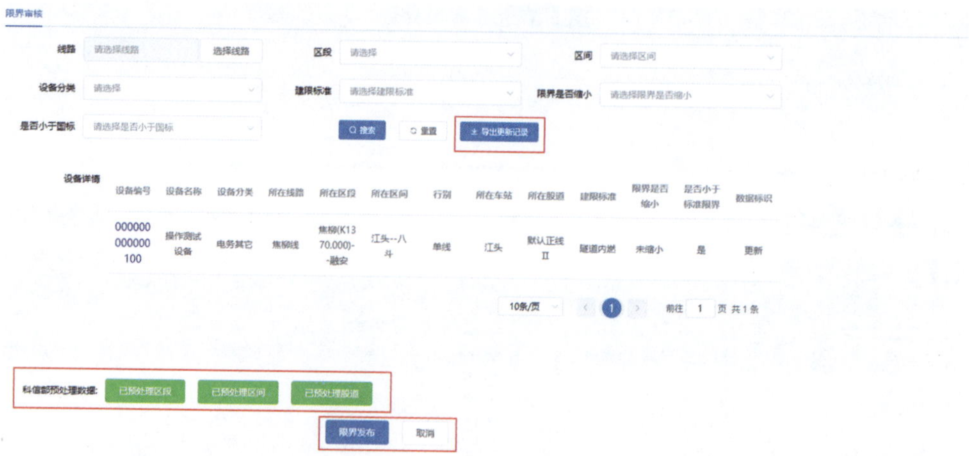

图 6-41　科信部发布限界

6.3.6　基础字典维护

新版限界系统限界基础字典维护，包括站名字典、线路字典、区段字典、区间字典、股道字典、曲线资料等。字典部分包括发布版本、历史版本、草稿版本三个版本，字典维护由下级单位在草稿版本进行新增、删除、修改等操作，字典维护完成后由科信部进行统一发布。

7 超限货物运输管理

限界管理是超限货物运输管理的基础和重要保证，两者互相统一，各有侧重。站段、铁路物流中心（以下简称物流中心）要对设备严格管理，通过病害整治、专项治理、综合评价、技术革新等形式，层层解决执行偏差和管理盲区，特别是施工限界变化引起的运输调整、超限货物运输的全程卡控等结合部问题，务必做到台账资料完整、数据准确、状态良好、应急有备、处置迅速。

为确保超限货物运输安全，全面梳理超限货物运输全过程涉及的限界管理工作，实例化展示超限运输组织方案的形成、限界数据对比分析、限界数据计算、现场设备拆移等重点工作内容及安全管控方式方法，方便设备管理单位理解掌握，便于各相关单位组织落实，通过以流程图展示现场设备拆移、改造后发生的限界变化确认过程，明确把关确认的关键环节，确保直观有效地服务运输过程。

7.1 超限货物

7.1.1 超限货物的定义

货物装车后，车辆停留在水平直线上，（处于理想状态时）货物的任何部位超出机车车辆限界基本轮廓者或车辆行经半径为 300 m 的曲线时，货物的计算宽度超出机车车辆限界基本轮廓者，均为超限货物。

当前，铁路运输大型设备有发电机定子、变压器、石油冶炼设备、化工机械设备、冶金机械、桥梁构件、大型车辆以及航天设备等。

7.1.2 超限货物等级及类型

根据货物的超限程度，超限货物分为三个等级：一级超限、二级超限和超级超限。

一级超限：自轨面起高度在 1 250 mm 以上超限但未超出一级超限限界者；

二级超限：超出一级超限限界而未超出二级超限限界者，以及自轨面起高度在 150 mm 至未满 230 mm 间超限但未超出二级超限限界者；

超级超限：超出二级超限限界者，以及自轨面起高度在 230 mm 至 1 250 mm 间超限者。

根据货物超限部位所在的高度，超限货物又可分为三种类型：上部超限、中部超限和下部超限。

上部超限：自轨面起高度超过 3 600 mm，任何部位超限者；

中部超限：自轨面起高度超过 1 250 mm（不含）至 3 600 mm 之间，任何部位超限者；

下部超限：自轨面起高度在 150 mm 至 1 250 mm 之间，任何部位超限者。

各级超限的最大容许尺寸见表 7-1。

表 7-1 各级超限的最大容许尺寸表

超限等级	超限部位	由轨面起算的高度(mm)	最大容许宽度(mm)
一级超限	上部超限	4 950	450
		4 800	800
		4 600	1 100
		4 300	1 450
		4 000	1 650
	中部超限	3 600	1 800
		1 250～3 100	1 900
二级超限	上部超限	5 000	450
		4 800	950
		4 600	1 200
		4 300	1 500
		4 000	1 700
	中部超限	3 600	1 850
		1 250～3 100	1 940
	下部超限	150～220	1 400
超级超限	上部超限 中部超限 下部超限	150～5 000	超出二级超限最大容许宽度

7.1.3 货物超限等级的判定

货物超限等级具体判断方法如下：

1. 直线上货物超限等级的判定

根据超限货物定义，要判定车辆停留在水平直线上处于理想状态时，所装货物是否超限，方法比较简单，如果货物上某一部位至车辆纵中心线所在垂直平面的距离 B(称为实测宽度)大于该部位所在高度处机车车辆限界半宽时则超限，否则不超限。

货物超限意味着与普通货物(车)相比，车辆在水平直线上处于理想状态时，超限货物所需空间大于普通货物(车)所需空间，因而超限货物与建筑限界间的净空小于普通货物(车)与建筑限界之间的净空，运行条件变差。车辆在水平直线上处于理想状态时，普通货物所需空间的最大横断面尺寸为机车车辆限界轮廓。根据货物超限程度不同，可以划分为不同的超限等级。例如在距轨面高 4 000 mm 处，机车车辆限界半宽为 1 500 mm，一级超限限界为 1 650 mm，二级超限限界为 1 700 mm。当货物的实测宽度 $B>1\,500$ mm 时应判为超限；当 $1\,500<B\leqslant 1\,650$ mm 时，为一级超限；当 $1\,650<B\leqslant 1\,700$ mm 时，为二级超限；$B>1\,700$ mm 时为超级超限。

2. 曲线上货物超限等级的判定

车辆运行到曲线上时，其纵中心线与线路中心线不在同一垂直面上，因此，相较于在直线上运行，普通货物(车)所需的空间较大，该空间的增加量与车辆纵中心线偏离线路中心线(所在垂直曲面)的距离(偏差量)有关，而偏差量又与车辆长度、销距大小、曲线半径相关。判定曲线上货物是否超限采用车长为 13.22 m、销距 9.35 m、具有机车车辆限界轮廓尺寸的普通货车(称为计算车辆)所需的最大空间为依据。

3. 货物计算宽度、曲线线路加宽值

(1)货物的计算宽度：超限货物的计算宽度为货物检定断面的实测宽度加上货物装在货车上行经半径为 300 m 的曲线时所产生的偏差量，再加上由于车辆走行部游间和线路在曲线处轨距加宽而增加的偏差量(通常称为附加偏差量)，减去建筑限界曲线内外侧水平距离的加宽值(即 36 mm)，所得出的宽度。

(2)加宽值(36 mm)：它是以车长 13.22 m，销距 9.35 m 的标准，计算车辆行经半径为 300 m 的曲线线路时产生的内外偏差量，作为曲线线路建筑接近限界的最大水平距离加宽值。其数值是按照下列公式计算出来的。

曲线内侧水平距离加宽计算值：

$$W_1=\frac{l^2}{8R}\times 1\,000=\frac{9.35^2}{8\times 300}\times 1\,000=36(\text{mm})$$

曲线外侧水平距离加宽值：

$$W_2=\frac{L^2}{8R}-\frac{l^2}{8R}\times 1\,000=\left(\frac{13.22^2}{8\times 300}-\frac{9.35^2}{8\times 300}\right)\times 1\,000=36(\text{mm})$$

7.1.4 超限货物测量

1. 装车前测量工具准备

准备卷尺、吊锤、水平仪、手持激光测距等可以进行装车货物测量的仪器仪表。电气化区段要注意使用尺具的规范性、安全性，防止发生人身安全风险。

2. 测量要求

测量以 mm 为单位。

(1)装车前，按批准的装载加固方案测量货物尺寸。

①长度：测量其最大长度、支重面长度、重心至端部的距离、检定断面至重心的距离。超限货物长度示意图如图 7-1 所示。

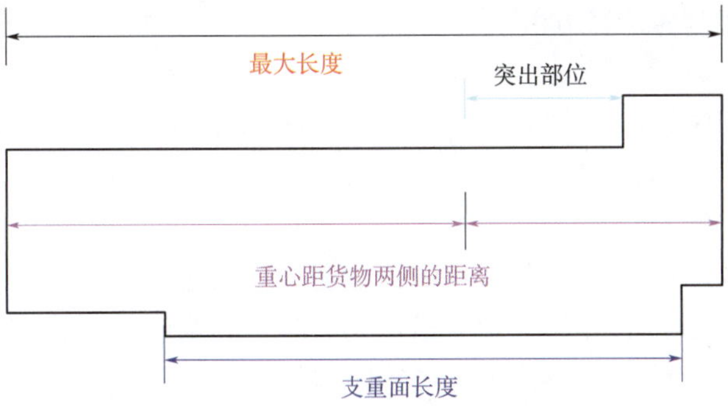

图 7-1 超限货物长度示意图

②高度：自支重面起，测量其中心高度、侧高度和重心高度。

中心高度：自支重面起至最大高度处的高度为中心高度，超限货物中心高度示意图如图7-2所示。

侧高度：中心高度以下各测点至支重面的高度。如有数个不同侧高度时，应由上至下测出每一个不同的侧高度。超限货物侧高度示意图如图7-3所示。

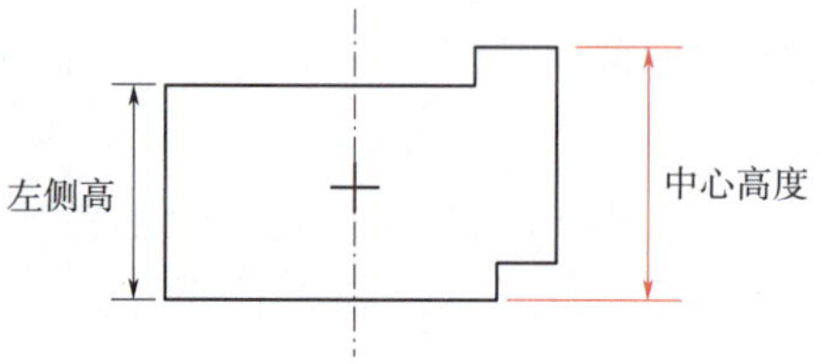

图7-2 超限货物中心高度示意图

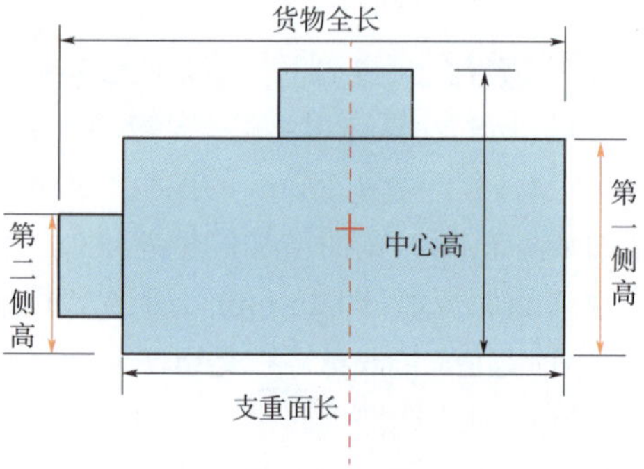

图7-3 超限货物侧高度示意图

③宽度：测量中心高度处的宽度和不同侧高度处的宽度。

中心高度处的宽度：中心高度处，在货物重心所在纵向垂直平面左侧和右侧的最大宽度；

侧高度处的宽度：每一侧高度处，在货物重心所在纵向垂直平面左侧和右侧的最大宽度。

例：圆柱形货物的测量。货物为圆形，中心高度为直径，中心宽左右为零，最大宽度为半径（图7-4）。货物上部为圆弧形，应测量并记录为自 h mm以上为半径 R mm的圆弧。货物上部为椭圆形，可选定几个高度分别测量其不同高度和宽度。

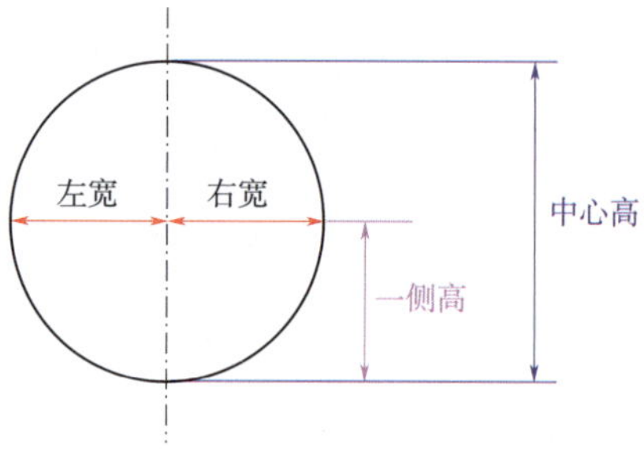

图7-4 圆柱形货物尺寸示意图

（2）装车后测量。

按实际装载状态测量，与批准的装载方案对照。

①长度：跨装——支距的长度及支点外方长度。突出装载——突出端梁的长度。

②高度：由轨面起算的中心高度和侧高度。

③宽度：由车辆纵中心线所在垂直平面起算的左、右宽度。

3. 货物计算宽度的计算方法

（1）确定装载方法。

均衡装载两端不突出、两端突出装载、一端突出装载。

（2）选定检定断面，确定计算点。

形状规则的货物：

如果 $2X/l<1.4$，计算点选在货物中部最高处最宽处，如图7-5中 A 点。

如果 $2X/l>1.4$，计算点选在货物最外端最高处最宽处，如图7-6中 B 点。

X——货物检定断面至车辆横中心线的距离；

L——销距。

形状不规则的货物，可以选择多个计算点分别计算，如图 7-7 中 C、D、E 点。

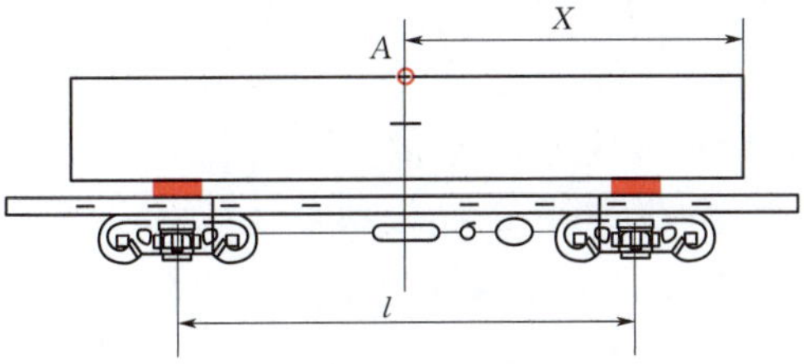

图 7-5 计算点的选择 1($2X/l<1.4$)

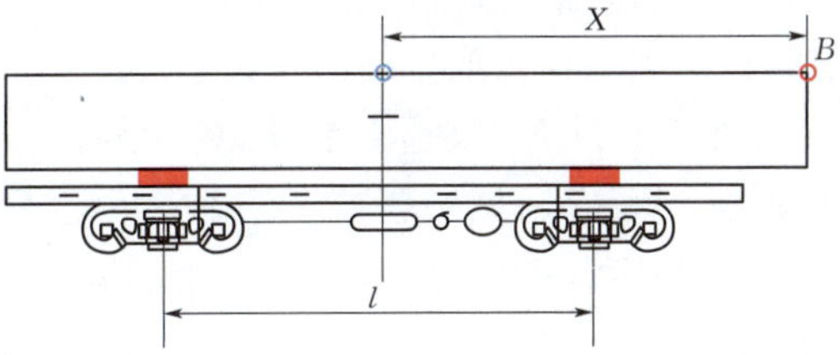

图 7-6 计算点的选择 2($2X/l>1.4$)

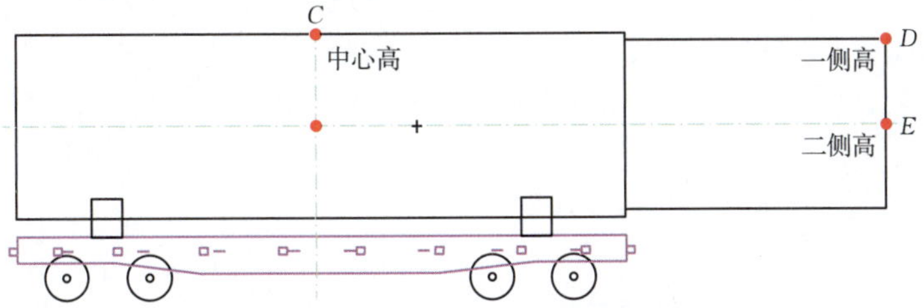

图 7-7 计算点选择 3(形状不规则货物)

(3)确定 X 数值。检定断面在货物最中间时为 0，检定断面在突出端最外端时，为最外端至车辆横中心线的距离。

(4)计算内偏差量或外偏差量。

检定断面在货物最中间时，计算内偏差量：

$$C_{内}=\frac{l^2-(2x)^2}{8R}\times 1\,000$$

检定断面在突出端最外端时，计算外偏差量：

$$C_{外}=\frac{(2x)^2-l^2}{8R}\times 1\,000$$

式中 l——车辆转向架中心距，m；

x——货物检定断面至车辆横中心线的距离，m；

R——曲线半径，m。

(5)计算宽度。

涉及内偏差量时，计算宽度：

$$X_{内}=B+C_{内}-36$$

涉及外偏差量时，计算宽度：

$$X_{外}=B+C_{外}+K-36 \quad K=75\left(\frac{2x}{l}-1.4\right)$$

式中 B——实测宽度，即货物检定断面的计算点至车辆纵中心线所在垂直平面的距离，mm；

K——货物检定断面处的附加偏差量，mm；

(6)计算高度。

针对每一个计算点计算出一个计算高度。

$$H=车地板高度+垫木高度+所选计算点距支重面的高度$$

(7)查表确定超限等级。

在“自轨面起算的高度”列找到计算高度所对应的数值(如果数值在两个数值之间时,以较大数值为准),横向看计算宽度数值,如果此宽度数值超过机车车辆限界基本轮廓数值,又小于一级超限数值,为一级超限;如果超过一级超限数值又小于二级超限数值,为二级超限;如果超过二级超限数值又小于建筑限界数值,为超级超限。

如果有几个计算点,得出几个超限等级,选择最大的超限等级为该货物的最终超限等级。

(8)装后复测。

先标画车辆纵中心线,以此为基距,再测量各高度数据及所对应的半宽数据。

超限等级是以计算点所在检定断面的计算宽度(或实宽)和相对应的计算高度查超限等级表(《超规》附件 4)而确定。当超限货物车行经在平直线路上时,确定超限等级的宽度是实测宽度 B;当超限货物车行经在曲线线路上时,确定超限等级的宽度是计算宽度 X。

7.2　开办超限货物运输的条件

与国家铁路办理直通运输的合资铁路、地方铁路在办理超限货物运输时,铁路局集团公司应将超限货物运输安全内容纳入有关运输安全协议。与国家铁路接轨的铁路专用线、专用铁路办理超限货物运输时,铁路局集团公司应将超限货物运输安全内容纳入铁路专用线、专用铁路运输协议。

1. 线路办理超限货物运输,应基本具备下列条件:

(1)线路已开通使用并办理普通货物运输;

(2)线路建筑限界满足超限货物运输安全要求;

(3)相关运输站段有经过培训合格的专业技术人员;

(4)有健全的超限货物运输安全管理制度和事故施救信息网络。

2. 线路办理超限货物运输业务,站段应向铁路局集团公司货运部提交下列材料:

(1)铁路线路开通运营并办理普通货物运输的证明材料;

(2)线路名称、起讫站、全长、线路等级、线路类型(单双线)、线路允许速度、接触网最低高度及支柱最小侧面限界、最小线间距、最大限制坡度、最小曲线半径、最大外轨超高值、钢轨类型、最小道岔、桥梁数量、隧道数量等线路基本条件的有关材料;

(3)线路综合最小限界,车站接发超限超重车固定径路及其限界资料,侵限设施设备现状及整治措施;

(4)全线超重车固定通行径路上的桥涵类型、数量、承载能力(活载系数及允许通过超重货物等级),病害桥涵现状及整治措施;

(5)相关管理人员和作业人员的配备情况及站段出具的培训合格证明材料;

(6)相关业务和安全管理制度,包括:相关站段超限超重货物运输管理办法、限界管理办法、事故施救信息网络。

3. 车站办理超限货物运输业务,应具备下列条件:

(1)所在铁路线路已开办超限货物运输;

(2)车站已开办货运业务;

(3)有经过培训合格的专业技术人员;

(4)有健全的超限货物运输安全管理制度;

(5)车站超限车固定通行径路上的建筑限界满足超限货物运输安全要求:

(6)在非货运营业站临时办理铁路工程建设所需的架桥机、铺轨机、桥梁等超限货物到达、发送业务,由到达的前方或发出的后方货运营业站申请办理。

4. 车站申请办理超限货物运输业务,车务站段应向铁路局集团公司货运部提交下列材料:

(1)所在铁路正线(区段)已开办超限、超重货物运输(仅办理超长货物的除外);

(2)车站名称、车站中心里程、到发线有效全长、接触网最低高度及支柱最小侧面限界、接发超限超重车最小线间距、最大限制坡度、最小曲线半径、最大外轨超高值、钢轨类型、最小道岔、桥梁数量、隧道数量等线路基本条件的有关材料;

(3)车站接发超限超重车固定径路及其限界资料,侵限设施设备现状及整治措施;

(4)车站超重车固定通行径路上的桥涵类型、数量、承载能力(活载系数及允许通过超重货物等级),病害桥涵现状及整治措施;

(5)相关管理人员和作业人员的配备情况及站段出具的培训合格证明材料;

(6)相关业务和安全管理制度,包括:相关站段超限超重货物运输管理办法、限界管理办法、事故施救信息网络。

5. 专用铁路办理超限,应具备下列条件:

(1)接轨的车站已开办超限货物运输;

(2)有经过培训合格的专业技术人员;

(3)有健全的超限货物运输安全管理制度;

(4)专用线超限车固定通行径路上的建筑限界满足超限货物运输安全要求。

6. 专用铁路申请办理超限货物运输业务,应向铁路局集团公司货运部提交下列材料:

(1)所在铁路正线(区段)已开办超限货物运输(仅办理超长货物的除外);

(2)专用线名称、线路有效全长、接触网最低高度及支柱最小侧面限界、接发超限车最小线间距、最大限制坡度、最小曲线半径、最大外轨超高值、钢轨类型、最小道岔、桥梁数量、隧道数量等线路基本条件的有关材料;

(3)专用线接发超限车固定径路及其限界资料,侵限设施设备现状及整治措施;

(4)相关管理人员和作业人员的配备情况及培训合格证明材料;

(5)相关业务和安全管理制度,包括:专用线超限货物运输管理办法、限界管理办法、事故施救信息网络;

(6)专用铁路运输协议。专用线协议应包含能够开办超限运输的线路,限界的日常管理,超限货物的等级,以及尺寸测量要求,专用线、专用铁路企业有健全的超限货物运输安全管理制度和事故施救信息网络等。

7.3 一般超限货物运输组织

一般超限货物运输组织流程如图 7-8 所示。

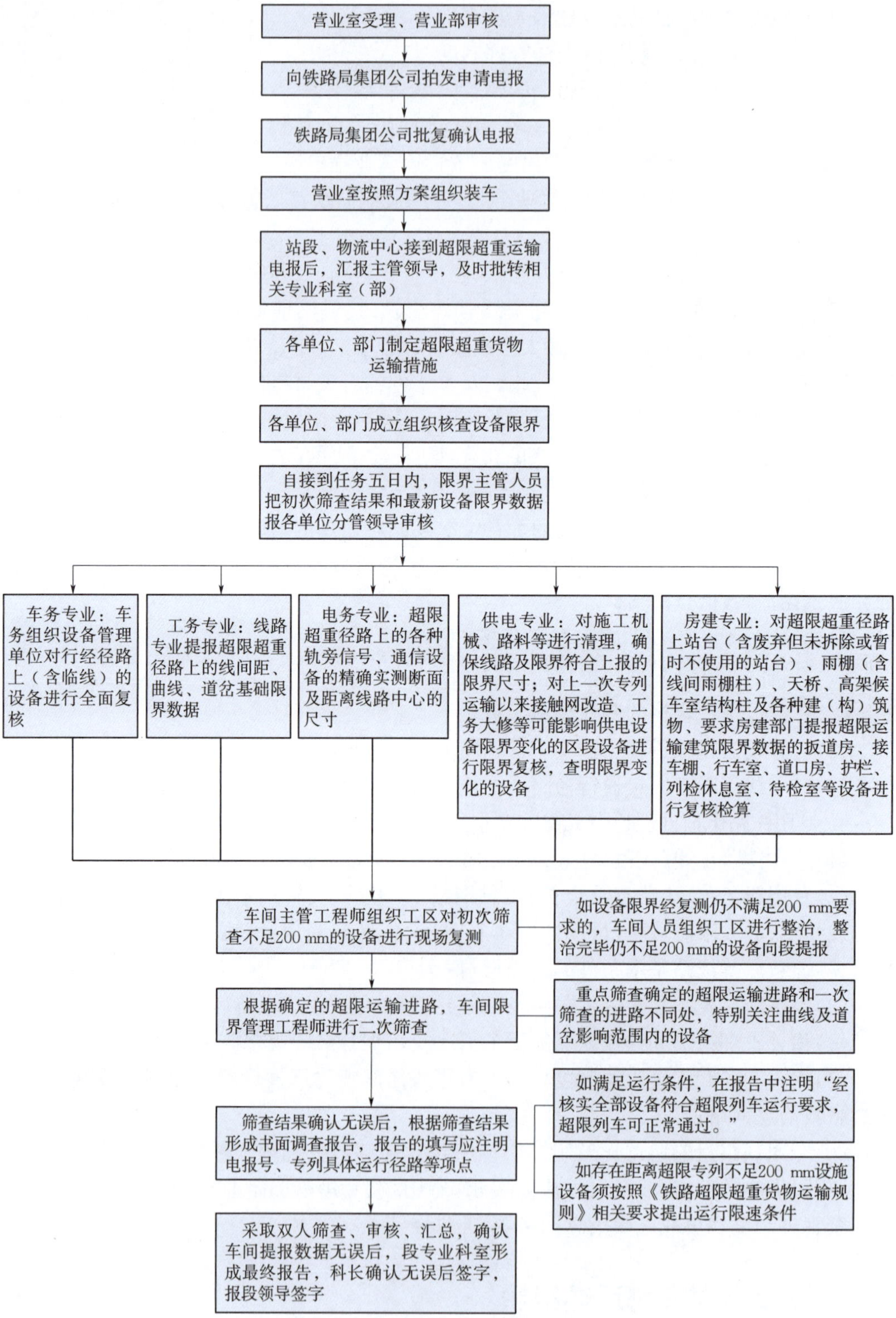

图 7-8　一般超限货物运输组织流程

7.3.1 责任分工

铁路局集团公司成立超限超重货物运输管理工作小组:由铁路局集团公司科信、运输、货运、机务、供电、车辆、工务、电务、建设、土房部,涉铁办及公安局等部门组成,负责超限超重专列、超级超重货物车的运输组织工作。

各站段、物流中心应成立超限超重货物运输安全管理小组,实行AB岗双人负责制,负责车站、营业部办理超限、超重货物发送、到达业务开办审核上报和超限、超重货物承运、装车前后安全监督检查等工作,并指导超限、超重货物装车。装运超级超限、整列军事运输,站段、物流中心主管领导应现场监督检查。

超限超重货物办理站(含检查站)、营业部,应指定专人管理超限超重货物运输,负责超限超重货物的审查、承运、确定超限超重等级、请示电报及装车前后检查等工作,并指导超限超重货物装车。

7.3.2 组织流程

1. 超限超重货物受理手续必须在托运人完成产品生产、包装,提供运输技术资料,具备运输条件后方能办理。营业室受理超限、超重货物时,应认真审查托运人提供的有关技术资料并经营业部审核。按《超规》和装载加固方案的要求,对货物实物正确测量,当各高度处的最大实测宽度、最大内侧计算宽度和最大外侧计算宽度不在同一检定断面时,必须分别测量、检算,将不同检定断面的实际测量尺寸分别上报,做到控制宽度不遗漏。

2. 营业部审核后,营业室以超限超重货物运输申请电报向铁路局集团公司货运部申请装运办法。跨三个及以上铁路局集团公司的各级超重货物和超级超限货物,由铁路局集团公司审查后向国铁集团提出申请。铁路局集团公司货运部接到超限超重货物运输申请电报后,应及时向各有关单位发布确认电报,明确装运办法电报下发各相关设备管理单位及有关站段并抄送科信部、运输部、供电、车辆、工务、电务、建设、土房部、涉铁办、调度所等部门。

3. 各设备管理单位收到超限超重文电后,根据文电货物装载尺寸审核运行径路设备限界,凡超限超重货物接近设备建筑限界,需要限速或拆移设备扩大建筑限界时,必须调整或拆除,并及时向调度所提供运行条件。确实无法调整的,由各业务部室于确认电报下发三日内报告调度所特调。因线桥设备或施工等原因需特别限速的运行处所,各业务部室于确认电报下发三日内由各有关业务部室书面报铁路局集团公司调度所特调。

4. 装车站营业室必须严格按铁路超限超重货物运输批示电报和装载加固方案组织装车。标画检查线及有关标志,按铁路超限超重货物运输批示电报(超限超重××××号、×超限超重××××号)编制超限超重货物运输记录。

5. 超限超重货物装车完毕后,营业室(营业部)应认真核实所装货物、超限超重等级、车号与运单填记的一致性及加固状况,具备挂运条件时,营业室(营业部)向铁路局集团公司调度所和货运部拍发请求挂运电报。

6. 铁路局集团公司调度所特调接到营业室(营业部)挂运申请电报或邻局预报后,根据超限超重货物运输确认电报认真核对,依据各站《站细》公布的超限列车径路,结合各业务部室提供的技术资料,制定管内具体运行条件,填写“超限超重车辆挂运通知单”,纳入日(班)计划,并将管内具体运行条件以调度命令下达有关站段。

7. 超限超重货物车辆的挂运纳入日班计划后,不得任意改变计划;因特殊原因需改变计划、临时甩车、终到时,停放线路应具备接发挂有超限超重货物车辆列车的线路条件。

8. 货检站必须按照有关规定,认真检查超限超重货物状况,不得漏检,认真落实区段负责制。

9. 机务段要根据超限超重货物运输需要,提前做好担当机车的检修、整备工作,机车LKJ监控装置取消放风功能、保留记录功能;制定列车操纵安全提示卡,做好机车乘务员培训工作;安排机车运用、检修胜任人员添乘,确保列车运行平稳、安全正点。

7.3.3 其他规定

车站(含与车站接轨的专用线、专用铁路,下同)办理超限、超重货物运输,须经铁路局集团公司审批,并将批准的车站报国铁集团运输部备案,及时在中国铁路95306网站公布。

确须在非超限、超重货物办理站办理军运超限、超重货物的,按铁路军运有关规定办理。

在非货运营业站临时办理铁路工程建设所需的架桥机、铺轨机、桥梁等超限、超重货物到达、发送业务,由铁路局集团公司制定管理办法。

7.4 超限货物列车(超限货物专列)运输组织

1. 开行条件

以下车型装运的超限、超重货物,应开行超限超重货物专列:

(1)钳夹车。

(2)标记载重260 t及以上的落下孔车。

(3)标记载重300 t及以上的凹底平车。

(4)其他需要采取全程派人监护、监测运行等特殊安全保障措施的重车,也可组织开行超限超重货物运输专列。

2. 超限超重专列会议组织及运输组织

超限超重货物专列开行需求由特货公司或始发铁路局集团公司受理。跨三个及以上铁路局集团公司的专列,由国铁集团运输部牵头,组织有关部门和技术专家,制定专列安全运输技术方案。跨及两个铁路局集团公司及铁路局集团公司管内开行的专列,由相关铁路局集团公司自行组织开行。

铁路局集团公司超限超重专列运输组织会议由货运部组织,铁路局集团公司科信、运输、客运、机务、车辆、工务、电务、供电、建设、土房部、涉铁办、调度所、有关站段公司、托运等单位参加。

(1)成立领导小组。

铁路局集团公司成立主管运输副总经理、总工程师为主任,铁路局集团公司科信部、运输、货运、机务、供电、车辆、工务、电务、建设、土房部,涉铁办及公安局主要负责人为成员的超限超重货物运输领导小组。

职责:

①确定运输组织方案,制定货物运输原则、要求和重点注意事项;

②审核各工作小组提报的工作方案,检查方案的落实情况;

③掌握运输情况,决定运输过程中的重要事宜。

(2)成立科信、运输、货运、机务、供电、车辆、工务、电务、建设、土房部、涉铁办等部门组成的设备整治领导小组。

职责:

①根据站段上报的限界资料,核对专列运行径路。

②对需进行拆移的设备,制定工作方案,并进行检查监督设备拆移实际情况,保证安全并最大限度地减少对正常运输秩序的干扰。

③负责审核有关影响限界及线路稳定的施工方案,确因安全原因需要施工的,要督促施工单位制定安全措施及明确恢复期限,并报请领导小组批准。

(3)成立运输指挥小组。

职责:

①负责制定专列经由各站的运输径路及运行时刻,确定专列开行时调度命令的格式内容。

②专列开行时,安排各单位重点组织,保障专列正点运行。调度所要严格把关,加强与现场的联系,正确及时地处理临时发生的问题,确保按专列运行时刻组织运行。

③组织车、机、工、电、辆等各部门协同合作、紧密配合,随时掌握专列的运行情况。

(4)成立添乘把关小组。

职责:

①负责专列在铁路局集团公司管内的添乘工作。

②在停车站与专业人员一道检查货物装载及车辆技术状态。

③对运输途中发生的问题及时处理并向领导小组汇报。

④专列运行在有关工务、电务、供电、房建、车辆、通信段管内时,通知各段领导及技术人员做好专列运行过程中运行径路上有关设备设施的检查把关。工务部添乘人员要携带管内专列通过区段线路图,包括车站中心里程、$R$800 m 及以下小半径曲线线路有关资料(曲线半径、外轨超高、夹直线长度小于 70 m 且两曲线半径小于等于 400 m 的 S 形曲线等)及侧向通过 9 号道岔、12 号道岔、复式交分道岔、交叉渡线资料,并提供给监测单位的工作人员和机车乘务组各一份。

(5)通报超限专列的基本情况。

①托运人名称。

②货物品名、数量、重量、外形尺寸、重心位置。

③使用车型、预计运输次数和时间。

④货物预计装后尺寸，超限等级、超重等级、重车重心高。

⑤发站、到站。

⑥专列编组。

⑦运行径路。

(6)运输方案。

①组织专列运输，经国铁集团运输部批准可补轴。

②管内运输径路。

③各有关部门要加强运输组织，精心铺画超限专列运行线，严格按图运行，途中重点掌握，努力减少对正常运输秩序的干扰。

④专列线桥通过速度不能超过工务部门提供的限制速度。

⑤专列通过的线路，当日影响专列运行的施工一律停止。

⑥线路施工开通后，禁止将专列作为首列通过施工地段。

⑦沿途列检按《铁路货车运用维修规程》有关规定进行检查，并协助专列检车乘务人员做好故障处理。

⑧其他按超限超重电报和调度命令的规定执行。

(7)准备工作。

①托运单位负责向装车站段提供装车所需要的合格报告、证明，负责核对货物运输加固部位，严格按方案组织装载加固。

②托运单位指派胜任人员组织装车工作，随时协调可能出现的问题。

③车务站段及时组织各相关单位召开协调会，制定详实的装车和调车作业计划，并将协调会会议纪要报铁路局集团公司货运部。

④车务站段加强业务指导和现场作业的盯控，配齐配强超限超重货物运输人员，做到专人负责。一是全面掌握所承运超限货物的技术状态。加强超限货物技术资料审查，严把装载加固方案、尺寸关，全面、准确检测超限超重货物各部位尺寸。二是装车完毕后，必须对超限车进行复测，并详实记录各部位尺寸，超过批示电报尺寸时不得拍发挂运电报。三是严格源头把关，严格执行《超规》有关规定，严格按程序装运超限货物，确保超限货物的装车质量。

⑤车务站段提前申请，将专列所需的客车和隔离平车调到指定地点，所有车辆要符合安全运用条件，保证技术状态良好，定检符合规定。

⑥铁路局集团公司工务部对照超限列车径路，将线路有关站内、区间曲线、线间距、桥梁、道岔的资料提供给调度所特调。

(8)限界数据核查。

各设备管理单位，在专列开行前要根据超限超重专列所经过的径路股道和超限货物装后预计尺寸(或示意图)，复测核查有关限界数据，并将径路上所有限界距离≤200 mm的接近建筑物或设备逐一列表上报铁路局集团公司主管业务部室(正在实施站改的车站的限界数据核查由建管部与各业务部室共同确认)。限界距离均>200 mm时，实行零报告制度。各业务部室于开车3日前将表格核对汇总盖章后报调度所特调。上报该表格后，限界距离>200 mm的建筑物及设备的限界尺寸要保持不变，限界距离≤200 mm的接近建筑物或设备由各业务部室督促站段于开车3日前将限界距离尽可能调整到>200 mm。其中限界距离<100 mm的,必须调整或通过前拆除;对限界距离≥100 mm,≤200 mm,确实无法调整的,由各业务部室于开车前3日报告调度所特调。

因线桥设备或施工等原因需特别限速的运行处所,各业务部室于开车3日前由各有关业务部室书面报铁路局集团公司调度所特调,由调度所制定具体运行条件。

铁路局集团公司调度所根据各业务部室报送的资料制定专列运行条件,交货运部组织超限超重专列条件确认会。

(9)安全措施。

①专列开行时由铁路局集团公司货运部召集添乘把关小组技术人员添乘,及时协调处理运输过程中出现的问题。

②专列开行前,铁路局集团公司运输、工务、电务、机务、供电、车辆、土房、建设部门要对超限超重专列所通过的线路及接近的建筑物和设备进行全面检查,对施工机械、路料等进行清理,并采取清砟等措施,确保线路及设备符合上报的限界尺寸,尤其要加强对小半径曲线、侧向道岔的检查和整治。专列接入前二日,各部门还要再次对径路上的设施和设备限界尺寸进行复查,发现问题要在专列接入前一日18:00前书面报调度所特调,此次报告后,专列径路上的设施和设备限界尺寸不得变动,如确需变动,由主管业务部室提供不影响运行条件的书面证明后方可实施。对不符合专列运行条件、危及行车和调车安全的设备设施进行拆除或拨移,调车完毕、专列通过后尽快组织恢复,确保专列运行和调车作业的绝对安全。

③专列开行前,车务、工务、电务、机务、供电、车辆、土房、建设等单位部门要对专列所通过的线路沿线,特别是隧道内电缆、照明灯具等附挂物进行检查,与货物装载限界距离小于200 mm的要采取迁移、拆除等措施,安装不稳的要重新加固。

④专列在站始发前,机务部门安排质量良好机车担当本务,指定业务技术娴熟的固定乘务组担任专列司机,制定操作要求,并提前对乘务组进行技术培训,专列司机要严格按规定速度平稳操纵。铁路局集团公司调度所提前安排好机车交路,并在日班计划中明确。

⑤专列所通过的线路,当日影响专列运行的施工一律停止,清理好施工机械和施工机具。专列通过时,无人看守道口、平过道要派人监护(区间由工务负责,站内由车站负责)。

⑥各车务站段要提前做好准备,对专列通过时的注意事项进行重点布置,并由车站站长(副站长)亲自在行车室把关。专列在车站到发时严格按规定的股道准备进路,所有接发列车股道按基本进路排列,各站进路准备妥当后向列车调度员汇报。

⑦车辆部门要运用车辆监测系统,加强对超限专列车辆的监测。

⑧各单位要制定非正常运输情况下的应急预案,并上报铁路局集团公司业务主管部门核备(调度所、车务段上报货运部),发现问题及时协调解决。

⑨专列具体运行条件由调度所依据超限电报和落下孔车使用技术参数,结合管内线、桥、隧等设施设备的实际情况具体制订。专列具体车次、运行时刻以调度命令为准。

⑩专列运输严格按照会议确定的程序、时间和节点执行,并认真进行各项工作的准备;因设备设施数据发生变化,应按程序及时上报。

⑪所有添乘人员要服从指挥,未得到专列负责人同意,严禁下车,确保人身安全。

每次运输完成后的5天内，各有关部门和单位将本次运输存在的问题、解决方法和下一步建议，报铁路局集团公司超限超重货物运输办公室。

其他事项严格按照《超规》附件11相关要求执行。

7.5　超限货物行车组织要求

1. 超限车编挂要求

(1)超长列车禁止编挂装有超限货物的车辆、限速的机车车辆，以及在运行中有其他特殊要求的车辆。

(2)单机挂车不准挂装载超限货物的车辆。

2. 调动超限车作业要求

(1)调动装有超限货物车辆时，调车领导人应根据运行限制电报(调度命令)、车站设备情况制定调车作业计划，将有关限制通知调车组和其他有关人员。调动上述车辆时，应注意信号机柱、接触网支柱、雨棚柱、道岔表示器、邻近线路建(构)筑物的限界及邻线停留车的情况，按照规定的速度进行作业。

(2)调动装载超限货物的车辆时，不准超过15 km/h。

(3)调车作业在超限检测装置的线路上应匀速通过，正常情况下不得在检测设备上停留。

(4)设车辆减速器的驼峰，在驼峰信号机前适当地点装设车辆减速器的限界检查器。超限车辆通过时，应使驼峰信号机自动关闭，在控制台(显示屏)上发出相应的表示及音响信号，同时向峰顶发出音响信号。

(5)装有二级及以上超限货物的车辆禁止溜放。

3. 超限列车运行限制

(1)一切电话中断时禁止发出挂有超限货物车辆的列车(已办妥闭塞的除外)。

(2)列车在区间被迫停车后遇货物列车制动主管发生故障，而该故障车在列车尾部10辆及以内时，可关闭故障车前位折角塞门，司机应掌握安全速度，运行至前方站处理；如制动主管故障的车辆在列车尾部10辆以前，或虽在尾部10辆以内，但在故障车后部挂有装载爆炸品、气体类危险货物、超限货物的车辆时，应分部运行，并将故障车辆随第一次牵出时挂出。

(3)挂有超限货物车辆的列车，应接入规定线路。

(4)列车到达、发出或通过后，车站值班员应立即向邻站及列车调度员报点，并记入行车日志(设有计算机报点系统的按有关规定办理)。遇有超长、超限列车、制动力部分切除的动车组列车、单机挂车和货物列车列尾装置灯光熄灭等情况，应通知接车站。

4. 超限列车在运行过程中限速要求

(1)邻线列车运行速度小于等于120 km/h的，两运行列车之间的最小距离大于350 mm者不限速，300 mm至350 mm之间者运行速度不得超过30 km/h，小于300 mm者禁止会车。

(2)邻线列车运行速度大于120 km/h小于等于160 km/h的，两运行列车之间的最小距离大于450 mm者不限速，400 mm至450 mm之间者运行速度不得超过30 km/h，小于400 mm者禁止会车。

(3)邻线列车运行速度大于等于160 km/h，禁止会车。

5. 超限列车在运行过程中，超限货物的任何部位接近建筑物或设备时应遵守的规定

(1)超限货物的任何超限部位与建筑限界之间的距离(简称限界距离)在100～150 mm之间时，速度不得超过15 km/h；

(2)限界距离超过150～200 mm之间时，速度不得超过25 km/h；

(3)限界距离不足100 mm时，由铁路局集团公司根据实际情况规定运行办法。

①对超限货物的超限部位与建筑限界之间的距离(限界距离)不足100 mm的情况，可采取慢速通过、制作检查架试运、拆除固定设备或其他措施，来保证超限车运输安全。当超限货物的超限部位与建筑限界之间的限界距离不足，又不能确认实际限界间距时，应严禁臆测将超限车挂运通过限制点。如果超限货物与建筑限界之间的限界距离很小，再加上超限车运行产生的偏移量，可能造成超限货物与建筑物或设备碰撞，损坏货物和设备，严重的将引发行车事故，给铁路带来重大损失。

②制作限界检查架。安装检查架的车辆应是准备装超限货物的同类型车，检查架的尺寸应与货物检定断面的实际尺寸相同，检查架的活动外边框需采取具备一定弹力的弹力绳固定，防止碰坏设备或建筑物，并确保碰撞后检查架的活动外边框能及时复位。为了及时观察和掌握检查架在运行过程的检查情况以及便于核实检查架碰撞设备或建筑物时的具体情况，装有检查架的车辆还应配有照明设备并安装视频监控设备，对检查架运行全程实行监控及录像记录。

③如影响超限车通过为信号、授受器、标志、建筑物等，可以拆除，待超限车通过后再恢复原状。拆除设备时，应尽可能使设备拆除的限界间距超过200 mm，使超限车不需限速通过。当确定需要拆除设备才能通行超限列车时，应和超限车的绕行或反方向行车方案进行比较，选用于当时的实际情况更为有利的方法。即并不是凡超限列车不能通过时，就必须拆除沿线设备，还可选择绕行、反方向行车的方法，来避开限界较小的关键设备，在一定条件下能够起到较好的效果。

7.6 超限货物装车作业流程

超限货物装车作业流程如图7-9所示。

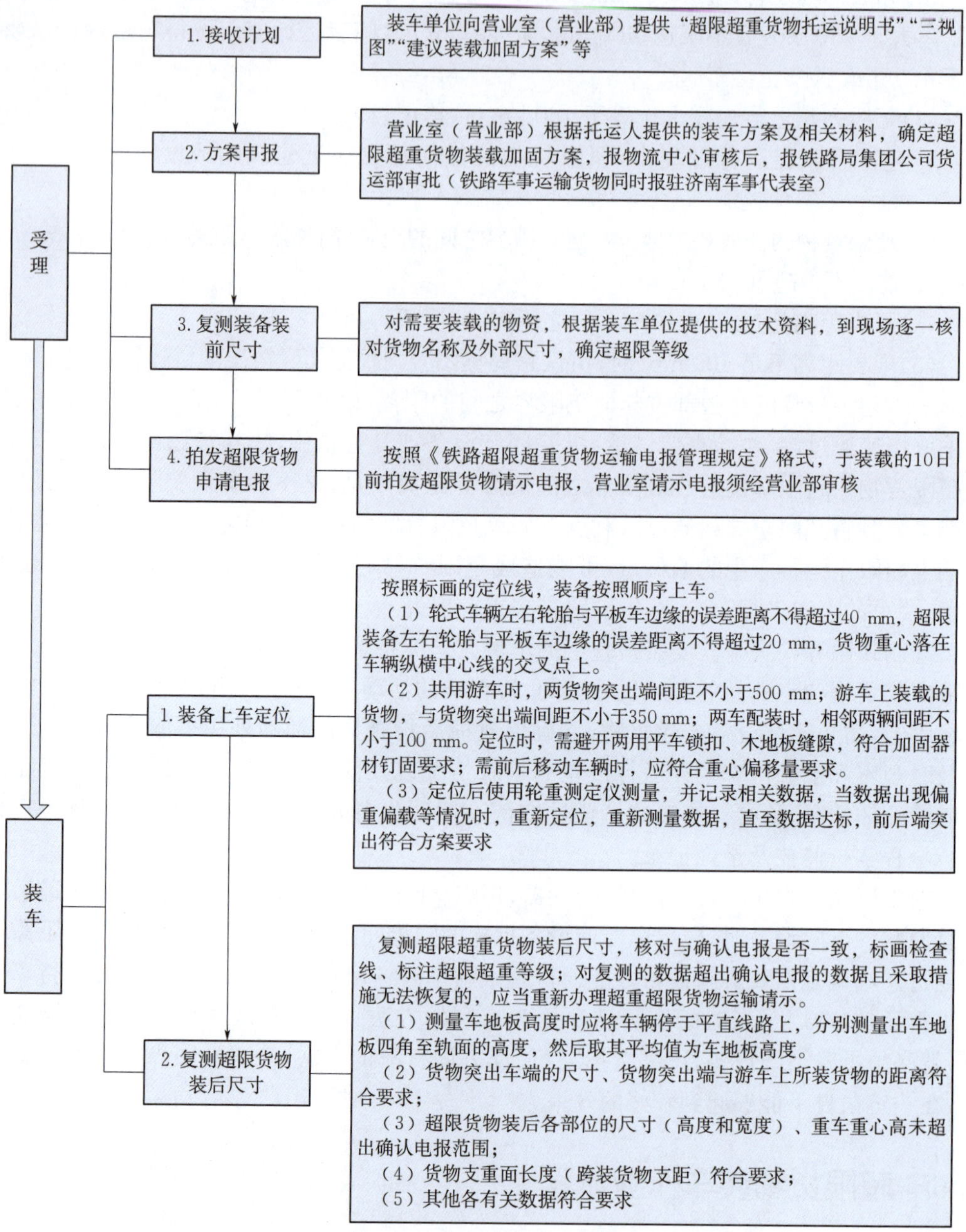

图 7-9　超限货物装车作业流程图

7.7　超限电报管理

7.7.1　基本规定

1. 铁路超限超重货物运输电报分为超限超重货物运输申请电报，超限超重货物运输确认电报和超限超重车辆挂运请示电报。

2. 超限超重货物运输电报内容必须完整、规范、准确。

3. 超限超重货物运输电报实行专人审批和管理制度。铁路局集团公司货运部负责超限超重货物运输电报的申请、确认和管理工作。

4. 国铁集团、铁路局集团公司接到超限超重货物运输申请电报后，确认装运办法并向有关单位拍发确认电报。

5. 铁路局集团公司货运部接到国铁集团确认电报或抄送的电报后，应结合管内的实际情况及时转发。对需临时改变建筑物、固定设备的，应在电报中详细指明。管内通行确有困难时，应在收到电报之日起三个工作日内以电话和电报通知发铁路局集团公司货运部和国铁集团货运部。

6. 营业室(营业部)接到铁路局集团公司确认电报后，应按装载加固方案及时组织装车。装车后测量与批示电报不符时，须重新拍发申请电报。

7. 超限、超重禁止无批示电报装车，实行装车质量签认制度。

8. 超限超重货物运输电报按下列管理权限审批：

(1)各铁路局集团公司间运输的一、二级超限货物和到站跨及两个及其以下铁路局集团公司的超级超限货物由发站所在铁路局集团公司确认。

(2)到站跨及三个及其以上铁路局集团公司的超级超限货物由发站所在铁路局集团公司审核后向国铁集团货运部拍发申请电报。

7.7.2 申请电报

1. 营业室(营业部)申请电报主送铁路局集团公司货运部。铁路局集团公司申请电报主送国铁集团货运部(涉及出口物资时应同时主送国铁集团国际合作司)。

2. 申请电报主要内容包括：发站、到局、到站，货物概况，货物外形尺寸，拟使用车种、车型及辆数，装载方法，装载加固方案编号，预计装后尺寸，特殊运输要求等。必要时，请示电报应附货物三视图、装载加固方案和货物重量的计量证明材料等资料。装运出境物资时应在请示电报中说明到站代码、托运人、收货人及和外方的合同编号。

3. 货物概况应注明货物品名、件数、重量、全长、支重面长度、货物重心高度、货物的重心位置。自轮运转货物还应注明自重、轴数、轴距、固定轴距、长度、转向架中心销间距离、制动机形式、运行限制条件以及其他特殊运输条件要求等。

4. 货物重量含装载加固装置和材料等重量。货物重量超过到达站的起重能力或到达站站内不办理货物卸车时，在办理发运前应征得到达站的同意，并注明卸车专用线及收货人名称。货物重心高度含垫木或支架等高度，并须注明其中垫木或支架等高度为×× mm。支重面长度为垫木或支架等之间距离时，须注明两横垫木或支架之间距离为×× mm。

5. 货物外形尺寸应包括固定包装、装载加固装置和材料。高度自货物支重面或货物底部开始计算，宽度自货物重心所在的纵向垂直平面开始计算，不同高度处的宽度按自上而下顺序排列，尺寸均以 mm 为单位。货物外形尺寸表述必须完整、准确、正确。

6. 货物外形尺寸表述方式规定如下：

(1)一个高度：

中心高××——×× mm 处左宽×× mm，右宽×× mm。

(2)两个高度:

中心高×× mm 处左宽×× mm,右宽×× mm;

侧　高×× mm 处左宽×× mm,右宽×× mm。

(3)三个及以上高度:

中心高×× mm 处左宽×× mm,右宽×× mm;

一侧高×× mm 处左宽×× mm,右宽×× mm;

二侧高×× mm 处左宽×× mm,右宽×× mm;

……

(4)圆形货物:

×侧高(中心高)××——×× mm 处为×× mm 半径圆弧,并注明圆心位置。

(5)不同高度之间为等宽:

×侧高(中心高)××——×× mm 处左宽×× mm,右宽×× mm。

(6)不同高度之间为斜坡形:

×侧高(中心高)——×侧高之间为斜坡形。

(7)同一高度左右两侧等宽:

×侧高(中心高)×× mm 处宽各×× mm。

(8)一般情况下,货物外形尺寸采用同一高度处左右等宽方式表述,等宽宽度取左右宽度的最大数值。特殊需要时,采用左右宽度实际数值表述。

7. 装载方法主要包括不突出车端板装载、突出车端板装载和两车跨装等三种方式。

(1)不突出车端板装载:注明每车装载件数及合装、分装等具体装载方法。

(2)突出车端板装载:除需注明规定内容外,还应注明货物突出车端的长度、突出端的宽度及高度,突出端的底部距游车车地板的高度,两端同时突出的应分别注明。需要使用游车的,注明使用游车的车种车型及辆数。

(3)两车跨装装载:两负重车中间或两端需要使用游车的,注明中间或两端使用游车的车种车型及辆数。注明货物跨装支距、突出支点长度和突出端的宽度及高度,同时突出两支点的应分别注明。货物突出支点后,又突出负重车车端板的,注明突出端底部距游车车地板的高度,两端同时突出的应分别注明。注明货物转向架的高度及重量。

8. 车种、车型及辆数应根据货物件数、尺寸、重量及装载要求等合理选择,科学确定。

9. 预计装后尺寸高度自轨面开始计算,宽度自车辆纵中心线所在垂直平面开始计算,按货物外形尺寸表述方式规定表述。预计装后尺寸必须完整、准确、正确,保证预计货物装后的各不同高度处的最大计算宽度对应的部位不遗漏。还应结合装载加固方案来表述各部位的尺寸(如垫木高度、加固线等),还需考虑装载、测量等原因造成的一定误差,请示电报中在实际测量尺寸上放一定的余量(一般为 30 mm)。

10. 特殊运输要求是指为保证货物及铁路运输安全,根据货物自身性质,必须明确的特殊运输限制条件等。如:变压器运输时,托运人提出的途中运输加速度不得超过 3 个 G;自轮运转货物的区间限速、曲线限速、过岔限速及通过最小曲线半径限制等。

申请电报举例 1(营业室):

格式 1

铁路传真电报

签发：　　　　　　　　核稿：　　　　　　　　拟稿人：　　　　　　　　电话：

发报所名	电报号码	等级	受理日	时分	收到日	时分	值机员
JN		JJ					

主送单位：济南局集团公司货运部

抄送单位：

铁路超限超重货物运输申请电报

1. 发站：不明　到局：不明　到站：不明。

2. 货物品名：****** 件数：7 件。

3. 货物外形尺寸：

甲 3 件，规格相同，各重 15 t，各全长 8 400 mm，各支重面长 4 900 mm，各重心高 1 500 mm，拟各使用木地板 N_1 辆装运。

中心高 3 500 mm 处宽各 820 mm；

一侧高 3 260 mm 处宽各 1 030 mm；

二侧高 2 830～0 mm 处宽各 1 260 mm；

装载方法：每车顺装 1 件，货物重心投影位于货车纵、横中心线交叉点上。

预计装车后尺寸：

中心高 4 720 mm 处宽各 820 mm；

一侧高 4 480 mm 处宽各 1 030 mm；

二侧高 4 050～1 170 mm 处宽各 1 260 mm；

重车重心高：1 549 mm；

超限等级：一级超限；

执行方案：JN-J-007。

乙 1 件，重 11 t，全长 7 900 mm，支重面长 4 720 mm，重心高 1 100 mm，拟使用木地板 N_1 辆装运。

中心高 3 430 mm 处宽各 660 mm；

一侧高 3 330 mm 处宽各 1 150 mm；

二侧高 3 120～0 mm 处宽各 1 250 mm；

装载方法：沿车辆中心线顺装 1 件，货物重心投影位于货车纵、横中心线交叉点上。

预计装车后尺寸：

中心高 4 650 mm 处宽各 660 mm；

一侧高 4 550 mm 处宽各 1 150 mm；

二侧高 4 340～1 170 mm 处宽各 1 250 mm；

重车重心高 1 278 mm；

超限等级：二级超限；

执行方案：JN-J-005。

丙 3 件，规格相同，各重 22 t，各全长 15 700 mm，各支重面长 12 800 mm，各重心高

1 460 mm，拟各使用长 15.4 m 木地板 N_1 辆装运，两端均衡突出车端。

中心高 3 800 mm 处宽各 750 mm；

一侧高 3 620 mm 处宽各 890 mm；

二侧高 3 160～0 mm 处宽各 1 360 mm；

装载方法：每车顺装 1 件，货物重心投影位于货车纵、横中心线交叉点上。

预计装车后尺寸：

中心高 5 020 mm 处，左右宽各 750 mm；

一侧高 4 840 mm 处，左右宽各 890 mm；

二侧高 4 380～1 170 mm 处，左右宽各 1 360 mm；

重车重心高 1 691 mm；

超限等级：超级超限；

执行方案：JN-J-008；

其他特殊运输条件要求：无；

以上未衔接高度间均为斜坡形。

请求装运办法。

××营业室(营业部)超限超重××号

××××年×月×日

申请电报举例 2(营业室)：

格式 2

铁路传真电报

签发：　　　　核稿：　　　　拟稿人：　　　　电话：

发报所名	电报号码	等级	受理日	时分	收到日	时分	值机员
JN		JJ					

主送单位：济南局集团公司货运部

抄送单位：

铁路超限超重货物运输申请电报

1. 发站：不明　到局：不明　到站：不明。

2. 货物品名：863092，件数：8 件。

3. 货物外形尺寸：

规格相同，各重 58 t，各全长 16 200 mm，各支重面长 12 000 mm，各重心高 1 700 mm，拟各使用 70 t 车体长 15.4 m 木地板 N_1 辆装运，N_{14} 辆作游车。

中心高 4 840 mm 处宽各 770 mm；

一侧高 4 750 mm 处宽各 820 mm；

二侧高 4 660 mm 处宽各 1 320 mm；

三侧高 3 970～0 mm 处宽各 1 530 mm；

装载方法：

一车负重，各两端突出车端 800 mm 以内，前端突出宽 3 050 mm、高 3 070 mm，底部距游车地板高度 800 mm，后端突出宽 3 050 mm、高 3 090 mm，底部距游车地板高度 520 mm。突出端各使用 N1 辆作游车，成组挂运时中间游车可共用，游车上可装运货物。

预计装后尺寸：

中心高 4 840 mm 处宽各 800 mm；

一侧高 4 750 mm 处宽各 850 mm；

二侧高 4 660 mm 处宽各 1 350 mm；(超级)

三侧高 3 970～1 170 mm 处宽各 1560 mm；

重车重心高：2 282 mm；

超限等级：超级超限；

执行方案：JN-J-23044。

其他特殊运输条件要求：

(1)G 50 km/h；(2)L 20 km/h；(3)W 15 km/h；

(4)成组挂运不得拆解。

以上未衔接高度间均为斜坡形。

请求装运办法。

××营业室(营业部)超限超重××号

××××年×月×日

申请电报举例 3(铁路局集团公司货运部)：

格式 3

铁路传真电报

签发：　　　　核稿：　　　　拟稿人：　　　　电话：

发报所名	电报号码	等级	受理日	时分	收到日	时分	值机员
JN		JJ					

主送单位：中国国家铁路集团有限公司货运部货运管理处

抄送单位：

济南局管内经德州、山海关到沈阳局管内******特货 11 件，其中：

甲 7 件，规格相同，各重 18 t，各全长 13 200 mm，各支重面长 8 800 mm，各货物重心高 850 mm，各使用车体长 15.4 m 木地板 N1 辆装运。各装后：

中心高 3 920 mm 处宽各 760 mm；

一侧高 2 720～1 170 mm 处宽各 1 730 mm；

乙 2 件，规格相同，各重 30 t，各全长 13 300 mm，各支重面长 5 600 mm，各货物重心高 1 188 mm，各使用车体长 15.4 m 木地板 N1 辆装运。各装后：

中心高 4 370 mm 处宽各 1 290 mm；

一侧高 3 920～1 170 mm 处宽各 1 730 mm；

丙 2 件，规格相同，各重 13 t，各全长 13 200 mm，各支重面长 11 360 mm，各货物重心高 899 mm，各使用车体长 15.4 m 木地板 N1 辆装运。各装后：

中心高 2 980～1 170 mm 处宽各 1 730 mm；

以上未衔接高度间均为斜坡形。

装运办法：

(1)A超级超限；(2)KMN；(3)准挂整列军用列车。

济超限超重××号

请批示。

中国铁路济南局集团有限公司货运部

××年×月×日

7.7.3 确认电报

1. 国铁集团确认电报主送发站所在局集团公司货运部，抄送经由和到达局集团公司货运部。

2. 铁路局集团公司确认电报主送集团公司调度所、车辆段、行经编组站、区段站(含货检站)、局间分界站、发站、到站。视情况可以主送其他相关站段，抄送本局运输、工务、电务、车辆、机务部等。军用物资还需抄送驻局军事代表室。本局自装超限超重货物货运部拍发确认电报，抄送经由和到达局集团公司货运部。

3. 铁路局集团公司接到营业室(营业部)申请电报后，应按规定审批权限及时审查确认或向国铁集团货运部拍发申请电报。

4. 确认电报主要内容包括：发站、经由、到站，货物概况，使用车种、车型及辆数，装载方法，装后尺寸，装运办法等。

5. 发到站和经由的铁路正线(区段)须具备超限超重货物运输办理资质。经由的铁路正线(区段)，根据超限货物装后尺寸、超重货物等级，相关铁路正线(区段)的限界、线桥承载能力，结合车流径路、列车编组计划等正确确定。超限超重货物应经由最短径路运输，但受限界等条件限制的，可指定径路绕道运输。跨局运输的，经由以局间分界站表述。

6. 货物概况须明确货物品名、件数、重量、全长、支重面长度。自轮运转货物还须明确货物自重、轴数、轴距、固定轴距、长度、转向架中心销间距离、制动机形式。支重面长度为垫木或支架等之间距离时，须明确支重面长度为两横垫木或支架之间距离为×× mm。

7. 装载方法主要包括不突出车端板装载、突出车端板装载、两车跨装等三种方式。

(1)不突出车端板装载：明确每车装载件数及合装、分装等具体装载方法。

(2)突出车端板装载：除需明确规定内容外，还须明确货物突出车端的长度和突出端的宽度及高度、突出端的底部距游车车地板的高度，两端同时突出的分别明确。使用游车的，明确使用游车的车种车型及辆数。

(3)两车跨装：两负重车中间或两端使用游车的，明确中间或两端使用游车的车种车型及辆数。明确货物跨装支距、突出支点长度和货物突出端的宽度及高度，同时突出两支点的应分别明确。货物突出支点后，又突出负重车车端板的，明确突出端底部距游车车地板的高度，两端同时突出的应分别明确。明确货物转向架的高度。

根据货物重量和经由铁路正线(区段)的线桥承载能力，正确、合理确定超限超重车两端加挂的隔离车车种、车型、辆数及重量等。

8. 装后尺寸高度自轨面开始计算，宽度自车辆纵中心线所在垂直平面开始计算，按

《铁路超限超重货物运输规则》附件7《铁路超限超重货物运输电报管理规定》第一条第四款的货物外形尺寸表述方式规定表述(圆心位置表述时,应明确圆心高度和圆心距车辆纵中心线的水平距离)。装后尺寸必须完整、准确、正确,保证货物装后的各不同高度处的最大计算宽度对应的部位不遗漏。

9.装运办法必须准确、完整和正确。一般用《铁路超限超重货物运输电报代号》(附件)中规定的电报代号加文字表述,无代号的应直接用文字准确、完整、规范表述。

确认电报举例1(国铁集团货运部):

铁路传真电报

签发: 核稿: 拟稿人: 电话:

发报所名	电报号码	等级	受理日	时分	收到日	时分	值机员

主送单位:上、南、广、成、昆局集团公司货运部

抄送单位:调度部调度处(自办)

报文:

××经新塘边、株洲、大龙、六盘水南到昆明东站电机1件,重220 t,全长9 032 mm,支重面长6 714 mm。使用250 t(D_{25A})凹型车1辆装运并在其大车前后各挂空车2辆作隔离。装后:

中心高5 150～3 190 mm处为2 000 mm半径圆弧;

(圆心距车辆纵中心水平距离为0 mm,高度为3 170 mm);

第一侧高3 190～1 890 mm处宽各2 015 mm;

第二侧高980 mm处宽各1 560 mm;

以上未衔接高度间为斜坡形。

装运办法:

(1)A超级超限;(2)R 2 070 mm;(3)S 2 352 mm;

(4)G 50 km/h;(5)L 20 km/h;(6)W 15 km/h;(7)KMN。

铁超限超重××号

中国国家铁路集团有限公司货运部

20××年×月×日

确认电报举例2(铁路局集团公司货运部):

铁路传真电报

签发: 核稿: 拟稿人: 电话:

发报所名	电报号码	等级	受理日	时分	收到日	时分	值机员

主送:××调度所,××站、××车辆段,××营业室,××营业部

报文：

铁超限超重××号

××经新塘边、株洲、大龙、六盘水南到昆明东站电机 1 件，重 220 t，全长 9 032 mm，支重面长 6 714 mm。使用 250 t(D_{25A})凹型车 1 辆装运并在其大车前后各挂空车 2 辆作隔离。装后：

中心高 5 150～3 190 mm 处为 2 000 mm 半径圆弧；

（圆心距车辆纵中心水平距离为 0 mm，高度为 3 170 mm）；

第一侧高 3 190～1 890 mm 处宽各 2 015 mm；

第二侧高 980 mm 处宽各 1 560 mm；

以上未衔接高度间为斜坡形。

装运办法：

(1)A 超级超限；(2)R 2 070 mm；(3)S 2 352 mm；

(4)G 50 km/h；(5)L 20 km/h；(6)W 15 km/h；(7)KMN。

××超限超重×××号

××局集团公司货运部
20××年×月×日

7.7.4 挂运电报

1. 车站挂运电报主送铁路局集团公司调度所，抄送铁路局集团公司货运部。

2. 挂运电报主要内容包括：批示电报号，发站、到站，货物品名、件数，使用车种、车型及辆数，装载完毕时间，装后尺寸复测，装后货物装载加固状态及车辆状态检查确认情况等。

3. 挂运电报举例：

铁路超限超重车辆挂运请示电报

签发： 核稿： 拟稿人： 电话：

发报所名	电报号码	等级	受理日	时分	收到日	时分	值机员

主送：××集团公司调度所
抄送：××集团公司货运部

报文：

奉×超限超重×××号电报，××站发昆明局发耳站电机定子 1 件，使用 D_{25A}5622505 装运，并使用 N5066281、5264703、5270144、P3421344 在大车前后各 2 辆作隔离，超级超限，已于 9 月 27 日 17 时装载（检查）完毕，经复测（检查），货物装后尺寸符合批示电报要求，装载加固状态良好，请求挂运。

××营业室（营业部）超限超重×××号
××年×月×日

7.7.5 电报编号及印章

1. 超限超重运输电报编号实行年度循环制，以阿拉伯数字顺序编号。

2. 国铁集团货运部确认电报为：铁超限超重××××号。铁路局集团公司申请、确认电报编号：××(局简称)超限超重××××号。营业室(营业部)超限超重运输申请电报、挂运电报编号为：××营业室(营业部)超限超重××××号。营业室(营业部)超限超重运输申请电报、挂运电报编号为：××营业室(营业部)超限超重××××号。

3. 国铁集团货运部确认电报加盖“中国国家铁路集团有限公司货运部超限超重货物运输专用章”，专用章直径 38 mm。铁路局集团公司申请、确认电报加盖“××局集团公司货运部超限超重货物运输专用章”，专用章直径 36 mm。营业室(营业部)超限超重货物运输申请电报、挂运电报加盖“××铁路局××营业室(营业部)超限超重货物运输专用章”，专用章直径 35 mm。

超限超重货物运输电报代号见表 7-2。

表 7-2 超限超重货物运输电报代号

顺序	代字	被代用的文字	附注
1	A	超限等级	代号后写几级
2	C	凡距线路中心线几毫米，高度超过几毫米，如道岔表述器等设备，在列车通过前拆除，通过后立即恢复正常位置	代号后分子为距线路中心线宽度的毫米数，分母为自轨面起高度的毫米数
3	D	通过接近限界的限制速度，按《超规》第四十二条办理	—
4	E	禁止接入距离线路中心线几毫米，高度超过几毫米的站台的线路	代号后分子为距线路中心线宽度的毫米数，分母为自轨面起高度的毫米数
5	G	最高运行速度	代号后写限速值
6	K	会车条件按《铁路超限超重货物运输规则》第四十一条办理	—
7	L	通过 300 m 及以下半径曲线线路时的限制速度	代号后写限速值
8	M	途中货检站按规定检查无碍后继续运送	—
9	N	各邻接调度所密切联系注意运行状态，接运和挂运按《铁路超限超重货物运输规则》第三十六条和三十九条办理	—
10	P	需要货物转向架和使用车钩缓冲停止器	—
11	R	货物重心高度	代号后写毫米数
12	S	重车重心高度	代号后写毫米数
13	W	经过侧向道岔的限制速度	代号后写限速值
14	Z	超重等级	代号后写几级

装运办法表述示例。

1. 重车重心不超高时：

(1)A×级超限；(2)Z ×级超重；(3)KMN。

2. 重车重心超高时：

(1)A×级超限；(2)Z ×级超重；(3)R 1 950 mm；

(4)S 2 029 mm；(5)G 50 km/h；(6)L 20 km/h；

(7)W 15 km/h；(8)KMN。

3. 较复杂情况时：

(1)A×级超限；

(2)Z×级超重；

(3)G 50 km/h；

(4)R≥600 m，限速 40 km/h；

600 m>R≥400m，限速 30 km/h；

400 m>R≥300 m，限速 20 km/h；

R<300 m，限速 10 km/h；

(5)W15 km/h；

(6)禁止侧向通过 8 号及以下道岔；

(7)禁止通过半径小于 250 m 曲线线路；

(8)禁止通过驼峰和高站台线路、禁止溜放和冲撞；

(9)KMNP；

(10)附车辆技术鉴定书一份；

(11)成组运输不得拆解，该机组挂列车尾部(专列除外)；

(12)严格按铁总运电〔2014〕86 号电报要求办理。

7.8 现场限界条件确认

超限专列电报主送单位中涉及的设备管理单位，确认流程如图 7-10 所示。

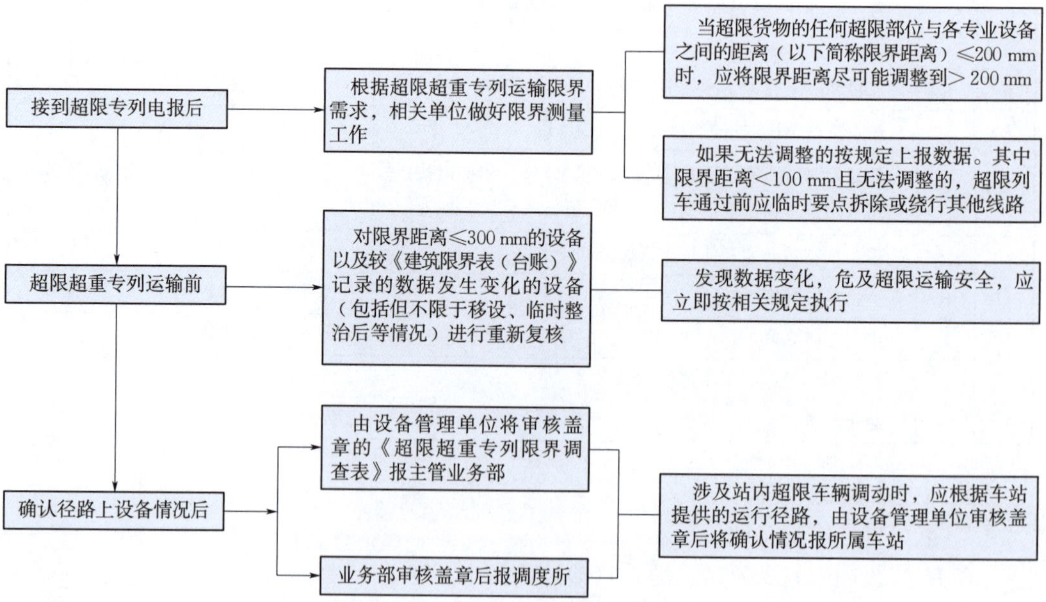

图 7-10 现场限界条件确认流程

7.8.1 设备管理单位运输条件确认

1. 根据超限电报内容下达任务

当预备开行超限超重货物运输列车时，调度所会适时向各相关设备管理单位提前发送超限超重货物运输传真电报，通报超限超重货物运输列车运输货品类型、外形尺寸轮廓、选用运输车型、初步运输路线安排、列车开行要求等，要求各设备管理单位进行运输条件提报，以便编制具体运输点单，进行运输组织。

如：2018 年铁总超限超重 1087 号电，由西安西经新沂西至潍坊西运输电抗器 4 台，电报内容如图 7-11 所示。

2018 10月 18 11:07 济局货运营销处 82424832　　页 1

铁 路 传 真 电 报

签发　　核稿　　拟稿人　　电话

发报所名	电报号码	等级	受理日	时分	收到日	时分	值机员
JN	424	PJ	10.18				

主送单位：集团公司调度所，房建集团公司（自办），临沂、青岛西车务段，临沂、青岛、淄博工务段，青岛机务段，日照车辆段，青岛供电段，青岛电务段，淄博维管段，潍坊西站

抄送单位：集团公司总工室，运输、机务、供电、车辆、工务、电务、建管、房管处，涉铁办（自办）

铁总超限超重 1087 号电，西安西经新沂西到潍坊西站电抗器 4 台，其中重 171.04 t 两件（使用 DK29 型落下孔车装运，含肩座、残油重量和装载加固装置重量）、重 170.86 t 两件（使用 D26B 型落下孔车装运，含肩座、残油重量和装载加固装置重量），各全长 7 210 mm，使用 DK29 型落下孔车 2 辆、D26B 型落下孔车 2 辆装运。各装后：

中心高 5 050 mm 处宽各 1 550 mm；

一侧高 4 900 mm 处宽各 1 760 mm；

二侧高 4 880～4 310 mm 处宽各 1 780 mm；

三侧高 4 310 mm 处宽各 1 885 mm；

四侧高 3 950～1 260 mm 处宽各 2 030 mm；

（其中 2 550～1 700 mm 处为车辆心盘梁，半宽为 2 050 mm）

五侧高 1 260～1 050 mm 处宽各 1 780 mm；

六侧高 650 mm 处宽各 1 680 mm；

七侧高 400 mm 处宽各 1 600 mm；

八侧高 300 mm 处宽各 1 510 mm；

以上未衔接高度间均为斜坡形。

装运办法：

（1）A 超级超限；

（2）R 2 182 mm；

（3）S 2 092 mm（DK29）；2 097 mm（D26B）；

图 7-11　铁总超限超重 1087 号电

(1)站段、物流中心接到超限超重运输电报后，汇报主管领导，及时批转相关专业科室(部)。

(2)专业科室接到电报后，由科长(副科长)组织限界管理工程师根据段领导批示和电报要求，进一步研究、制定超限运输工作细化措施，向科室、相关车间提出设备复核、处理整治等任务要求，规定时限尽快落实。

2. 落实现场复核，进行数据筛查分析

(1)根据电报和段细化要求，专业科室及相关车间组织落实超限运输相关具体工作。

(2)车间管理工程师根据预装后货物半宽、运输车辆型号，对专列可能走向超限径路(前期同始发、到达站，同货物半宽、同运输车底)和最新设备限界尺寸(因线路变化、设备变化造成的限界变化，车间应及时修改限界台账，并且上报段管理工程师)进行初次筛查，同时核对走行进路上设备限界数据，确保限界数据的完整性、准确性(重点曲线上的设备是否标注、曲线数据是否正确和是否存在遗漏的限界数据)。要求自接到任务三日内，车间主管工程师把初次筛查结果和最新设备限界数据报段限界管理工程师审核。

①工务专业：线路专业提报超限超重径路上的线间距、曲线、道岔基础限界数据。桥隧专业提报桥梁运行条件表，对线桥病害处所，应根据检算结果制定运行条件，明确允许通过的超重货物的运行条件；超重货物通过时，应严格按照给定的运行条件通行。

②电务专业：超限超重径路上的各种轨旁信号、通信设备的精确实测断面及距离线路中心的尺寸。其中重点关注线路大修抬落道、站场改造设备变化的处所及曲线和道岔影响范围内的设备。

③供电专业：对施工机械、路料等进行清理，确保线路及限界符合上报的限界尺寸；对上一次专列运输以来接触网改造、工务大修等可能影响供电设备限界变化的区段设备进行限界复核，查明限界变化的设备；重点核查本线、邻线吊柱对本线限界，隧道、桥梁内安装的附加悬挂、电力电缆、管路、标志标识、补偿装置(含限制架、防护挡板)等，安装在隧道、桥梁上低于接触线高度的弹性支撑、弓形腕臂等接触网设备，线路旁的标志、标识，电力上跨线(缆)等；多线并行区段、两线间接触网支柱、灯塔(桥、柱)、电力杆塔、电力箱(盒)、客车上水栓和管路以及安装的供电设备等对本线限界；接触网支柱、电力杆塔、灯塔(桥、柱)安装的安全检测监测装置、隔离开关机构箱、RTU箱、配电箱等。

④房建专业：对超限超重径路上站台(含废弃但未拆除或暂时不使用的站台)、雨棚(含线间雨棚柱)、天桥、高架候车室结构柱及各种建(构)筑物、要求房建部门提报超限运输建筑限界数据的扳道房、接车棚、行车室、道口房、护栏、列检休息室、待检室等设备进行复核检算，其中重点关注线路大修抬落道及站场改造设备变化的处所。

如2018年铁总超限超重1087号电预装后货物半宽，如图7-12所示。

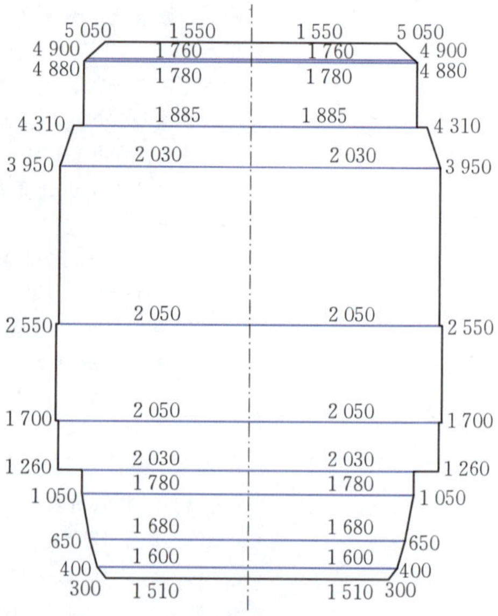

图7-12　1087号电预装后货物半宽(单位：mm)

根据运输工作提供超限径路，测量超限径路两侧有设备设施，按照表 7-3 查询、计算折减曲线加宽，对照相应高度的限界标准，和实际限界标准比较大小，大于等于“0”符合标准，小于“0”不符合标准，侵入限界。1087 号电预装后货物半宽计算见表 7-3。

表 7-3　1087 号电预装后货物半宽计算表

序号	高度(mm)	限界标准(mm)	备注
1	h<450	1 550	
2	450≤h<590	1 550+(h−455)×(1 605−1 550)/(590−455)	
3	590≤h<805	1 605+(h−590)×(1 680−1 605)/(805−590)	
4	805≤h<1 175	1 680+(h−805)×(1 795−1 680)/(1 175−805)	
5	1 175≤h<1 235	1 795	
6	1 235≤h≤4 180	2 040	
7	4 180<h≤4 280	2 040−(h−4180)×(2 040−1 960)/(4 280−4 180)	
8	4 280<h≤4 550	1 960−(h−4 280)×(1 960−1 805)/(4 550−4 280)	
9	4 550<h≤4 720	1 805−(h−4 550)×(1 805−1 670)/(4 720−4 550)	
10	4 720<h≤4 950	1 670−(h−4 720)×(1 670−1 560)/(4 950−4 720)	
11	4 950<h≤5 150	1 560−(h−4 950)×(1 560−1 260)/(5 150−4 950)	
12	5 150<h	1 260	

(3)车间主管工程师组织工区对初次筛查不足 200 mm 的设备进行现场复测，如设备限界经复测仍不满足 200 mm 要求的，车间人员组织工区进行整治，整治完毕仍不足 200 mm 的设备向段提报。

(4)根据确定的超限运输径路，车间限界管理工程师进行二次筛查，筛查工作重点是确定的超限运输径路和一次筛查的径路不同处，特别关注是曲线及道岔影响范围内的设备。

3. 确认运行条件，形成汇总报告

(1)筛查结果确认无误后，根据筛查结果形成书面调查报告。报告的填写应注明电报号、专列具体运行径路等项点。超限专列运行径路上设施设备如满足运行条件，在报告中注明“经核实全部设备符合超限列车运行要求，超限列车可正常通过”。如存在距离超限专列不足 200 mm 设施设备须按照《超规》相关要求提出运行限速条件。

(2)采取双人筛查、审核、汇总，确认车间提报数据无误后，段专业科室形成最终报告，科长确认无误后签字，报段领导签字。提报示例如图 7-13～图 7-16 所示。

7.8.2　注意事项

1. 工务专业

(1)线路整修、工务起、落、拨、改道，造成本线或邻线的线路几何参数发生变化，引起其他专业设备侵限。

(2)线间距变化造成通行条件变化的情况。

(3)未及时向其他专业提供曲线加宽或提供数值不准确。

2. 电务专业

(1)线路整修、工务起、落、拨、改道，造成本线或邻线的线路几何参数发生变化，引起的电务设备侵限。

超限超重专列调车作业限界调查表

济南电务段	2021年5月20日

根据《泰山站开行超限专列运输协调会会议纪要》要求，按照济南车务段提供的泰山站超级超限货物调车作业径路：
（1）货3道出去货2道所经道岔：
货4号道岔（辙叉9号）、货3号道岔（辙叉9号）、货5号道岔（辙叉9号）。
（2）货2道出去货3道所经道岔：
货5号道岔（辙叉9号）、货4号道岔（辙叉9号）、货3号道岔（辙叉9号）。
（3）由货物3道经走1回站内8道所经道岔、信号机：
货4号道岔（辙叉9号）、货3号道岔（辙叉9号）、货1号道岔（辙叉9号）、D1F信号机、D1信号机、1号道岔（辙叉9号）、D3信号机、D15信号机、21号道岔（辙叉9号）、D27信号机、33号道岔（辙叉9号）、31号道岔（辙叉12号）、D39信号机、51号道岔（辙叉12号），47号道岔（辙叉12号）、49号道岔（辙叉12号）、43号道岔（辙叉12号）、45号道岔（辙叉12号）、D51信号机、75号道岔（辙叉12号）、S8信号机、FS8信号机。

经核实信号设备距超限专列距离小于等于100 mm的共计2处，专列调车作业前，需要拆除货5号道岔带柄表示器和货4号道岔带柄表示器，作业完毕后及时恢复拆除信号设备。具体情况见下表：

序号	车站或区间	设备名称	距离货物及车辆半宽距离		线别及坐标位置	采取措施
			本线	邻线		
1	泰山站西货场	货5号道岔	-3			拆除货5号道岔带柄表示器
2	泰山站西货场	货4号道岔	-10			拆除货5号道岔带柄表示器

图 7-13　提报示例 1

超限超重专列限界调查表

济南电务段	2021年5月21日

根据济超限超重6[illegible]号电（济超限超重346号）提供货物半宽和车型，根据我段管内超限超重专列走行径路泰山—德州间径路：泰山站8道，大河站Ⅱ道，界首站Ⅱ道，万德站Ⅱ道，青杨站Ⅱ道，张夏站Ⅱ道，炒米店站Ⅰ道，党家庄站Ⅱ道，水屯站Ⅳ道，济西站上行外包正线经Ⅱ场Ⅰ道进Ⅵ场Ⅰ道进上行外包线，桥南站京沪上行线，十二里阁站Ⅱ道，晏城站Ⅱ道，晏城北站Ⅱ道，禹城站Ⅰ道，张庄站Ⅱ道，平原站Ⅱ道，三唐站Ⅱ道，黄河涯站Ⅱ道，十官屯站Ⅱ道。

经核实我段管内信号设备距专列距离小于等于100 mm的共计1处，专列通过前需要点拆除；距专列大于100 mm不足200 mm的信号设备共计14处需要限速通过。具体情况见下表：

序号	车站或区间	设备名称	距离货物及车辆半宽距离		线别及坐标位置	采取措施
			本线	邻线		
1	泰山站-大河站	5542信号机	138		京沪上行线554.202	限速
2	泰山站-大河站	5518信号机	140		京沪上行线551.790	限速
3	大河站-界首站	5462信号机	176		京沪上行线546.260	限速
4	万德站	XF信号机	140		京沪上行线530.665	限速
5	张夏站	S信号机	142		京沪上行线519.139	限速
6	张夏站	XF信号机	150		京沪上行线517.412	限速
7	张夏站-炒米店站	5146信号机	128		京沪上行线514.620	限速
8	张夏站-炒米店站	5132信号机	110		京沪上行线513.229	限速
9	张夏站-炒米店站	5090信号机	123		京沪上行线509.100	限速
10	炒米店站	S信号机	110		京沪上行线506.406	限速
11	炒米店站	D8信号机		86		泰山站发车前拆除
12	水屯站	XF信号机	141		京沪上行474.726	限速
13	济西Ⅱ场	S信号机	151		京沪上行线473.450	限速
14	济西Ⅳ场	SL2信号机	116		京沪上行线471.702	限速
15	十官屯站	S信号机	166		京沪上行线373.938	限速

调查人：　　　　审核人：　　　　负责人：

图 7-14　提报示例 2

济超限超重4号（铁总11号电）铁路传真电报京沪线R≤800曲线地点

序号	线名	区间	行别	起点里程	终点里程	曲线半径(m)	曲线全长	超高
1	京沪	兖州北—兖州	下	636.972	637.404	800.0	432.36	100
2	京沪	兖州北—兖州	下	638.554	639.081	800.0	527.10	125
3	京沪	邹城—两下店	下	669.133	669.882	690.0	748.61	130
4	京沪	枣庄西站内	下	735.519	735.986	800.0	467.69	125

济超限超重4号（铁总11号电）铁路传真电报线间距5米以下线间距所在区间和距离

序号	线名	区间	最小线间距(m)	长度（km）	线间距起止里程		备注
					起点里程	终点里程	
1	京沪	南驿站	4.700	1.180	595.000	596.180	
2	京沪	两下店—界河	4.813	1.140	682.100	683.240	
3	京沪	界河—滕州	4.551	1.420	700.380	701.800	
4	京沪	南沙河-官桥	4.170	3.740	714.780	718.520	
5	京沪	官桥-井亭	4.140	1.630	723.630	725.260	
6	京沪	枣庄西-沙沟	4.245	2.000	738.100	740.100	
7	京沪	韩庄-沙沟	4.370	1.900	752.430	754.330	
8	京沪	韩庄-利国	4.175	2.270	760.560	[illegible]	

兖州工务段

填写人： 审核人： 批准人：

图 7-15　提报示例 3

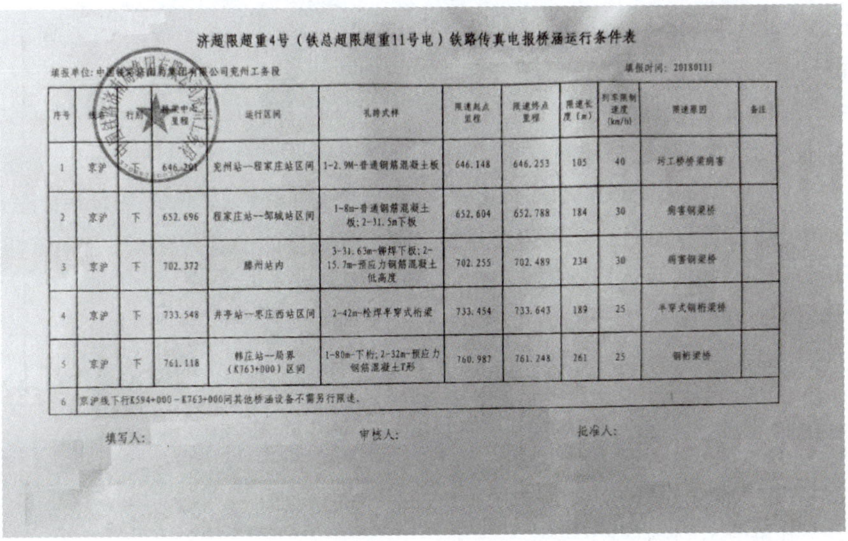

济超限超重4号（铁总超限超重11号电）铁路传真电报桥涵运行条件表

填报单位：中国铁路济南局集团有限公司兖州工务段　　　填报时间：20180111

序号	线名	行别	桥梁中心里程	运行区间	孔跨式样	限速起点里程	限速终点里程	限速长度（m）	列车限制速度（km/h）	限速原因	备注
1	京沪	下	646.2[illegible]	兖州站—程家庄站区间	1-2.9M-普通钢筋混凝土板	646.148	646.253	105	40	圬工桥桥梁病害	
2	京沪	下	652.696	程家庄站—邹城站区间	1-8m-普通钢筋混凝土板；2-31.5m下板	652.604	652.788	184	30	病害钢梁桥	
3	京沪	下	702.372	滕州站内	3-31.63m-铆焊下板；2-15.7m-预应力钢筋混凝土低高度	702.255	702.489	234	30	病害钢梁桥	
4	京沪	下	733.548	井亭站—枣庄西站区间	2-42m-栓焊半穿式桁梁	733.454	733.643	189	25	半穿式钢桁梁桥	
5	京沪	下	761.118	韩庄站—局界（K763+000）区间	1-80m-下桁；2-32m-预应力钢筋混凝土T形	760.987	761.248	261	25	钢桁梁桥	
6	京沪线下行K594+000－K763+000间其他桥涵设备不需另行限速。										

填写人： 审核人： 批准人：

图 7-16　提报示例 4

（2）线间距过小，且安装信号机的人员事先未调查好安装位置，导致信号设备安装后单边或双边侵限。

（3）非超限运输站线径路上的未侵限的设备，因为径路调整为超限运输径路，不符合正线限界，变成侵限设备。

（4）安装时未考虑曲线加宽造成的侵限。

（5）曲线地段上所有设备，尤其是工务未公布 LKJ 基础数据的侧线等地段计算参数不准确。

（6）现场复核时隧道壁悬挂电缆槽、矮型进、出站信号机三灯位列、高柱信号机壁板特征点测量有遗漏。

3. 供电专业

(1)线路整修、工务起、落、拨、改道，造成本线或邻线的线路几何参数发生变化，引起的供电专业设备侵限。

(2)安装时未考虑曲线加宽造成的侵限。

(3)隧道内吊柱支柱等特殊地点设备未复核或复核遗漏。

4. 房建专业

(1)线路整修、工务起、落、拨、改道，造成本线或邻线的线路几何参数发生变化，引起的雨棚、站台高度变化、限界变化造成房建设备侵限。

(2)线路曲线参数尤其是工务 LKJ 未公布的到发线曲线参数调查不准确、曲线起止位置对应不准确，引起的雨棚、站台曲线加宽不正确、加宽范围不准确、曲线遗漏等。

(3)房建设备因气候变化，出现的站台帽石侧面抹灰起拱、雨棚钢筋弹出等可能影响铁路建筑限界的设备病害隐患。

(4)对于废弃设备及非单位自管设备测量不全，调查复核有遗漏。

(5)新建或改造设备未收集限界设计相关资料，提前介入与设备接管不到位，导致限界管控失控。

(6)对有无缓和曲线判断错误，导致加宽计算方法不正确。

(7)超限运输车型不同，盲目套用计算车公式等。

5. 刮碰事故最容易发生的部位

(1)站台：曲线地段站台。

(2)供电：接触网支柱、隧道内吊柱支柱。

(3)电务：矮型进、出站信号机三灯位列、高柱信号机壁板、区间标识标牌。

(4)各专业：隧道壁悬挂电缆槽。

(5)抬、落道：抬道后高处设备是重点，落道后矮型设备是重点。

(6)拨、改道：拨、改后拨向的线路侧设备。

(7)曲线地段上所有设备，尤其是工务未公布 LKJ 基础数据的侧线等地段。

7.9 超限货物专列组织流程

超限货物专列组织流程如图 7-17 所示：

下面以哈尔滨电机厂 660 MW 发电机定子铁路运输方案举例说明超限货物专列组织流程。

1. 货物运输相关资料

(1)托运人名称：中铁特货大件运输有限责任公司。

(2)货物品名、数量、重量、外形尺寸、重心位置。

货物品名：发电机定子；

货物数量：6 件(普定电厂 2 件，织金电厂 2 件，大湾电厂 2 件)；

货物重量：件重 320 t(含端盖)；

外形尺寸：12 830 mm(悬挂长 12 030 mm)×3 990 mm×4 295 mm；

重心位置：纵、横向与定子几何中心重合，距定子底面 2 085 mm。

图 7-17 超限货物专列组织流程图

(3)使用车型、预计运输次数和时间。

使用 DQ_{35} 型钳夹车，内导向工况运输。

共运 6 次，每次运输 1 件，计划运输时间 2023 年 12 月—2025 年 12 月。

2. 货物预计装后尺寸、超限等级、超重等级、重车重心高

预计装后尺寸见表 7-4，超限等级、超重等级、重车重心高如图 7-18 所示。

表 7-4　预计装后尺寸表

内导向工况　　　　　　　　　　　　　　　　　　　　　　　　　　单位：mm

测　点	距轨面高度	半　宽	计算宽度 $R$300 m
中心高	4 900	1 365	1 604
一侧高	4 010	1 450	1 689
二侧高	3 235	1 850	2 089
三侧高	3 060～2 315	1 970	2 209
四侧高	1 815～1 280	2 025	2 264
五侧高	1 280～430	1 585	1 824
备　注	1. 各高度及半宽在设备图纸基础上增加了不小于 30 mm 裕量；2. 以上未衔接高度间均为斜坡形。		

铁　路　传　真　电　报

2024 01 05　受理专用章

签发：　　核稿：　　拟稿人：　　电话：

发报所名	电报号码	等级	受理日	时分	收到日	时分	值机员
JN	138	JJ	1.5				

主送单位：集团公司调度所，济南机务段、济南车辆段、济南西车辆段、济南电务段、济南供电段、济南房建公寓段、济南通信段（自办），聊城车务段、聊城工务段，聊城北站

抄送单位：集团公司科信部、运输部、机务部、车辆部、工务部、电务部、供电部、建设部、土房部、涉铁办

铁超限超重 4 号、4-1 号电，香坊经临清、梁提头到么铺站发电机定子 1 件，重 320 t（含端盖），全长 12 830 mm，使用 DQ35 型钳夹车 1 辆装运。装后：

中心高 4 900 mm 处宽各 1 365 mm；

一侧高 4 010 mm 处宽各 1 450 mm；

二侧高 3 235 mm 处宽各 1 850 mm；

三侧高 3 060～2 315 mm 处宽各 1 970 mm；

四侧高 1 815～1 280 mm 处宽各 2 025 mm；

五侧高 1 280～430 mm 处宽各 1 585 mm；

以上未衔接高度间均为斜坡形。

装运办法：

（1）A 超级超限；

（2）R 2 085 mm；

（3）S 2 300 mm；

（4）G 50 km/h；

（5）DQ35 型钳夹车全程采用内导向工况运输，专列限速：

（a）

图 7-18　超限运输电报

线　况	限速(km/h)
直线及 R≥800 m	50
800 m>R≥600 m	40
600 m>R≥400 m	30
400 m>R≥300 m	20
300 m>R≥180 m	5
S 形曲线(两曲线夹直线长度≤70 m,且两曲线半径均≤400 m)	15
9#及以上道岔(侧向)	15
12#复式交分道岔(侧向)、12#交叉渡线(侧向)	15
9#复式交分道岔(侧向)、9#交叉渡线(侧向)	10
大超高曲线(曲线半径≤400 m且超高≥130 mm)	15
专用线直线	15
专用线 R≥180 m 曲线	5
禁止通过 180 m 以下半径曲线线路,禁止侧向通过 8 号及以下道岔,禁止溜放和通过驼峰。	

(6) KMN;

(7) 专列运输,编组:

隔离平车 5 辆,DQ$_{35}$ 型钳夹车 1 辆,隔离平车 1 辆,工具维修车和客车 3 辆,隔离平车 1 辆,计 11 辆;

(8) 具体运行条件由各站段根据 DQ$_{35}$ 型车使用技术参数,并结合各自管内线、桥、隧、涵等设施设备状况正确制定;

(9) 其他事项严格按货管函〔2023〕58 号文件要求办理。

(10) 由于该货物外形尺寸较大,各设备管理单位,对专列运输所经线路上(含邻线)所有设施设备的技术状态及其限界进行全面检查,认真做好记录,提供运行条件,请设备管理单位于 1 月 10 日 12 时前汇报集团公司主管业务部门。

(b)

请集团公司主管业务部门审核后签字并加盖公章,于 1 月 11 日 16 时前发送至集团公司调度所特调 076163 邮箱,电话:043-29774。该专列具体开行日期依调度命令为准,集团公司有关部门派专业技术人员添乘专列。

济超限超重 2 号

中国铁路济南局集团有限公司货运部

2024 年 1 月 5 日

(c)

图 7-18　超限运输电报(续)

装后超级超限，不超重。定子底面距轨面高度 510 mm 时，重车重心高 2 300 mm，按有关规定限速运行。

3. 发站、到站、运行径路、专列编组

(1)发站：香坊。

(2)到站：

普定电厂：幺铺。

织金电厂：织金北(转贵州众一金彩黔织金煤炭物流有限责任公司)。

大湾电厂：二塘区。

(3)运行径路：

普定电厂：香坊—太阳升—山海关—临清—梁堤头—王楼—淮滨—蔡山—灯芯桥—滩头湾—麻尾—幺铺，全程约 4 700 km，途经滨洲、通让、大郑、沈山、京哈、京九、沪昆、湘桂、黔桂等干支线，跨及哈尔滨、沈阳、北京、济南、郑州、上海、武汉、南昌、广州、南宁和成都 11 个铁路局集团公司。

织金电厂：香坊—太阳升—山海关—临清—梁堤头—王楼—淮滨—蔡山—灯芯桥—滩头湾—麻尾—织金北(转贵州众一金彩黔织金煤炭物流有限责任公司)，全程约 4 750 km，途经滨洲、通让、大郑、沈山、京哈、京九、沪昆、湘桂、黔桂、毕织等干支线，跨及哈尔滨、沈阳、北京、济南、郑州、上海、武汉、南昌、广州、南宁和成都 11 个铁路局集团公司。

大湾电厂：香坊—太阳升—山海关—临清—梁堤头—王楼—淮滨—蔡山—灯芯桥—滩头湾—麻尾—二塘区，全程约 4 880 km，途经滨洲、通让、大郑、沈山、京哈、京九、沪昆、湘桂、黔桂、水大等干支线，跨及哈尔滨、沈阳、北京、济南、郑州、上海、武汉、南昌、广州、南宁和成都 11 个铁路局集团公司。

(4)专列编组：

此项运输按专列组织运行，车列编组如下：

隔离平车 5 辆，钳夹车 1 辆，隔离平车 1 辆，工具维修车和客车 3 辆，隔离平车 1 辆，计 11 辆。

4. 运输组织措施

(1)成都局集团公司于专列开行前完成幺铺站、织金北站和二塘区站开办超限货物运输相关工作。

(2)哈尔滨局集团公司根据特货公司的需求提供客车(软卧车、餐车)及所需工作人员和备品。沿途各铁路局集团公司配合特货公司及时补充专列工具维修车和客车发电用燃油。特货公司和相关铁路局集团公司要采取可靠安全措施，确保燃油和发电机安全。

(3)特货公司在发电机定子装车前委托具备国家认可资质的单位分别对钳夹车钳形梁关键部位、车耳销轴和等分撑杆座进行磁粉探伤，并向哈尔滨局集团公司提供探伤合格报告。专列运行监测单位做好均载检测工作，特货公司向哈尔滨局集团公司提供均载检测合格报告。由于货物(含端盖)参与承载，发电机定子装车前，特货公司要向哈尔滨局集团公司出具货物结构强度满足端盖运输方式安全要求的证明(含端盖探伤报告)。

(4)沿途各铁路局集团公司要加强专列添乘组织工作，明确专列添乘组织牵头部门和各部门安全职责。

(5)沿途各铁路局集团公司要加强沿途限界核查工作，特别是隧道内电缆支架等附属物的检查整治。

(6)其他事项严格按照《超规》附件 11 要求办理。

附图：哈尔滨电机厂 660 MW 发电机定子铁路运行径路示意图如图 7-19 所示。

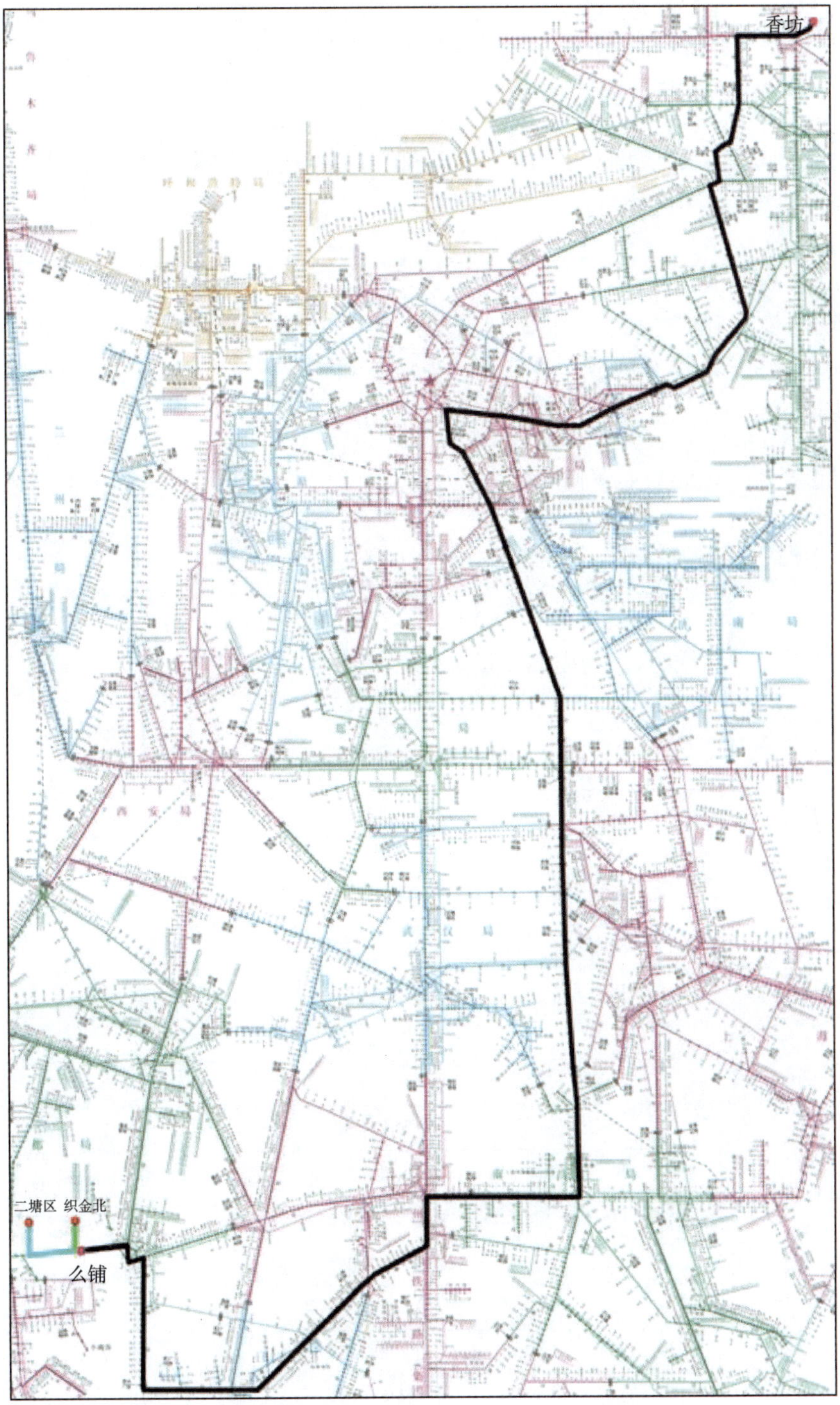

图 7-19　超限运输径路

7.10 常见超限超重运输车辆介绍

本节主要介绍几种常用的大车车辆。从其车型运用、偏差量公式计算等方面进行介绍，便于读者查找使用。

7.10.1 常用大车车辆内偏差量

《超规》规定：用六轴以上长大货物车装载，当货物的检定断面位于大底架两心盘中心之间时，货物检定断面处的内偏差量为

$C_{内}=\dfrac{L_1^2+\cdots+L_n^2-(2x)^2}{8R}\times 1\,000$，其中 L_n，R 均以 m 为单位。

根据《超规》(附录 1)长大货物车常用参数表中的底架心盘中心距，可获知 L_1 至 L_n，一般情况下取 $x=0$，即车辆中心线处，$C_{内}$ 为最不利工况。下面以 DA25 为例，计算内偏差量。查询可知：$L_1=25\,260$ mm，$L_2=7\,400$ mm。

通过半径 300 m 曲线时，车辆内偏差量为：$C_{内}^{300}=\dfrac{25.26^2+7.4^2-0^2}{8\times 300}\times 1\,000\approx 289$(mm)。

通过半径 2 200 m 曲线时，车辆内偏差量为：$C_{内}^{2\,200}=\dfrac{25.26^2+7.4^2-0^2}{8\times 2\,200}\times 1\,000\approx 40$(mm)

也可以是 $C_{内}^{2\,200}=C_{内}^{300}\times 300/2\,200\approx 40$ mm。

通过半径 Y_m 曲线时，车辆内偏差量为：$C_{内}^{Y}=C_{内}^{300}\times 300/Y$。常用大车车辆内偏差量见表 7-5。

表 7-5 常用大车车辆内偏差量表

车种	车型	车辆内偏差量	$Y=900$ m 时计算值(mm)
长大平车	D70	$101\times 300/Y$	34
	D22A	$133\times 300/Y$	45
	D22B	$133\times 300/Y$	45
凹底平车	D9A	$101\times 300/Y$	34
	D10	$92\times 300/Y$	31
	D10A	$100\times 300/Y$	34
	D12K	$114\times 300/Y$	38
	D18A	$224\times 300/Y$	75
	D2G	$231\times 300/Y$	77
	DA21	$261\times 300/Y$	87
	D25A	$298\times 300/Y$	100
	DA25	$289\times 300/Y$	97
	DA26	$290\times 300/Y$	97

7.10.2 落下孔车

落下孔车是底架中部开有一定长度和宽度的内孔，装货时货物落入孔内。货物的重量由两根截面高度较大的侧梁承担。它自重系数较小、能充分利用铁路限界的高度，适合运输截面尺寸很高的货物，如轧机机架。但由于两根侧梁占据了一定的限界宽度及落下孔的长度有一定的限制，不适合运输较宽及特别长的货物。落下孔车包括 D_{17}、D_{17A}、DK_{17A}、DK_{23}、D_{32}、DK_{36A} 等车型。

1. D_{17}、D_{17A}、DK_{17A} 型载重约 150 t 落下孔车

D_{17} 型落下孔车技术参数：载重 150 t；自重 50 t；10 轴；车辆长度 25 942 mm；车辆宽度 3 360 mm；落下孔：长 10 200 mm，宽 2 300 mm。

D_{17A} 型落下孔车技术参数：载重 155 t；自重 45 t；8 轴；车辆长度 27 780 mm；承载框架内孔宽范围 2 350 mm；承载框架内孔长度：12 500 mm。

2. DK_{23} 型载重 227/230 t 落下孔车

主要技术参数（十字心盘梁）：载重 227 t；自重 73 t；落下孔尺寸（长×宽）：13 500 mm×(2 500～3 480)mm；轴数 12 轴；侧承梁上平面高度 3 060 mm；侧承梁宽度 260 mm；构造速度 120 km/h。

3. D_{32} 型载重 350 t 落下孔车

主要技术参数：载重 350 t；自重 175 t；落下孔尺寸（长×宽）：14 000 mm×(2 300～3 400)mm；轴数 24 轴；侧承梁上平面高度 3 790 mm；侧承梁宽度 300 mm；构造速度 100 km/h。

4. DK_{36A} 型载重 360 t 落下孔车

主要技术参数：载重 360 t；自重 182 t；落下孔尺寸（长×宽）：13 000 mm×(2 460～3 550)mm；轴数 24 轴；侧承梁上平面高度 3 760 mm；侧承梁宽度 240 mm；构造速度 100 km/h。

5. D_{45} 型载重 450 t 落下孔车

D_{45} 型载重 450 t 落下孔车是目前我国铁路载重量最大的长大货物车。该车是在中国标准轨距铁路上使用，主要用于装运电力、冶金、化工、重型机械等行业的超限、超重阔大货物的专用落下孔式长大货物车，如运输 5 m、5.5 m 轧钢机机架设备等。

主要技术参数：载重 450 t；落下孔尺寸长度为 16.1 m、最大宽度为 2.35 m；设有侧移与内导向装置；侧承梁可调宽、可拆卸，空车回送不超限；商业运营速度空车达到 100 km/h、重车达到 50 km/h。

6. DK_{36A} 型落下孔车偏差量计算

(1)中导向工况，$R$300 m

侧承梁 $C_{侧}=\dfrac{(34-5\times2)^2}{2.4}=240\ \text{mm}$

大底架 $C_{大}=\dfrac{12.45^2-10^2}{2.4}=22.9\ \text{mm}$

小底架 $C_{小}=\dfrac{4.5^2}{2.4}=8.4\ \text{mm}$

转向架　$C_{转}=\frac{2.8^2}{2.4}=3.3\ \text{mm}$

累计偏差量$\sum C=275\ \text{mm}$

曲线半径(m)	$R300$	$R350$	$R400$	$R500$	$R600$	$R800$
偏差量(mm)	275	236	206	165	138	103

举例：$R400$ m 半径偏差量 $C=275\times300/400=206$ mm；

$R800$ m 半径偏差量 $C=275\times300/800=103$ mm

(2)内导向工况，$R300$ m

侧承梁　$C_{侧}=\frac{(34-6.8\times2)^2}{2.4}=173.4\ \text{mm}$

大底架　$C_{大}=\frac{12.45^2-13.6^2}{2.4}=-12.5\ \text{mm}$

小底架　$C_{小}=\frac{4.5^2}{2.4}=8.4\ \text{mm}$

转向架　$C_{转}=\frac{2.8^2}{2.4}=3.3\ \text{mm}$

累计偏差量$\sum C=173\ \text{mm}$

曲线半径(m)	$R300$	$R350$	$R400$	$R500$	$R600$	$R800$
偏差量(mm)	173	149	130	104	87	65

举例：$R400$ m 半径偏差量 $C=173\times300/400=130$ mm；

$R800$ m 半径偏差量 $C=173\times300/800=65$ mm。

7. DK_{36} 型落下孔车偏差量计算

(1)中导向工况，$R300$ m

侧承梁　$C_{侧}=\frac{(36-4.9\times2)^2}{2.4}=286\ \text{mm}$

中底架　$C_{中}=\frac{13.06^2-(2\times4.9)^2}{2.4}=31.1\ \text{mm}$

小底架　$C_{小}=\frac{5.8^2}{2.4}=14.1\ \text{mm}$

转向架　$C_{转}=\frac{2.8^2}{2.4}=3.3\ \text{mm}$

累计偏差量$\sum C=334\ \text{mm}$

曲线半径(m)	$R300$	$R350$	$R400$	$R500$	$R600$	$R800$
偏差量(mm)	334	287	251	201	167	126

举例：$R400$ m 半径偏差量 $C=334\times300/400=251$ mm；

$R800$ m 半径偏差量 $C=334\times300/800=126$ mm

(2)内导向工况，$R300$ m

侧承梁 $C_{侧}=\dfrac{(36-7\times2)^2}{2.4}=201.7$ mm

大底架 $C_{大}=\dfrac{13.06^2-(2\times7)^2}{2.4}=-10.6$ mm

小底架 $C_{小}=\dfrac{5.8^2}{2.4}=14.1$ mm

转向架 $C_{转}=\dfrac{2.8^2}{2.4}=3.3$ mm

累计偏差量$\sum C=208$ mm

曲线半径(m)	$R300$	$R350$	$R400$	$R500$	$R600$	$R800$
偏差量(mm)	208	179	156	125	104	78

举例：$R400$ m 半径偏差量 $C=208\times300/400=156$ mm；

$R800$ m 半径偏差量 $C=208\times300/800=78$ mm

7.10.3 钳夹车

钳夹车具有独特的超限运输能力。它由两个对称的半节车构成。运输货物时，货物被悬挂在两个钳形梁之间，使货物与钳形梁形成一个整体，货物成为整个车辆的一部分，谓之长连挂；空车运行时，两个对称的半节车由辅助装置将它们连在一起，称为短连挂。钳夹车能最有效地利用铁路限界空间，它不仅能运输有自承能力的货物，而且通过附加的装备也可运输那些没有自承能力的货物。它可装有多导向、侧移机构，以解决重车运行中在宽度方向的极度超限；大多数钳夹车设有液压起升、下降机构，且钳夹车结构无承货的地板面，使装载货物最大限度地利用限界高度。

除了不适合运输特别长的货物外，钳夹车是运输能力最强的铁路运输工具。钳夹车多用于装运宽度和高度都很大的发电机定子、变压器等重型货物。运输自承能力不足的货物时，可使用钳夹凹底架、侧承梁、承载框架、端盖附属装备来进行，兼顾了凹底平车、落下孔车等长大货物车的优点。

1. DQ_{35} 型钳夹车

DQ_{35} 型钳夹车以 D_{35} 型、D_{38} 型成熟技术及结构型式为基础，通过改进设计，提升钳夹车技术水平。DQ_{35} 型钳夹车主要用于运输国产 60 万 kW 发电机定子，同时可适应装运电力、冶金、化工、重型机械等行业的短、粗、重的超限货物。

主要特点：

(1)载重 350 t、自重 185 t、轴数 24、空车车辆长度 45 556 mm。具有轴数少、自重轻、车长短、适用范围广的特点。

(2)空车不超限，回送速度高。该车采用 3E 轴转向架，商业运营速度：空车 100 km/h、重车 60 km/h。

(3)运输 60 万 kW 发电机定子时不超重、过桥不限速，满载 350 t 货物运输时过桥速度达到 42 km/h，运输效率高。

(4)设有内外两种导向装置、液压升降装置、侧移装置,提高了装、卸货物效率和运输能力。

(5)设有液压纵向连通旁承装置,改善了车辆及货物的受力状态。

(6)车体主要承载结构采用屈服强度为 685 MPa 的国产高强度钢材,减轻了自重,实现了所有高强度钢材的国产化。

(7)安装有监测装置,可监测车辆、货物及线路状态。

(8)具有遥控操作功能,可分别控制每个油缸动作。工作人员可实现近距离无线操作调整车辆的目的。

2. DQ_{45} 型载重 450 t 钳夹车

DQ_{45} 型钳夹车是目前我国铁路载重吨位最大的钳夹式货车,具有载重大、自重轻、适用范围广的特点,适合装运整体式 100 万 kW 发电机定子。

3. D_{38} 型钳夹车偏差量计算(悬挂长 11 830 mm)

(1)中导向工况,$R$300 m

凹底架 $C_{凹}=\dfrac{(37.08-5\times2)^2}{2.4}=305.6\ \text{mm}$

中底架 $C_{中}=\dfrac{12.9^2-(5\times2)^2}{2.4}=27.7\ \text{mm}$

小底架 $C_{小}=\dfrac{5.8^2}{2.4}=14\ \text{mm}$

转向架 $C_{转}=\dfrac{4.2^2}{2.4}=7.4\ \text{mm}$

累计偏差量 $\sum C=355$ mm

曲线半径(m)	$R$300	$R$400	$R$500	$R$600	$R$800
偏差量(mm)	335	267	213	178	134

举例:$R$400 m 半径偏差量 $C=355\times300/400=267$ mm;

$R$800 m 半径偏差量 $C=355\times300/800=134$ mm

(2)内导向工况,$R$300 m

凹底架 $C_{凹}=\dfrac{(37.08-6.9\times2)^2}{2.4}=225.8\ \text{mm}$

中底架 $C_{中}=\dfrac{12.9^2-(6.9\times2)^2}{2.4}=-10\ \text{mm}$

小底架 $C_{小}=\dfrac{5.8^2}{2.4}=14.0\ \text{mm}$

转向架 $C_{转}=\dfrac{4.2^2}{2.4}=7.4\ \text{mm}$

累计偏差量 $\sum C=237$ mm

曲线半径(m)	$R$300	$R$400	$R$500	$R$600	$R$800
偏差量(mm)	237	178	143	119	89

举例：$R$400 m 半径偏差量 $C=237\times300/400=178$ mm；

$R$800 m 半径偏差量 $C=237\times300/800=89$ mm

4. DQ_{35} 型钳夹车偏差量计算(悬挂长 11 830 mm)

内导向工况，$R$300 m

钳形梁 $C_{钳}=\dfrac{(34.03-5\times2)^2}{2.4}=240.6$ mm

大底架 $C_{大}=\dfrac{12.05^2-10.15^2}{2.4}=17.6$ mm

小底架 $C_{小}=\dfrac{4.5^2}{2.4}=8.4$ mm

转向架 $C_{转}=\dfrac{2.8^2}{2.4}=3.3$ mm

累计偏差量 $\sum C=270$ mm

曲线半径(m)	$R$300	$R$400	$R$500	$R$600	$R$800
偏差量(mm)	270	203	162	135	102

举例：$R$400 m 半径偏差量 $C=270\times300/400=203$ mm；

$R$800 m 半径偏差量 $C=270\times300/800=102$ mm

5. DQ_{45} 型钳夹车偏差量计算(悬挂长 12 870 mm)

(1)中导向工况，$R$300 m

钳形梁 $C_{钳}=\dfrac{(38.67-4.5\times2)^2}{2.4}=366.8$ mm

大底架 $C_{大}=\dfrac{14.45^2-(4.5\times2)^2}{2.4}=53.25$ mm

小底架 $C_{小}=\dfrac{5.5^2}{2.4}=12.6$ mm

转向架 $C_{转}=\dfrac{4.2^2}{2.4}=7.35$ mm

累计偏差量 $\sum C=440$ mm

曲线半径(m)	$R$300	$R$400	$R$500	$R$600	$R$800	$R$1 000
偏差量(mm)	440	330	264	220	165	132

举例：$R$400 m 半径偏差量 $C=440\times300/400=330$ mm；

$R$800 m 半径偏差量 $C=440\times300/800=165$ mm

(2)内导向工况，$R$300 m

钳形梁 $C_{钳}=\dfrac{(38.67-6.2\times2)^2}{2.4}=287.55$ mm

大底架 $C_{大}=\dfrac{14.45^2-(6.2\times2)^2}{2.4}=22.93$ mm

小底架 $C_{小}=\frac{5.5^2}{2.4}=12.6\ mm$

转向架 $C_{转}=\frac{4.2^2}{2.4}=7.35\ mm$

累计偏差量$\sum C=330\ mm$

曲线半径(m)	$R$300	$R$400	$R$500	$R$600	$R$800	$R$1 000
偏差量(mm)	330	248	198	165	124	99

举例:$R$400 m 半径偏差量 $C=330\times300/400=248$ mm;

$R$800 m 半径偏差量 $C=330\times300/800=124$ mm

7.10.4 凹底平车

凹底平车的结构特点是转向架或转向架群分布于车辆的两端,中部为装载货物的凹底架。其具有结构简单、使用方便、运行安全可靠等优点,是长大货物车中适运货物范围最广的车型,适合装运长大机械设备、钢结构梁、变压器等高、大、重型货物。

由于凹底平车采用凹底部分的地板面承载,在设计时要降低地板面高度,否则货物装车后高度可能超出限界,由于此种车辆承载面占据一定的高度且不可能太长,不适合运输太高和特别长的货物。

在保证结构强度、刚度及稳定性的条件下,车辆设计研究部门在降低地板面高度和提高车辆性能方面做了大量工作,提高了凹底平车的技术含量。凹底平车的品种和数量在长大货物车家族中占的比重最大,已形成系列,以 30~40 t 为极差,可以运输 50~350 t 的大型货物。经常使用的凹底平车有:D_{9A}、D_{10}、D_{10A}、D_{15A}、DA_{21}、DA_{25}、DA_{37} 等类型。

1. D_{9A} 型载重 90 t 凹底平车

主要技术参数:载重 90 t;自重 36 t;轴数 6 轴;承载面尺寸(长×宽):10 500 mm×3 000 mm;承载面高度 730 mm;构造速度 120 km/h。

2. D_{10} 型载重 90 t 凹底平车

主要技术参数:载重 90 t;自重 36 t;轴数 6 轴;承载面尺寸(长×宽):10 000 mm×3 000 mm;承载面高度 777 mm;构造速度 80 km/h。

3. D_{10A} 型载重 90 t 凹底平车

主要技术参数:载重 90 t;自重 36 t;轴数 6 轴;承载面尺寸(长×宽):10 000 mm×3 000 mm;承载面高度 690 mm;构造速度 120 km/h。

4. D_{15A} 型载重 150 t 凹底平车

主要技术参数:载重 150 t;自重 49.6 t;轴数 8 轴;承载面尺寸(长×宽):9 500 mm×2 700 mm;承载面高度 850 mm;构造速度 90 km/h。

5. DA_{21} 型载重 210 t 凹底平车

主要技术参数:载重 210 t;自重 122.8 t;轴数 16 轴;承载面尺寸(长×宽):9 800 mm×2 700 mm;承载面高度 940 mm;构造速度 120 km/h。

6. DA_{25} 型载重 250 t 凹底平车

主要技术参数:载重 250 t;自重 127.5 t;轴数 16 轴;承载面尺寸(长×宽):10 000 mm×

2 700 mm；承载面高度 1 050 mm；构造速度 120 km/h。

7. DA_{37} 型载重 370 t 凹底平车

主要技术参数：载重 370 t；自重 200 t；轴数 24 轴；圆弧承载面尺寸长：11 250 mm；承载面高度 1 380 mm；构造速度 100 km/h。

8. DA_{37} 型凹底平车偏差量计算

(1)中导向工况，R300 m

凹底架 $C_{凹}=\frac{(37.3-4.7\times2)^2}{2.4}=324.34\ \text{mm}$

大底架 $C_{大}=\frac{(6.75\times2)^2-(4.7\times2)^2}{2.4}=39.12\ \text{mm}$

小底架 $C_{小}=\frac{4.75^2}{2.4}=9.4\ \text{mm}$

转向架 $C_{转}=\frac{2.8^2}{2.4}=3.3\ \text{mm}$

累计偏差量 $\sum C=377\ \text{mm}$

曲线半径(m)	R300	R350	R400	R500	R600	R800
偏差量(mm)	377	324	283	227	189	142

举例：R400 m 半径偏差量 $C=377\times300/400=283$ mm；

R800 m 半径偏差量 $C=377\times300/800=142$ mm

(2)内导向工况，R300 m

凹底架 $C_{凹}=\frac{(37.3-7\times2)^2}{2.4}=226.2\ \text{mm}$

大底架 $C_{大}=\frac{(6.75\times2)^2-(7\times2)^2}{2.4}=-5.73\ \text{mm}$

小底架 $C_{小}=\frac{4.75^2}{2.4}=9.4\ \text{mm}$

转向架 $C_{转}=\frac{2.8^2}{2.4}=3.3\ \text{mm}$

累计偏差量 $\sum C=234\ \text{mm}$

曲线半径(m)	R300	R350	R400	R500	R600	R800
偏差量(mm)	234	201	176	141	117	88

举例：R400 m 半径偏差量 $C=335\times300/400=176$ mm；

R800 m 半径偏差量 $C=335\times300/800=88$ mm

7.10.5 长大平车

从底架结构型式上看，长大平车与通用平车基本上相同，其差别主要是前者的底架长度和地板面距轨面高度都比较大。我国铁路长大平车主要用于长钢轨、桥梁及长型钢材等长大货物运输，车型主要有 D_{22A}、D_{22B}、D_{23G}、$D_{26A/K}$、DNX_{17K} 等。

1. D_{70} 型载重 70 t 长大平车

D_{70} 型长大平车底架采用鱼腹型三梁结构，走行部采用焊接 H 形整体构架的 2E 轴转向架，该车是目前同等载重下承载面最长的平车，承载面长 19 462 mm。

2. D_{22}、D_{22G}、D_{22A} 型载重 120 t 长大平车

1959 年由齐齐哈尔车辆厂设计制造的 D_{22} 型长大平车，承载面高，运行速度低。为降低承载面高度，哈尔滨车辆厂于 1999 年对 D_{22} 型长大平车进行了改造，车型定为 D_{22G}，承载面距轨面高度为 1 150 mm。到目前为止，国内拥有可以使用的 D_{22}、D_{22G} 型 120 t 长大平车 60 余辆，由于该型车设计、生产年代较早，使用年限长，已无法满足铁路提速的运输需要。

为了适应铁路货运提速要求，进一步提高大件运输服务水平和市场竞争力，2004 年中国铁路总公司科技司立项研制 D_{22A} 型 120 t 提速长大平车，于 2006 年 8 月完成图样设计、样车试制及各项鉴定性试验，并投入小批量生产。该车商业运营速度 120 km/h，地板面距轨面高度降至 1 080 mm，底架长 25 000 mm；集载能力较 D_{22}、D_{22G} 型长大平车平均提高了 20 t，扩大了运输货物的适用范围。该车是供标准轨距铁路使用，可适应装运 25 m 长钢轨、大型机械及电站设备、化工设备等长大货物，也可用于普通货物的运输。

D_{22A} 型长大平车车辆主要特点：

(1)地板面低、承载面长，装载货物适应范围广。该车空车地板面距轨面高 1 080 mm，底架长 25 000 mm，克服了既有 D_{22} 型地板面高、D_{22G} 型承载面短的缺点，扩大了运输货物的使用范围，更好地发挥了长大平车通用性强的优势。

(2)商业运营速度高。该车采用 4D 轴焊接构架转向架，结构紧凑，商业运营速度达 120 km/h，符合我国铁路货车提速技术政策的要求，便于组织和管理。

(3)集载能力强。该车提高了集载能力，较 D_{22}、D_{22G} 型长大平车平均提高了 20 t，在承载面长度 18 m 时即可达到满载 120 t 要求。

(4)检修周期长。该车采用通用配件，取消了辅修，厂修周期 10 年，段修周期 2 年，降低了检修成本，提高了车辆利用率。

(5)可靠性高。应用可靠性设计理念，对底架、转向架的主要受力部位进行细部设计，对主要焊缝的焊接接头型式进行优化、比选，提高结构的可靠性；同时，采用目前铁路通用货车的成熟技术，提高了关键零部件的可靠性、互换性，有利于检修与维护。

3. D_{23G} 型载重 265 t 长大平车

车辆技术参数：载重 265 t；自重 70.7 t；16 轴；大底架上平面圆弧中心距轨面高 1 500 mm；大底架心盘中心距：18 000 mm；车辆长度：30 846 mm。

4. D_{26AK} 型载重 260 t 长大平车

该车通过组合式模块化设计，能够组合成两种使用工况，即采用 16 轴时，载重 260 t；采用 8 轴时，载重 138 t，可适应不同货物的需要。

5. DNX_{17K} 型长大平车

DNX_{17K} 型平车—集装箱两用平车与 NX_{17K} 型平车结构相同。

7.10.6 应用举例

【例 1】 D_{22A} 型长大平车运输轨排(图 7-20)

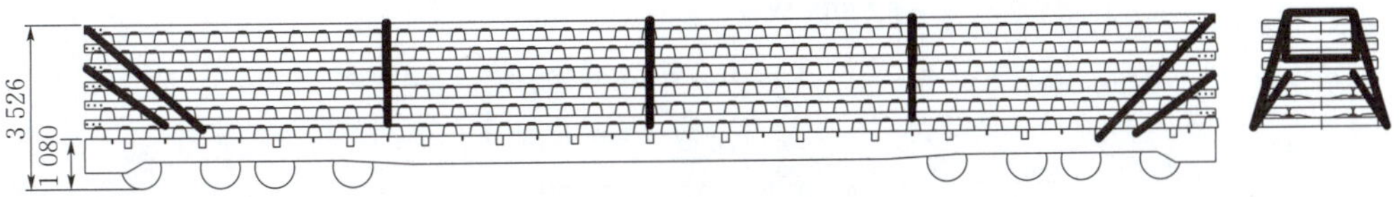

图 7-20 D22A 型长大平车运输轨排

1. 货物规格：(25 000 mm，60 kg/m)轨排，外形尺寸：25 000 mm×2 600 mm×406 mm，重量 18.3 t，重心高 210 mm。

2. 装载方法：每车装载 6 层，端部对齐，装载均衡对称，货物重心投影位于车辆纵横中心线交叉点上。

【例 2】D22B 型长大平车运输救援平车(图 7-21)

图 7-21 D22B 型长大平车运输救援平车

1. 货物规格：

外形尺寸：26 000 mm×3 180 mm×2 530 mm，件重：61 t，

重心位置：重心高 1 310 mm，重心纵向偏离货物中心线 810 mm，横向居中。

2. 准用货车：D22B 型长大平车、13 m 木地板平车。

3. 装载方法：

(1)D22B 型长大平车一车负重，一端突出，加挂游车，两车一组。

(2)每车顺装货物 1 件，装后货物重心投影横向落在车辆纵中心线上，纵向偏离车辆横中心线 250 mm。

4. 选取检定断面和计算点：

(1)两转向架中心销之间，选取 1-1 检定断面的 A 点，1-1 位于货物上离车辆横中心线最近的支柱槽处；选取 2-2 检定断面的 B 点，2-2 位于货物上与车辆横中心线重合处；选取 3-3 检定断面的 C 点，3-3 位于货物上离车辆横中心线最远最高处；两转向架中心销外方，选取 4-4 检定断面的 D 点，4-4 位于货物上离车辆中心线最远的车端处。如图 7-22 所示。

(2)确定计算宽度(曲线半径 $R=300$ m)

①检定断面位于两转向架中心销之间时：$X_{内}=B+C_{内}-36$。

1-1 检定断面，A 点装后距轨面高度 1 310+1 180=2 490 mm，半宽 $w=1\ 590$ mm，其中 $L_1=17.8$ m，$x=0.245$ m。

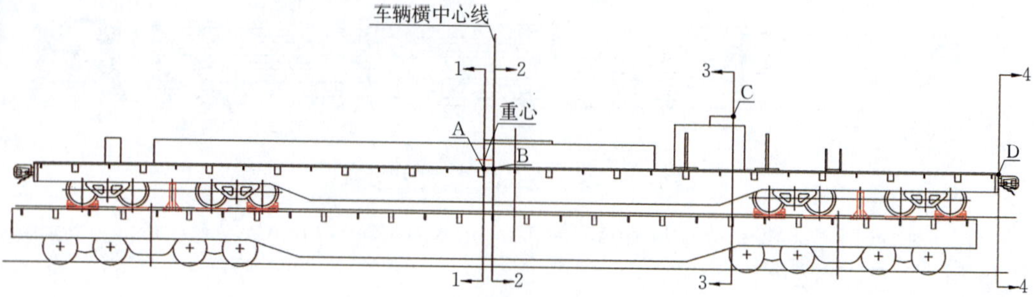

图 7-22　检定断面和计算点的选取

内偏差量：

$C_{内1}=[L_1^{\ 2}+\cdots+L_n^{\ 2}-(2x)^2]/(8R)\times 1\ 000=(17.8^2-0.49^2)\times 1\ 000/(8\times 300)=132$ mm；

计算宽度：$X_{内1}=1\ 590+132-36=1\ 686$ mm。

2-2 检定断面，B 点装后距轨面高度 $1\ 310+1\ 180=2\ 490$ mm，半宽 $w=1\ 500$ mm，其中 $L_1=17.8$ m，$x=0$ m。

内偏差量：

$C_{内2}=[L_1^{\ 2}+\cdots+L_n^{\ 2}-(2x)^2]/(8R)\times 1\ 000=17.8^2\times 1\ 000/(8\times 300)=133$ mm；

计算宽度：$X_{内2}=1\ 500+133-36=1\ 597$ mm。

3-3 检定断面，C 点装后距轨面高度 $1\ 310+2\ 530=3\ 840$ mm，半宽 $w=830$ mm，其中 $L_1=17.8$ m，$x=6.16$ m。

内偏差量：

$C_{内3}=[L_1^{\ 2}+\cdots+L_n^{\ 2}-(2x)^2]/(8R)\times 1\ 000=(17.8^2-12.32^2)\times 1\ 000/(8\times 300)=69$ mm；

计算宽度：$X_{内3}=830+69-36=863$ mm。

②检定断面位于两转向架中心销外方时：$X_{外}=B+C_{外}+K-36$。

4-4 检定断面，D 点装后距轨面高度 $1\ 310+1\ 180=2\ 490$ mm，半宽 $w=1\ 575$ mm，其中 $L_1=17.8$ m，$x=13.06$ m。

内偏差量：

$C_{外4}=[L_1^{\ 2}+\cdots+L_n^{\ 2}-(2x)^2]/(8R)\times 1\ 000=(26.12^2-17.8^2)\times 1\ 000/(8\times 300)=153$ mm；

附加偏差量：$K=2x/L_1=26.12/17.8=1.47>1.4$；

$K=75(2x/L_1-1.4)=75\times(26.12/17.8-1.4)=6$ mm；

计算宽度：$X_{外4}=1\ 575+153+6-36=1\ 698$ mm。

【例 3】D_2 型凹底平车装运变压器装载加固方案（图 7-23）

1. 货物规格：外形尺寸 8 725 mm×3 392 mm×3 332 mm，支重面长 6 952 mm，重心偏离货物横中心线 500 mm，重心高 1 591 mm，件重 126.1 t。

2. 准用货车：D_2 型凹底平车。

3. 加固装置：钢挡。

4. 加固材料：ϕ18 mm 钢丝绳（破断拉力不小于 166 kN），钢丝绳夹，厚 10 mm 橡胶垫。

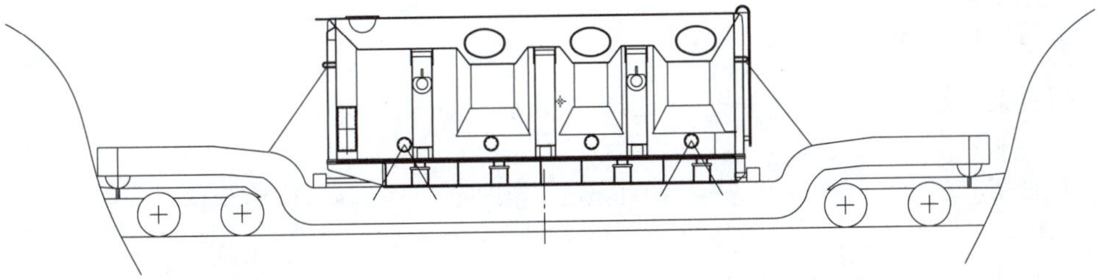

图 7-23 D2 型凹底平车装运变压器装载加固方案

5. 装载方法:

每车装载 1 件,货物重心纵向偏离货车横中心线 260 mm,横向与货车纵中心线重合。

6. 加固方法:

(1)货物底部与车地板间满铺橡胶垫。

(2)货物每端各放置 2 个钢挡,焊在车辆纵中心线两侧。

(3)货物端部用钢丝绳双股交叉捆绑在车侧绳栓上。

(4)用钢丝绳双股在货物两侧下部的拴接点上拉牵 2 个八字形,捆绑在车侧绳栓上。

【例 4】D32A 凹底平车装运 60 万 kW 发电机定子(图 7-24)

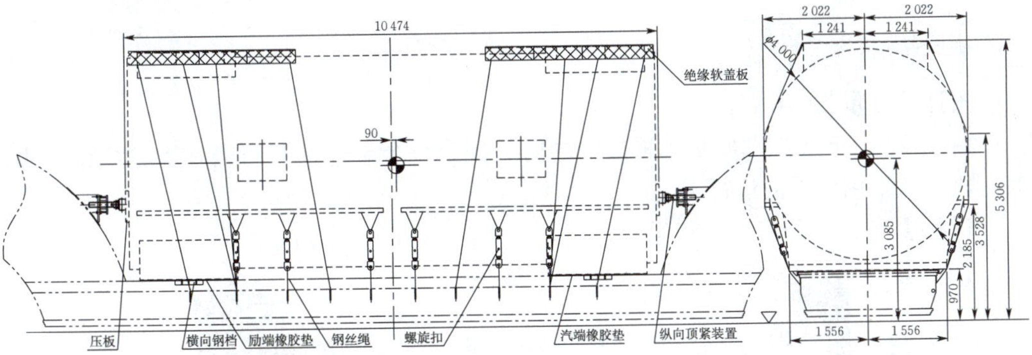

图 7-24 D32A 凹底平车装运 60 万千瓦发电机定子(单位:mm)

1. 货物规格:

外形尺寸:10 474×4 032×4 320 mm(含定子压板及上下盖板,不含吊耳);

货物重量:定子单件重量 295.5 t,装载加固装置重量 4.1 t,运输重量 299.6 t;

货物重心位置:横向与定子几何中心重合,纵向偏离几何中心线 90 mm,距定子底面 2 115 mm。

2. 装载方法:将货物顺装在车辆凹部地板上,货物与车地板间铺垫厚 20 mm 橡胶垫。货物重心投影落在车辆纵中心线上,偏离车辆横中心线 90 mm。该货装后为超级超限,不超重,重车重心高 2 344 mm。

3. 相关计算

(1)重车重心高

$$H=\frac{240\times1\,430+295.5\times3\,085+4.1\times2\,400}{240+295.5+4.1}=2\,344\text{ mm}$$

(2)偏差量计算

①内导向(R300 m 曲线)

凹底架　$C_{凹}=\frac{(36.9-7\times2)^2}{2.4}=218.5$ mm

大底架　$C_{大}=\frac{14^2-13.06^2}{2.4}=10.6$ mm,导向销向外偏移,应为负值。

中底架　$C_{中}=\frac{5.8^2}{2.4}=14.02$ mm

小底架　$C_{小}=\frac{2.8^2}{2.4}=3.27$ mm

累计偏差量$\sum C=225$ mm

②中导向(R300 m)曲线

凹底架　$C_{凹}=\frac{(36.9-4.9\times2)^2}{2.4}=306$ mm

大底架　$C_{大}=\frac{13.06^2-9.8^2}{2.4}=31.05$ mm

中底架　$C_{中}=\frac{5.8^2}{2.4}=14.02$ mm

小底架　$C_{小}=\frac{2.8^2}{2.4}=3.27$ mm

累计偏差量$\sum C=354$ mm

由此可见,D32A 型凹底平车采用内导向的偏差量小于中导向的偏差量,途经限界困难区段可以采用内导向运行工况。

【例 5】DA37 型凹底平车装运 1 000 MW 发电机内定子(图 7-25)

图 7-25　DA37 型凹底平车装运 1 000 MW 发电机内定子

1. 货物规格:

外形尺寸:10 829 mm×Φ3 600 mm(Φ3 390 mm),包装后运输尺寸:11 050 mm×3 750 mm×3 675 mm。运输重量 355 t(其中内定子重 342 t,装载加固装置及包装材料重 13 t)。重心高度为 1 800 mm,纵向偏离定子几何中心 210 mm,横向居中。

2. 加固装置及材料:凹型钢支垫(凹部高 397 mm,4 个);加固材料:“6×19”Φ17 mm

钢丝绳及配套钢丝绳夹头；橡胶垫[A6-7H6Hr1(1 613)、厚 10 mm]，钢挡(6 块)，绳拴等。

3. 装载方法：每车装载 1 件。装载后，货物重心投影落在车辆纵、横中心线交叉点上。

4. 加固方法：

(1)凹形钢支垫与车地板焊接牢固如图 7-26 所示。

(2)货物与凹形钢支垫间加垫厚 10 mm 橡胶垫。

(3)货物每侧用钢丝绳双股拉牵 2 个八字形，捆绑在绳栓上，如图 7-27 所示。

图 7-26 凹形钢支垫与车地板焊接图

图 7-27 货物侧面钢丝绳捆绑图

(4)货物每端焊接 3 个钢挡，在钢挡与内定子接触处加垫橡胶垫，并采取防脱落措施。

5. 其他要求：

(1)内定子装后属超级超限，重车重心超高，按有关规定办理。

(2)内定子运输采取先装载加固，再进行包装防护，钢制保护罩采取整体钢结构(由 7.5 号角钢，14 号槽钢，3～20 mm 厚钢板等组焊而成)，并与 DA_{37} 车体可焊部位焊接牢固。

(3)DA_{37} 型凹底平车车体采用高强度钢材制造，装载加固时不得在车体上任意施焊。在可焊部位施焊时，严禁电流通过滚动轴承。

(4)加固线与车辆、货物棱角接触处需采取防磨措施。

(5)装车完毕，标画货物检查线。

【例 6】D_{17}、D_{17A} 型落下孔车装运轧机机架(图 7-28、图 7-29)

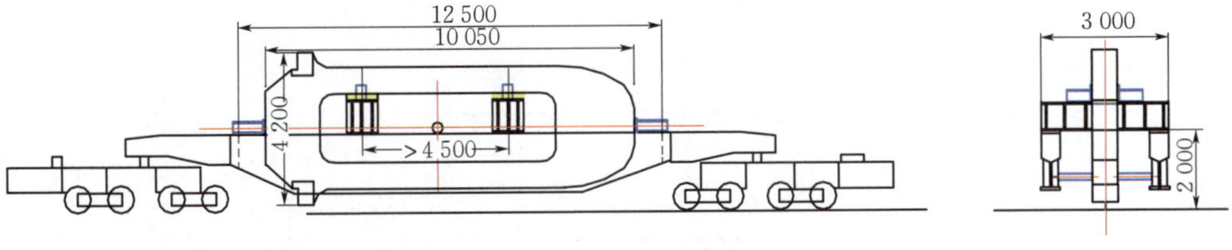

图 7-28 D_{17} 型落下孔车装运轧机机架(单位：mm)

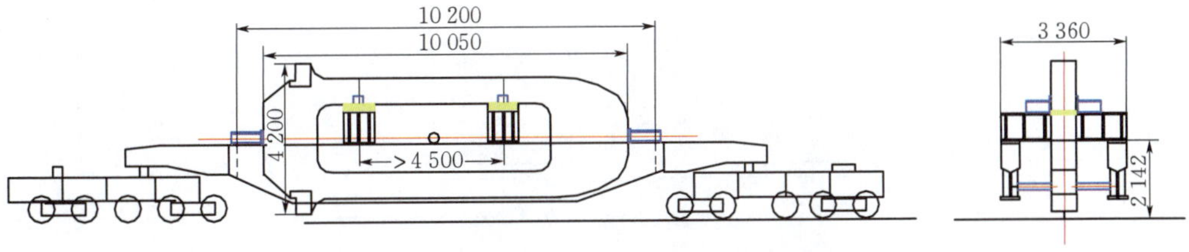

图 7-29 D_{17A} 型落下孔车装运轧机机架(单位：mm)

1. 货物规格：外形尺寸 10 050 mm×820 mm×4 200 mm，件重 142 t，重心高 2 100 mm，货物为框形结构，无活动部件。

2. 准用货车：D_{17}、D_{17A} 落下孔车。

3. 装载方法：根据机架长度，选用适合的车辆和钢制承载梁；承载梁对称车辆横中心线横向放置在落下孔车两侧梁上，支距不小于 4 500 mm，机架悬挂在承载梁上，货物重心投影位于货车纵中心线上，偏移货车横中心线 20 mm；机架底部距轨面高不小于 160 mm。

【例 7】D_{32} 型 350 t 落下孔车装运三相一体变压器(图 7-30)

图 7-30　D_{32} 型 350 t 落下孔车装运三相一体变压器

空车停放在平直线路上，并安放铁鞋防止车辆移动。利用调宽装置调节侧承梁内孔宽度。标出车辆纵横中心线以及肩座位置，铺放四个橡胶垫板。起升货物，对准车辆落下孔，然后平缓下降，直至四个肩座全部落在侧承梁橡胶板上，并使货物重心投影落在车辆纵横中心线交叉点上。

纵向采用顶紧装置挡固：在货物两端各用 1 套纵向顶紧装置挡固。货物落定后，旋紧螺杆，使垫梁顶紧货物；横向采用钢木挡挡固：在每侧的车辆侧梁上固定 2 个横向钢木挡，调整横向钢木挡中方木使其与货物筋板密贴。

【例 8】D_{32} 型 350 t 落下孔车装运轧机机架(图 7-31)

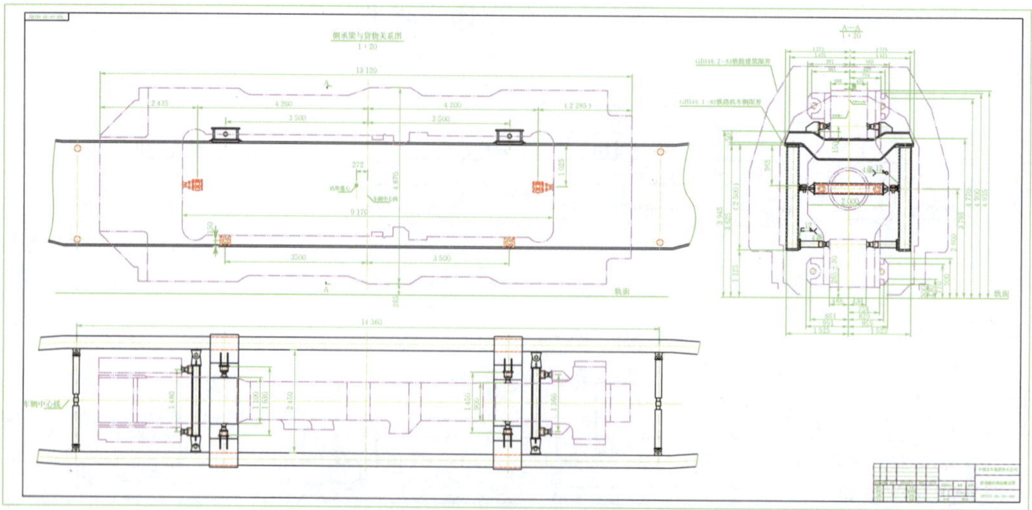

图 7-31　D_{32} 型 350 t 落下孔车装运轧机机架

1. 货物规格

外形尺寸:13 120 mm×2 000 mm×4 670 mm;

货物重量:传动侧机架 291 t,运输重量(含装载加固装置)296 t。

重心位置:传动侧机架重心纵向偏离几何中心线 197 mm,横向偏离几何中心线 16 mm,距货物底面 2 335 mm。

2. 装载方法

(1)将车辆两侧承梁间的距离调到适当宽度,把货物吊装在车辆两侧承梁间,并利用两根钢制支承梁穿过轧机机架长方孔担起货件,支承梁的两端分别落在两侧承梁指定位置上。

(2)轧机机架与支承梁间、支承梁与车辆侧承梁间均垫以 20 mm 厚的橡胶垫。

(3)装载后,传动侧机架重心投影落在车辆纵中心线上,偏离车辆横中心线 272 mm。

(4)装后超级超限,重车重心高 2 275 mm,按有关规定限速运行。

3. 加固方法

(1)纵向加固:在车辆两承侧梁间安装两个纵向紧固装置,并旋转加固梁上的固定螺杆,分别顶住货物前后端的内侧面,防止货物纵向移动。

(2)横向加固:旋转支承梁上的固定螺杆,使其顶紧货物上部两侧;在两侧承梁间安装两个横向紧固装置,并旋转该装置上的固定螺杆,使其顶紧货物下部两侧,防止货物横向移动。

加固方法如图 7-32 所示。

图 7-32　D31 型 350 t 落下孔车装运轧机机架加固方法

5. 其他要求

(1)装车前做好各项准备工作。

(2)装车线路要求平直,长度不小于 70 m。

(3)车体采用高强度结构钢制造,严禁在车体上随意施焊。

(4)各加固件须采取防松措施。

(5)装载后,如果两侧承梁距轨面高度差较大时,可以利用旁承油缸将其调整成水平状态。

(6)装车完毕,标画货物检查线。

【例 9】D30G 双联平车装运汽包

汽包运输尺寸 28 737 mm×2 527 mm×2 794 mm,运输重量 300 t。汽包外缘焊有管接头、吊耳等突出件,筒体外径 Φ2 163 mm;汽包重心位于几何对称中心线,自下降管口起算重心高度为 1 524 mm。

D30G 型大车空车停放在平直线路上,转动鞍座垂直于车底架;调节螺管式牵引装置,并将两鞍座支距锁定在 21 590 mm 位置;在钢轨上安放铁鞋防止车辆移动。将事先配置的两个过渡支座分别置于车辆转动鞍座上,并在汽包与过渡支座承载面之间、过渡支座与鞍座之间分别铺设厚 10 mm 和 5 mm 的橡胶垫。装车时将筒体旋转约 80°,货物重心投影落在车辆纵、横中心线交点上。该货装后为一级超限。重车重心高 2 395 mm,限速运行。

D_{30G} 型双联平车空车回送时，转动鞍座不需回转 90°，但应进行固定。

【例 10】DQ_{35} 型钳夹车挂货托钩装运 600 MW 发电机定子

1. 货物基本情况：

外形尺寸：10 350 mm×4 032 mm×4 292 mm，安装托钩后运输尺寸：11 830（悬挂长）mm×4 032 mm×4 875 mm；运输重量 328 t（其中定子重 298 t，托钩及其附件重 30 t）。货物重心位置：纵横向与定子几何中心重合，距定子底面 2 177 mm。

2. 承载方式

使用 DQ_{35} 型钳夹车装运，采用托钩方式承载，如图 7-33 所示。

图 7-33　DQ_{35} 型钳夹车挂货托钩装运 600 MW 发电机定子

预先作好定子与托钩连结的准备工作。将顶块装在定子两端上部；利用螺栓、压板将托钩分别固定在定子两端底部，同时安放好前后垫块及钢楔等部件。钳夹车送入后，分成两半节，将安装好顶块及托钩的定子置于两钳形梁中间，用垫木支稳，使定子底面距轨面有适当高度。然后，将托钩挂耳与钳形梁车耳通过锥形销连接起来。定子两端上部的顶块紧贴于钳形梁上端的油压缸压柱，定子两端下部连结托钩处，用垫块、钢楔锁紧并点焊固定。这样上下紧固，致使货物牢牢夹在大车车体之间，构成长连挂运输整体。

【例 11】D_{38} 型钳夹车承载框架式运输变压器（图 7-34）

图 7-34　D_{38} 型钳夹车承载框架式运输变压器

1. 货物规格

换流变压器：9 840 mm×3 398 mm×4 800 mm，重 263 t。重心距底面 2 155 mm，纵向重心偏心 365 mm，横向中心与变压器几何中心重合。

平波电抗器：9 510 mm×3 384 mm×4 600 mm，重 228 t。重心距底面 2 200 mm，纵向重心偏 67 mm，横向重心偏 60 mm。

2. 使用车型

使用 D_{38} 型钳夹车钳夹承载框架方式运输。此时，钳夹宽度 2 960 mm，钳夹高度 2 300 mm。货物固定与承载框架中，承载框架两端下部与 D_{38} 型钳夹车的钳夹车衔接，上部与压柱压紧。承载框架与 D_{38} 型钳夹车形成长连挂状态。外形尺寸 12 980 mm×3 990 mm×2 300 mm，自重 50 t，系组合式钢结构，可拆卸。

3. 装载方法

(1)装车需在长约 65 m 的平直线上进行。装车前，首先将两半承载框架用螺栓和配套的联结板组合成一体，并将承载框架与车辆组装成空车长连挂状态。

(2)用天吊将货物吊放在承载框架中的固定位置，货物的承载肩坐落在承载框架两侧承梁上。其间垫以 20 mm 厚橡胶垫。

4. 加固方法

纵向加固：框架每个端梁上固定两个顶镐，顶镐螺旋顶柱直径 100 mm，头部直径 150 mm，顶力 100 t，顶镐的顶头与货物间用 2 800 mm×180 mm×180 mm 方木顶紧。

横向加固：由于货物与侧承梁间距很小(换流变压器每侧 16 mm，平波电抗器每侧 23 mm)，采用铁垫板塞紧的方法。垫板与货物间用橡胶板作衬垫。垫板用螺栓挂在承载框架承载面上。根据实际情况，也可以一侧插入橡胶垫，另一侧用铁垫板塞紧。

电抗器纵向加固采用可调顶柱进行加固。装车后顶头与货物间用 180 mm×180 mm 木方顶紧。横向与承载框架间每侧仅 23 mm，因此，货物横向加固采用在货物运输支承板与承载框架间加调整垫板方法加固，调整垫板调整核合适后，将垫板用螺栓紧固在运输支承板上。

【例 12】D_{38} 型侧承梁承载方式运输轧机机架(图 7-35)

图 7-35　D_{38} 型侧承梁承载方式运输轧机机架

D_{38} 型钳夹车,采用侧承梁承载方式。将 2 片侧承梁联结在钳夹车中部。把操作侧机架吊装在 2 个侧承梁之间,用两根横担梁穿过轧机机架长方孔担起货件。横担梁的两端分别搭在 2 片侧承梁上指定位置。轧机机架与横担梁间、横担梁与侧承梁间均垫以 20 mm 厚的橡胶垫。装后重车总重 589 t。货物纵向重心偏离车辆横中心线 250 mm,横向重心投影与车辆纵中心线重合。

【例 13】D_{38} 型钳夹车端盖方式运输发电机定子(图 7-36)

图 7-36　D_{38} 型钳夹车端盖方式运输发电机定子

1. 货物规格

发电机定子:12 235 mm×3 828 mm×3 918 mm,重 300 t。重心距底面 2 020 mm,纵向重心偏心 45 mm,横向重心与几何中心重合。

2. 使用车型

使用 D_{38} 型钳夹车端盖方式运输。定子装车后定子中心距轨面高度为 2 950 mm,车辆钳夹宽度 2 600 mm,钳夹高度 2 300 mm,车辆钳夹宽度 2 600 mm,钳夹高度 2 300 mm,端盖直径 Φ3 716 mm。端盖自重 50 t。

3. 装载方法

根据图纸,车辆制造单位对定子运输端盖进行了设计制作。装车前,首先将端盖用高强度螺栓分别紧固在定子两端,将装有端盖的定子置于钳夹车中间。端盖下部的耳孔与钳夹梁的耳孔,借助 4 个直径 220 mm 锥形销连接。钳形梁的上部设有 4 组压头直径为 300 mm 的压柱油缸,用于顶压端盖,组装成连挂状态。

货物装载后,货物重心偏离车体横向中心线 332 mm,与车体纵向中心线重合。重车合成重心高 2 433 mm。

7.11　应急管理

以下举例介绍超限超重货物运输应急演练。

1. 应急演练参加人员

营业部主任:×××

货装值班员:×××

货运员:×××

部队人员(押运员、整理人员):×××

讲解员:×××

2. 背景介绍

问题概况:

××年××月××日××点××分,接押运人报告,在××站到发线××道停留的一辆超限轮式装备,车号:N/××××××××,因调车作业冲撞,加固材料松动,货物发生位移,经货装值班员现场确认,该车为××站发特货1件,超限等级:一级超限,使用制式加固器材加固,货重××吨,横向和纵向均偏离了检查线,××站启动货运超限超重运输非正常应急预案,会同车辆部门和押运人共同检查确认货物、车辆状态后,将该车辆调到货场货××股进行应急处置。

3. 应急处置过程

(1)讲解员:押运人报告,所押运的车号:N/××××××××,超限货物,因调车作业冲撞,造成加固材料折断松动,接到报告后货装值班员立即向营业部主任进行汇报。

(2)货装值班员:“报告主任,到发场××道调车作业发生冲撞,造成××站发××,特货一件,车号N/××××××××,加固材料折断松动,超限货物发生位移”。

(3)营业部主任:立即启动××营业部货运超限超重运输应急预案,汇报车站、车务段、物流中心超限超重运输应急小组及军代表,由货装值班员到××道检查货物及货物的装载加固状态,通知列检人员检查车辆状态,确认车辆是否可以移动。

(4)讲解员:货装值班员经与押运人及列检人员共同确认,该车为××站发××,特货1件,为轮式装备,超限等级:一级超限,使用制式加固器材加固,货重××吨,现货物的重心偏离了车辆的纵横中心线,货物横向和纵向分别偏离了检查线××、×× mm,车辆和货物状态良好,制式加固链折断一道,其他加固链松动,经简单的整理不影响车辆移动。

(5)货装值班员:“报告主任,可以移动车辆。”

(6)营业部主任:联系车站运转将该车辆调到货××股,复测货物尺寸,重新进行整理加固。

(7)讲解员:货装值班员通知车站将该车辆调货××股。

(8)货装值班员:报告主任,待整理车辆已调到位。

(9)讲解员:由营业部主任组织召开超限货物技术说明会:

根据××站填写的“超限超重货物运输记录”中记载技术要求,在××站货场货××股,对××站发××特货1件,车号N/××××××××,依照《铁路军事运输装载标准》装载加固方案进行整理,货物重××吨,全长×× mm,支重面长×× mm,装车后尺寸:中心高××～×× mm处左右宽各×× mm,一侧高××～×× mm处左右宽各×× mm,二侧高××～×× mm处左右宽各×× mm,装运办法1、A一级超限,2、N M(名称含义参见表7-2),3、准挂直通。

按装载加固方案执行。所有作业人员严格执行作业标准,注意人身安全。

(10)营业部主任:“以上内容是否明白?”

(11)所有演练人员:“明白。”

(12)营业部主任:“开始整理作业。”

(13)讲解员:整理作业前先由货运员会同装卸人员到货××股防护牌固定位置,向货装值班员、调车区长汇报设置防护牌时间,安设防护信号。

(14)货运员:报告货装值班员,货××股防护信号安设完毕。

(15)货装值班员:开始测量货物尺寸,货运员协助测量。

(16)货运员:与货装值班员一同走向整理车前开始测量。

(17)讲解员:首先将水平尺放在整理车上,测量线路水平状态。

(18)货运安全员:(边测量边报)"车辆停于平直线路上。"

(19)讲解员:然后测量车地板的长度和宽度。

(20)货运安全员:(边测量边报数)"车地板长度×× mm,半宽×× mm,宽度×× mm,半宽×× mm。"

(21)讲解员:在整理车上标画车辆纵横中心线,(中间停顿)测量货物重心偏离车辆横中心线的位置。

(22)货运安全员:(边测量边报数)"测量货物重心偏离车辆横中心线×× mm。"

(23)讲解员:车号××,标重××吨,自重××吨,空车重心高××,转向架中心距×× mm,货物重量××吨。

经计算货物重心容许偏离车辆横中心线×× mm,测量货物重心偏离车辆横中心线×× mm,在容许范围以内,无需使用轮重仪测量货物是否偏重,下面开始测量货物各部位尺寸,先分别测量出车地板四角至轨面的高度,然后取其平均值为车地板高度。

(24)货运安全员:(边测量边报数)测量车辆车地板至轨面的高度第一个角×× mm,第二个角×× mm,第三个角×× mm,第四个角×× mm。

(25)讲解员:测量车辆车地板至轨面四个角的高度分别为××、××、××、×× mm,取其平均值车地板高度为×× mm,然后测量货物各部位尺寸。

(26)货运安全员:(边测量边报数)货物中心高×× mm处左宽×× mm、右宽×× mm,一侧高×× mm处左宽×× mm、右宽×× mm,二侧高×× mm处左宽×× mm、右宽×× mm。

(27)讲解员:货物装后中心高××~×× mm处左宽×× mm、右宽×× mm,一侧高××~×× mm处左宽×× mm、右宽×× mm,二侧高××~×× mm处左宽×× mm、右宽×× mm,尺寸大于"超限超重货物运输记录"中记载技术要求,需重新定位。

(28)货装值班员:报告主任,货物尺寸大于"超限超重货物运输记录"中记载技术要求,需解固重新定位装载加固。

(29)营业部主任:对整理车进行解固,重新定位装载加固。

(30)讲解员:押运人员先将整理车原加固链解固并清除,撬起轮挡,确认全部清除干净后,上车移动装备开始重新定位。(部队负责测量定位)

注意事项:

①整理前:货运安全员负责测量货物尺寸是否符合发站填写的"超限超重货物运输记录"中记载技术要求,货物是否需要移动,重新定位。

②整理时:

a. 货物需要定位时,货运员指导押运人对货物进行解固和移动,移动过程中其他人员勿靠近货物,注意人身安全。

b. 货物定位完毕后，货运员负责检查备用装载加固材料是否符合要求，更换损坏的制式加固链，然后按照装载加固方案，在货物的前、后轮之前后用轮挡掩紧钉牢，用制式加固链捆住前后轮(轴)，分别拉成两个八字形，拴于平车丁字铁或支柱槽上，加固和复测完毕后，标画货物检查线。

③整理后：

货装值班员负责检查货物装载加固状态，货运安全员负责复测货物尺寸，复测货物尺寸不大于"超限超重货物运输记录"中记载技术要求后，填入"超限超重货物运输记录"，拍发挂运申请电报，尺寸与"超限超重货物运输记录"中记载技术要求有变动时，须发更正电报，待铁路局集团公司货运部复电后方可挂运。

(31)货运员：货装值班员，货物定位完毕。

(32)货装值班员：货运员开始指导加固。

(33)讲解员：货运员开始检查押运人提供的备用装载加固材料是否符合要求，更换损坏的制式加固链，然后按照《铁路军事运输装载标准》装载加固方案，货物的前、后轮之前后各放置一个轮挡，一要摆正，二要垫平，三要掩紧，四要钉牢。然后用制式加固链捆住前后轮(轴)，分别拉成两个八字形，拴于平车丁字铁或支柱槽上。

(34)货运员：货装值班员，货物加固完毕。

(35)货装值班员：货运安全员复测货物尺寸。

(36)货运安全员：(边测量边报数)测量车辆车地板至轨面的高度第一个角×× mm，第二个角×× mm，第三个角×× mm，第四个角×× mm。

(37)讲解员：测量车辆车地板至轨面四个角的高度分别为××、××、××、×× mm，取其平均值车地板高度为×× mm，然后测量货物各部位尺寸。

(38)货运安全员：(边测量边报数)货物全长×× mm，支重面长×× mm，货物重心高×× mm，中心高×× mm 处左右各×× mm，一侧高×× mm 处左右宽各×× mm，二侧高×× mm 处左右宽各×× mm。

(39)讲解员：货物装后全长×× mm，支重面长×× mm，中心高××～×× mm 处左右宽各×× mm，一侧高××～×× mm 处左右宽各×× mm，二侧高××～×× mm 处左右宽各×× mm，经计算重车重心高×× mm，货物尺寸符合"超限超重货物运输记录"中记载技术要求，货运员在货物的前、后轮外侧，用醒目的油漆标画易于判定货物是否移动的检查线。

(40)货运员：报告货装值班员，货物检查线标画完毕。

(41)货装值班员：报告主任，货物装载加固良好，现场整理作业完毕，可以联合检查。

(42)营业部主任：开始联合检查。

(43)讲解员：所有演练人员列队，开始联合检查，重点检查。

①货物实际装载位置符合装载加固方案；

②使用的加固材料和装置规格、数量、质量和加固方法、措施、质量符合装载加固方案；

③装备的加固点和车辆加固位置选择正确，轮挡与装备轮台是否有空隙，是否掩紧钉牢；

④加固链与车辆、货物棱角处是否采取防磨措施，捆绑拴结牢固，拴结点无损坏，余

尾是否绑紧拴牢；

⑤对装备的车门、工具箱、外挂部件，活动部件、易旋转开放、脱落等部件的检查，制动装置全部制动，变速器置于初速位置，旋转部位锁定牢固。

(44)营业部主任：联检完毕。

(45)讲解员：整理作业完毕由货运员会同装卸人员到货××股。

防护牌固定位置撤除防护牌，并向货装值班员、货运调度员汇报撤除时间。

(46)货运员：货装值班员，货××股防护牌撤除完毕。

(47)货装值班员：货运安全员会同列检人员检查车辆，填写“超限超重货物运输记录”并签认。

(48)货运安全员：货装值班员：“超限超重货物运输记录”填写、签认完毕。

(49)货装值班员：将原票据装入货运票据封套内密封，并加盖经办人及监封人章，附“超限超重货物运输记录”。报告主任：整理车作业完毕。

(50)营业部主任：货运安全员拍发超限超重货物挂运申请电报。

(51)讲解员：货运安全员拍发了超限超重货物挂运申请电报，主送：济南局集团公司调度所，抄送：济南局集团公司货运部、物流中心，超限超重货物挂运申请电报：因调车作业发生冲撞，造成××站发特货××，加固材料折断松动，货物发生位移，我站依据××站填写的“超限超重货物运输记录”中记载（上超限超重××号电报）技术要求，原车进行了重新定位、加固整理，车号××，为一级超限，已整理（检查）完毕，经复测（检查），货物整理后尺寸符合“超限超重货物运输记录”记载的技术要求，装载加固状态良好，请求挂运。

(52)货运安全员：货装值班员，已拍发挂运申请电报。

(53)讲解员：货装值班员填写票据移交簿，将票据移交运转车号员。

(54)货装值班员：报告主任，票据移交完毕。

(55)营业部主任：××营业部货运超限货物运输作业非正常情况应急演练完毕。

8 限界管理事故定性及案例

8.1 限界事故定性

2007 年 9 月铁道部根据国务院颁布的《铁路交通事故应急救援和调查处理条例》制定了《铁路交通事故调查处理规则》(以下简称《事规》),在《事规》中将铁路交通事故分为特别重大事故、重大事故、较大事故和一般事故四个等级。其中一般事故中涉及限界管理及超限运输的主要有以下内容:

C1. 列车冲突。

如超限列车与站台发生冲撞。

C6. 向占用区间发出列车。

如因超限列车原因,需区间禁会,未禁会时。

C7. 向占用线接入列车。

如因超限列车原因,需邻线空线,邻线错误办理列车接发时。

C8. 未准备好进路接、发列车。

如超限列车(包括挂有超限货物车辆的列车)由于错误办理造成进入非固定股道。

C16. 列车运行中刮坏行车设备设施。

如超限列车(包括挂有超限货物车辆的列车)刮坏信号机等行车设备设施。

C17. 列车运行中设备设施、装载货物(包括行包、邮件)、装载加固材料(或装置)超限(含按超限货物办理超过电报批准尺寸的)或坠落。

C18. 装载超限货物的车辆按装载普通货物的车辆编入列车。

C25. 漏发、错发、漏传、错传调度命令导致列车超速运行。

如未按超限列车的运行条件漏发限速调度命令,列车在需限速的地点超速运行时。

D1. 调车冲突。

如调动超限车辆时未确认超限车辆限界情况与站台发生冲撞。

8.2 行车事故概念解释

1. 冲突:系指列车、机车车辆互相间或与轻型车辆、设备设施(如车库、站台、车挡等)发生冲撞,致使机车车辆、轻型车辆、设备设施等破损。

在列车运行中由于人为失职或设备不良等原因,将车辆挤坏或拉坏构成中破及其以上程度,或在调车作业中由于人为失职或设备不良等原因,将车辆挤坏或拉坏构成大破以上程度时,亦按冲突论。

由于机车车辆冲撞造成货物窜动将车辆撞坏、挤坏时,定冲突事故,并根据所造成的后果，确定事故等级。

2. 占用区间系指：(1)区间内已进入列车。(2)区间已被列车取得占用的许可(包括准许时间内未收回的出站、跟踪调车凭证)。(3)封锁的区间(属于《技规》第 330、第 374、第 382 条的情况下除外)。(4)区间内有停留或溜入的机车车辆、施工作业车辆。列车发出后溜入的亦算。(5)发出进入正线的列车而区间内道岔向岔线开通。(6)邻线已进入禁止在区间交会的列车。

列车前端越过出站信号机或警冲标即算。

办理越出站界调车后，没有取消手续，也没有办理列车闭塞手续，就用该调车手续将列车开出，亦按本项论。

3. 占用线系指：车站内已办理进路的线路或停有机车车辆的线路或已封锁的线路。

列车前端越过进站(进路)信号机或站界标即构成“向占用线接入列车”。按《技规》第 357 条规定办理的列车除外。

4. 未准备好进路：

进路系指：(1)接入停车列车时，由进站信号机起至接车线末端计算该线有效长度的警冲标或出站信号机止的一段线路。(2)发出列车时，由列车前端起至相对进站信号机或站界标为止的一段线路。(3)通过列年时，为该列车通过线两端进站信号机或站界标间的一段线路。

未准备好进路系指：(1)进路上的道岔未扳、错扳、临时扳动或错误转动。(2)进路上有轻型车辆(包括拖车)、小车及其他能造成脱轨的障碍物(不包括其他交通车辆)。(3)邻线的机车车辆越过警冲标。(4)违反《技规》第 353 条禁止办理相对方向同时接车和同方向同时发接列车的规定而办理同时接车或发接列车。(5)超限列车(包括挂有超限货物车辆的列车)、客运列车由于错误办理造成进入非固定股道。

接入停车或通过的列车，列车前端进入进站(进路)信号机或站界标以及发出的列车起动均算。

设有进路信号机的车站，分段接发列车时，按分段算。如果每段都发生，每段各定 1 件事故；如果一次准备的全通路，为一个进路，定 1 件事故。

凡由于信号联锁条件错误或有关人员违章作业，致使信号错误升级显示进行信号或强行开放进行信号，造成耽误列车或列车已按错误显示的进行信号运行，虽未造成后果，均定事故。

8.3　限界事故案例及教训

8.3.1　沈山线超限工程列车刮坏信号机事故

1. 事故概况

2010 年 4 月 11 日，沈阳铁路局运输轨排的“龙 57008 次”管内工程列车，下部超级超限，运行至沈山下行线 10 km+29 m 处，刮蹭 101 号矮型信号机，信号机构底盘处折断，倒向下行列车运行方向，致使 4 列货物列车运行晚点，构成铁路交通一般 C 类事故。

2. 具体过程

沈阳局货运处根据沈阳工务机械段2010年3月23日施工计划安排请求，对货物(轨排)尺寸进行了测量，该龙门架三侧高2 800～1 100 mm处宽各1 890 mm、四侧高1 100～800 mm处宽各1 860 mm。沈阳局货运处未及时更新限界资料，使用2004年11月20日总工室提供的《铁路综合最小建筑接近限界图表》(新的限界资料应为2008年编制的沈山线综合最小建筑接近限界图表)，对苏家屯—浑河—揽军屯—于洪—沈阳西—虎石台站间的隧道，信号机、站台等设备进行核对。根据查阅，1 100 mm高度处的实际建筑限界为2 470 mm，主管人员误认为满足安全开行条件。

2010年3月26日，沈阳局货运处下发沈超限超重1013号电报，自2010年3月30日起12月31日止，苏家屯—浑河—揽军屯—于洪—沈阳西—虎石台站间开行工程列车。2010年4月11日，沈阳铁路局运输轨排的“龙57008次”管内工程列车，运行至沈山下行线10 km+29 m处，刮蹭101号矮型信号机。勘察发现，信号机构底盘处折断，倒向下行列车运行方向，8根配线未断，信号机显示正常，信号机构临近下行本线列车运行方向右侧距轨面910 mm处有40 mm刮痕。101号信号机位于沈山下行线10 km+29 m处，安设在沈山下行本线和于揽三线间，属于于揽线通过信号机，信号机外沿距下行本线线路中心1 890 mm，距轨面高度1 000 mm，距于揽三线线路中心1 910 mm，距轨面高度930 mm。

3. 原因分析

(1)限界安全距离不足。在距轨面1 000 mm处，货物宽度为1 860 mm，信号机限界距离为1 890 mm，距离只有30 mm，安全裕量不足，导致刮蹭事故发生。

(2)限界资料使用严重错误。沈阳局主管超限电报主管人员未及时更新限界资料，使用旧资料作为超限货物运输的依据，未掌握最新限界变化情况，导致事故发生。

4. 教训和整改

(1)加强限界资料管理，确保限界资料齐全、准确、及时更新，限界数据变化及时掌握。

(2)批复超限电报时，对货物尺寸较大的部位，要高度重视，认真、彻底核实。

8.3.2 南宁局动车组刮蹭站台事故

1. 事故概况

2013年11月17日18时56分，D55214次动车组检测车(CRH2－192A型)进行衡柳线桂林站10道检测试验时，以40 km/h速度通过10道，在10道K358＋312.16至K358＋308.86处动车组刮碰四站台南端站台帽，刮碰站台长度约3 m，造成动车组除车头外的车厢(7节)不同程度损伤，构成铁路交通一般C(C16)类事故。

2. 具体过程

(1)刮蹭过程

D55214次18时55分从桂林站进站信号机外始发，18时57分在桂林站10道停车(运行速度最高43 km/h)。司机在进站过程中听到异响，疑是碰刮南头信号机附近的应答器，口头通知桂林站客运值班员查看，客运值班员现场查看未发现异常，并告知D55214次司机。D55215次于19时01分从桂林站10道始发，运行至出站应答器前停车确认应答器无异常，19时06分重新开车。客运值班员在返回途中发现6站台最南端的站台角部分花岗石地面砖损坏，立即报告。车站按联调联试行调要求将 D55215 次扣停，D55215 次于 19 时 07 分停在桂林站信号机外，机械师下车检查，发现动车组车体有刮痕。19 时 20 分开行 D55216 次返回桂林站。

(2)动车组尺寸测量

CRH2－192A 单列动车组：车体最大宽度 3 380 mm，距钢轨面 1 300 mm 处车体的宽度 3 380 mm，车体最大高度 3 700 mm。

(3)站台尺寸测量

桂林站 10 道在 K358＋309. 48～K358＋379. 263 处为曲线段，曲线半径 R＝400 m。站台南端里程为 K358＋310. 34，曲线直圆点设计里程为 K358＋309. 48，站台进入曲线段长度 0. 86 m。

根据《铁路车站及枢纽设计规范》第 3. 1. 2 条规定：“在铁路线路的曲线地段上，各类建筑物和设备至线路中心线的距离及线间距应按现行国家标准《标准轨距铁路建筑限界》(GB 146. 2)的有关规定加宽”，以及《技规》附图 1 的第 2 点对客货共线铁路建筑限界($160<v\leqslant200$ km/h)曲线段的加宽要求，桂林站四站台限界自 K358＋309. 497 至 K358＋310. 34 限界应由 1 750 mm 线性过渡至 1 860 mm(147/4×3＝110)。而中铁二院对曲线地段站台未按上述规定设计加宽，致使站台超过限界。现场实测站台端部里程为 K358＋312. 16，设计端部里程为 K358＋310. 34，这是由于施工单位在未得到正规的变更设计情况下擅自将四站台南端的斜坡取消，并向南端延长了 1. 82 m。同时，10 道直圆点位置往北延伸了 0. 37 m，现场实测直圆点里程为 K358＋309. 11，设计直圆点里程为 K358＋309. 48。这样，使原设计四站台伸入曲线长度由 358 310. 34－358 309. 48＝0. 86 m，变为：358 312. 16－358 309. 11＝3. 05 m，进一步加大了站台侵限程度。

3. 原因分析

中铁二院对曲线地段站台未按规定设计加宽，造成站台限界不足；中铁二局未经正常的变更程序就擅自变更施工方案；中铁四院监理公司监理人员在没有施工图的情况下监理，也未按规定的程序组织相应的设计变更；南宁局验收把关不严。从限界管理的角度看，有关人员业务培训不到位的问题很突出。施工单位主管专业技术人员，不知道曲线段站台限界需要加宽的相关规定，图纸审查时未能发现曲线段站台限界问题，且多次现场检查中也未能发现曲线段站台限界问题。房建部门限界管理和现场工程验收人员缺乏必需的限界知识、意识、敏感性，变化区段、曲线段、端头点等安全风险关键项点未引起高度重视。房产生活段桂林车间干部虽然每星期检查一次，但对站台延长不知情，不知道曲线内站台限界要加宽的规定。

4. 教训与整改

(1)房建部门组织建设、设计、施工、监理及设备接管单位全面核查新建高铁建筑限界，建立限界管理数据库，建立联动管理机制，加强日常检测，实行动态管理。

(2)建立房建、工务站台限界联动控制管理机制，建立站台施工、线路拨道、下沉等涉及站台限界变化情况下的初始过程和最终确认办法。各施工单位在临近高铁和既有站台，进行所有可能引起股道限界变化的高铁精调精整、各类施工、维修、养护作业时，将房产生活段作为配合单位，并由运输部门在施工月度计划及施工日计划中注明，施工过程中按规定办理登、销记。施工结束前，由施工单位牵头，组织房产生活段和工务部门共同对站台限界进行复测，同时做好签认手续。

8.3.3 兰青线刮碰接触网吊柱事故

1. 事故概况

2020年4月6日4时27分，青藏集团公司兰青线70005次超限货物列车运行至褚家营隧道内K3+065处，因褚家营隧道上行线178号、180号接触网吊柱底部较设计标准长260 mm，吊柱底部距下行线轨面垂直距离分别为5 146 mm和5 150 mm，水平侵入下行线基本建筑限界106 mm和65 mm，且侵入此次运输的超限货物外形轮廓，吊柱底部与机后第3位装载的超级超限货物变压器运行方向右侧顶部刮碰，造成吊柱倾斜、腕臂断裂，构成铁路交通一般C(C16)类事故。

2. 事故原因及责任

2013年11月至2015年7月，褚家营隧道接触网工程施工过程中，施工、监理和建设单位履责不到位，没有按照设计标准进行施工、监理、验收，致使部分接触网吊柱侵入基本建筑限界，给事故埋下了严重的安全隐患。

西宁供电段在日常设备维护管理及每年进行的设备限界复测中，漏测接触网吊柱对邻线的限界，致使接触网吊柱侵限的隐患长期存在，尤其是在此次超限货物运输准备过程中，未进行现场复核，就主观判断无侵限设备，造成了该事故的发生。

依据《铁路交通事故调查处理规则》，定西宁供电段主要责任，中铁电气化局三公司西宁站改项目部、华铁监理有限公司重要责任，西宁站改造工程建设指挥部次要责任。青藏集团公司依据责任追究办法对此次事故的有关责任人进行了责任追究。

3. 暴露出的问题

(1)青藏集团公司科信部工作拖沓、不作为。国铁集团2018年12月27日下发了《超限货物运输线路建筑限界管理办法》(铁总货〔2018〕213号)文件，要求各铁路局集团公司依据该办法制定实施细则，并报国铁集团备案。截至目前，全路已有16个铁路局集团公司完成了本局细则修订，并上报国铁集团备案。直到此次事故发生时，青藏集团公司科信部在长达一年零三个月的时间里，没有对2016年制定的《青藏铁路公司超限货物运输线路建筑限界管理细则》(青藏铁总〔2016〕164号)进行修订，致使国铁集团关于每年对侵限设备进行汇总统计、销号管理等规定落空。事故发生后，青藏集团公司科信部仅用2天时间就完成了文件的起草、修订工作，并开始进行会签。本不复杂的工作，青藏集团公司科信部拖延一年多的时间没有完成。青藏集团公司在自查自纠的基础上对科信部部长予以免职。

(2)供电设备限界管理存在死角和漏洞。青藏集团公司供电部门在日常限界管理工作中，仅测量本线接触网吊柱限界，没有测量邻线接触网吊柱是否侵入本线限界，致使接触网吊柱侵限隐患长期存在。特别是在本次超限货物运输准备过程中，西宁供电段没有组织对超限货物列车运行径路的设备限界进行复核，仅依据2019年12月19日下行线检测数据，就盲目上报集团公司供电部无侵限设备，反映出青藏集团公司供电部门设备限界管理存在死角和漏洞。

(3)设备源头质量管控不到位。褚家营隧道接触网工程施工单位不按设计标准施工，质量管理失控。监理单位不履行监理职责，未督促和纠正不按设计标准施工的问题。

建设单位在日常管理和组织验收时失管失察，没有发现和纠正不按设计标准施工、监理和验收的问题。设备管理单位验收不认真，没有组织对隧道内接触网吊柱安装的限界进行测量，验收流于形式，没有发现部分接触网吊柱侵入基本建筑限界的隐患，并造成带有安全隐患的设备投入运营。

4. 有关要求

(1)强化职能部门干部履职履责。各铁路局集团公司职能部门，要切实加强干部履职履责，强化红线意识和底线思维，着力克服工作拖沓、不作为的问题，切实做到履职尽责，对发生事故和问题的，要严肃责任追究，确保各项工作和制度不折不扣地落实到位。

(2)开展限界管理专项检查。全路各有关单位，特别是铁路局集团公司各业务主管部门和设备单位要举一反三，切实汲取事故教训，严格落实国铁集团《超限货物运输线路建筑限界管理办法》要求，迅速组织开展设备限界安全隐患排查整治工作，确保限界数据完整、准确、动态更新，侵限设备整治到位。同时要对本局细则制定、学习培训及现场落实情况进行检查，发现问题，立即组织整改，确保相关要求落到实处。

(3)强化施工源头质量管理和验收把关。各铁路局集团公司要在新建和设备改造施工中，深度介入，严格按照设计、施工规范进行检查、验收，特别是对各类轨旁设备限界进行认真测量、复核，对设备侵限问题要早发现、早整治，确保设备限界达标。

8.3.4 达成铁路“7·13”重大路外伤亡事故

1. 事故概况

2001 年 7 月 13 日 22 时，成都局达成线 29008 次货物列车机后 11 位平板车装载的钻井仪表组合台，因捆绑的铁丝松脱，输出传动箱向列车运行右侧转动倒下，超出车体 1 800 mm，造成 22 人死亡，2 人重伤，14 人轻伤，构成重大路外伤亡事故。

2. 事故原因

成都爱普利物流有限责任公司代办钻井公司货物运输，并将石油钻井设备匿报为柴油机，到成都东站申请装车计划，成都东站整车计划货运员在没有索要货物外形尺寸等资料的情况下，就受理了。

在装车过程中，爱普利公司负责监装、接收验货工作的运输员没有对钻井设备活动部件进行加固要求。成都东站货运员在交接检查时没有对货物进行核实也没有检查有无装载加固方案就将货物放行。7 月 13 日货车在经过小桥车站，车站值班员发现信号机复示灯闪烁，助理值班员发现信号机被打断等异常现象，未及时通知司机停车。由于处置不当，错过了防止事故扩大的时机。22 时 35 分，列车通过八庙站时，值班员接车发现异常，及时用对讲机叫停列车，避免了事态继续扩大。

3. 教训与整改

(1)货运岗位受理客户承运装车前应严格核对货物品名、尺寸、规格、装载加固方案等内容，防止匿报品名、无方案装车等情况出现。

(2)外勤货运员现场装车应认真核对装载加固方案，严格落实装载加固方案要求，严禁无方案装车，对存在旋转、活动部件的应认真检查核对，防止货物在运输途中旋转、活动部件开放、移动。

事故现场如图 8-1 所示。

图 8-1 事故现场

9 限界管理实例

实现铁路建筑限界管理标准化，必须理论联系实际，在日常工作中将抽象的理论、规章落实到具体的作业、任务中去，对限界现场工作中最为重要的设备限界数据分析、设备侵限原因分析、侵限设备整治及预防、超限货物运输组织等工作。本章由各专业选取了部分常见情况或典型案例，以供限界管理工作者对照学习参考。

9.1 设备限界数据分析举例

例 1 泊港线泊头镇站 S 进站信号机数据分析。

S 进站信号机现场如图 9-1 所示，进站信号机建筑限界表见表 9-1，泊头镇平面图如图 9-2 所示。

图 9-1 S 进站信号机现场图

表 9-1 进站信号机建筑限界表

序号	工区	线别	车站或区间	设备名称	公里标（和线别一致）	距本线中心线距离（实测mm）	本线高度（mm）	距邻线中心线距离（实测mm）	邻线高度（mm）	曲线部分（mm）					折减后本线距离（mm）	折减后邻线距离（mm）	技规规定限界（mm）	本线超限距离（mm）	邻线超线距离（mm）	是否超限径路		列车运行方向		备注
										曲线半径（m）	曲线内侧	曲线外侧	外轨超高	曲线加宽计算值						本线	邻线	左	右	
1	滨州信号维修工区	泊港	泊头镇	s	0.110	2 600	0			1 000		√	50	44	2 556		1 400	1 156		否			√	
2	滨州信号维修工区	泊港	泊头镇	s	0.110	2 610	1 100			1 000		√	50	44	2 566		2 440	126		否			√	
3	滨州信号维修工区	泊港	泊头镇	s	0.110	2 630	3 000			1 000		√	50	44	2 586		2 440	146		否			√	
4	滨州信号维修工区	泊港	泊头镇	s	0.110	2 640	3 600			1 000		√	50	44	2 596		2 264	332		否			√	
5	滨州信号维修工区	泊港	泊头镇	s	0.110	2 350	3 610			1 000		√	50	44	2 306		2 262	44		否			√	
6	滨州信号维修工区	泊港	泊头镇	s	0.110	2 350	4 110			1 000		√	50	44	2 306		2 115	191		否			√	

续上表

序号	工区	线别	车站或区间	设备名称	公里标（和线别一致）	距本线中心线距离（实测mm）	本线高度（mm）	距邻线中心线距离（实测mm）	邻线高度（mm）	曲线部分（mm）					折减后本线距离（mm）	折减后邻线距离（mm）	技规规定限界（mm）	本线超限距离（mm）	邻线超线距离（mm）	是否超限径路		列车运行方向		备注
										曲线半径（m）	曲线内侧	曲线外侧	外轨超高	曲线加宽计算值						本线	邻线	左	右	
7	滨州信号维修工区	泊港	泊头镇	s	0.110	2 150	4 310			1 000		√	50	44	2 106		2 056	50		否			√	
8	滨州信号维修工区	泊港	泊头镇	s	0.110			2 620	0	1 000	√		50	41		2 579	1 400		1 179		否	√		
9	滨州信号维修工区	泊港	泊头镇	s	0.110			2 620	1 100	1 000	√		50	78		2 542	2 440		102		否	√		
10	滨州信号维修工区	泊港	泊头镇	s	0.110			2 620	3 000	1 000	√		50	141		2 479	2 440		39		否	√		
11	滨州信号维修工区	泊港	泊头镇	s	0.110			2 620	3 600	1 000	√		50	161		2 459	2 264		195		否	√		

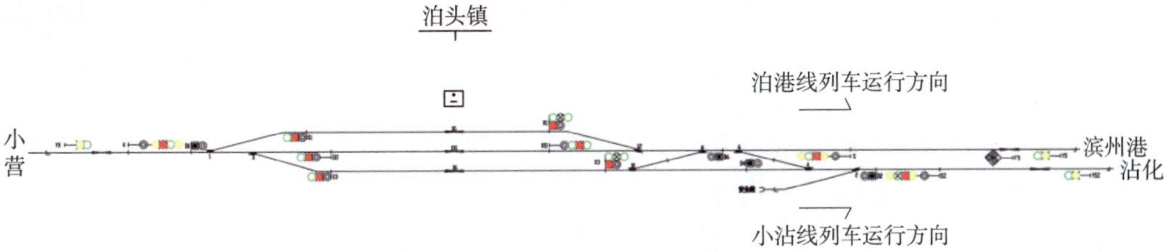

图 9-2 泊头镇站平面图

(1)工区栏:填管辖该设备的工区。

(2)线别:按照设备本线所属线路填写,泊头镇 S 进站信号机处在泊港线与小沾线间,本线属于泊港线,故线别填泊港(不带线字)。

(3)车站或区间:根据设备所属车站或区间填写,车站填写车站名,区间填写 A 站—B 站。

(4)设备名称:按照设备命名规则规范填写。

(5)距本线中心线距离实测、本线高度:根据测量要求,选取设备 0 点高度开始,向上的各拐点及最高点,进行逐一测量,高柱信号机需要加测 1 100 mm 与 3 000 mm 高度范围最小限界,一般选取 1 100 mm 与 3 000 mm 两点高度测量,故测量点一共 7 处。分行填写。

(6)距邻线中心线距离实测、邻线高度:根据测量要求,选取设备 0 点高度开始,向上的各拐点及最高点,如图 9-1 所示,该设备邻线最靠近线路的均为梯子,故测量时,选取 0 点、最高点,以及按要求加测 1 100 mm 与 3 000 mm 高度范围最小限界,一般选取 1 100 mm 与 3 000 mm 两点高度测量,故测量点一共 4 处。分行填写。

(7)曲线数据:正线根据工务类 LKJ 基础数据中"曲线表"相关信息,结合现场,查询到该处曲线半径为 1 000 m,虽然该设备在缓和曲线上,但是在计算时根据安全原则,按照圆曲线数据进行填写。曲线加宽折减根据曲线加宽公式进行计算,曲线内侧按照内侧加宽公式计算,外侧按照外侧加宽公式计算。

(8)折减后本线、邻线距离:通过公式进行计算。公式为:折减后本线、邻线距离=距本线(邻线)中心线距离-曲线加宽。

(9)技规规定限界:根据线路建筑限界要求,选取相应建筑限界公式。一般来说,当对建筑限界要求不明时,或者一条线路采取多种建筑限界要求时,取最大的限界要求,一般普速线选取客货共线双层集装箱限界。

(10)本线、邻线超限距离:通过公式进行计算。公式为:本线、邻线超限距离=距本线(邻线)中心线距离-曲线加宽-技规规定限界,所得数值需≥0,如数值<0,则该设备侵限,需要重新进行现场核实。如确实侵限,需纳入整治,并建立侵限设备台账。

(11)是否超限径路:代表的是该设备所对应线路是否办理超限货物运输,泊头镇 S 进站信号机本线为泊港线,不办理超限货物运输,故填否,邻线为小沾线,也不办理超限货物运输,故填否。

(12)列车运行方向:如图 9-2 所示,这里所指的左右为列车按照线路方向运行时设备相对线路的位置,在对应栏填"√",泊港线为单线,单线时一般按照下行运行方向填写,本线是为右侧,故本线在右栏打"√",邻线为左侧,故邻线在左侧栏打"√"。

例 2 设普速某站有甲、乙站台，两处站台均邻 5 道，5 道西段为 $R=400$ m，$L=180$ m，$l=40$ m，$H=10$ mm 曲线。

甲站台轨面基准测得数据为：

A：设备高度 1 225 mm，设备限界 1 756 mm；

C：设备高度 1 230 mm，设备限界 1 855 mm；

E：设备高度 1 246 mm，设备限界 1 902 mm。

乙站台大地基准测得数据为：

F：设备高度 340 mm，设备限界 1 927 mm；

D：设备高度 317 mm，设备限界 1 845 mm；

B：设备高度 2 45 mm，设备限界 1 749 mm。

各点距现场曲线标桩距离如图 9-3 所示，试按《铁路建筑实际限界测量和数据格式》公式计算各点限界标准并判定设备状态。

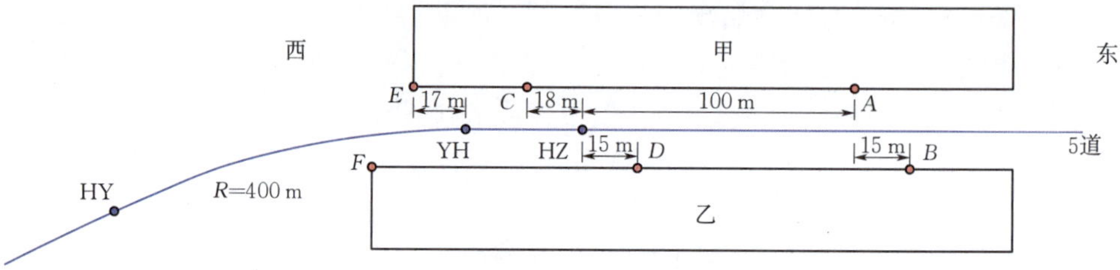

图 9-3 站台示意图

解：

由图示及曲线参数，5 道西段曲线部分设有 40 m 缓和曲线，可按《技规》要求进行阶梯加宽：

对甲站台

(1)A 点距 HZ 点 100 m，属于直线范围，无需进行曲线加宽，其设备高度 1 225 mm 大于 350 mm 且小于 1 250 mm，按基本建筑限界图示标准为 1 750 mm，其设备限界 1 756 mm>1 750 mm，该处设备正常。

(2)C 点距 HZ 点 18 m，属于缓和曲线范围内全加宽范围内，曲线形式为外曲，其加宽量 $W_{外}=44\ 000/400=110$ mm，其设备高度 1 230 mm 大于 350 mm 且小于 1 250 mm，按基本建筑限界图示标准为 1 750 mm，故其设备限界标准为 $1\ 750+110=1\ 860$ mm，其设备限界 1 855 mm<1 860 mm，该处设备侵限 5 mm。

(3)E 点距 YH 点 17 m，属于圆曲线全加宽范围内，曲线形式为外曲，其加宽量 $W_{外}=44\ 000/400=110$ mm，其设备高度 1 246 mm 大于 350 mm 且小于 1 250 mm，按基本建筑限界图示标准为 1 750 mm，故其设备限界标准为 $1\ 750+110=1\ 860$ mm，其设备限界 1 902 mm>1 860 mm，该处设备正常。

对乙站台

(1)B 点距 HZ 点 115 m，属于直线范围，无需进行曲线加宽，其设备高度 245 mm 大于 200 mm 且小于 350 mm，按基本建筑限界图示标准为 1 725 mm，其设备限界 1 749 mm>1 725 mm，该处设备正常。

(2)D 点距 HZ 点 15 m，属于直线 22 m 范围半加宽范围内，曲线形式为内曲。因该处无超高，设备高度无需换算调整，其设备高度 317 mm 大于 200 mm 且小于 350 mm，按基本建筑限界图示标准为 1 725 mm，其全加宽量 $W_{内}=40\ 500/400+317\times10/1\ 500\approx$ 104 mm，故其设备限界标准为 1 725＋52＝1 777 mm，其设备限界 1 845 mm＞1 777 mm，该处设备正常。

(3)F 点属于圆曲线全加宽范围内，曲线形式为内曲，存在超高，需换算设备高度 H，由 $H=(H_0+B\tan\theta)\cos\theta$，$\theta=\mathrm{atg}(h/1\ 500)$故 $H\approx353$ mm，其轨面基准设备高度 353 mm 大于 350 mm 按基本建筑限界图示标准为 1 750 mm，其加宽量 $W_{内}=40\ 500/400+353\times10/1\ 500\approx104$ mm，故其设备限界标准为 1 750＋104＝1 854 mm，其设备限界 1 927 mm＞1 854 mm，该处设备正常。

例 3　设普速某站有甲、乙站台，两处站台均邻 3 道，3 道西段为 $R=800$ m，$L=150$ m，$H=10$ mm 曲线。

甲站台轨面基准测得数据为：

A：设备高度 1 234 mm，设备限界 1 799 mm；

B：设备高度 1 221 mm，设备限界 1 762 mm。

乙站台轨面基准测得数据为：

C：设备高度 1 241 mm，设备限界 1 804 mm；

D：设备高度 1 245 mm，设备限界 1 780 mm；

E：设备高度 1 215 mm，设备限界 1 754 mm。

各点距现场曲线标桩距离如图 9-4 所示，试按《铁路建筑实际限界测量和数据格式》公式计算各点限界标准并判定设备状态。

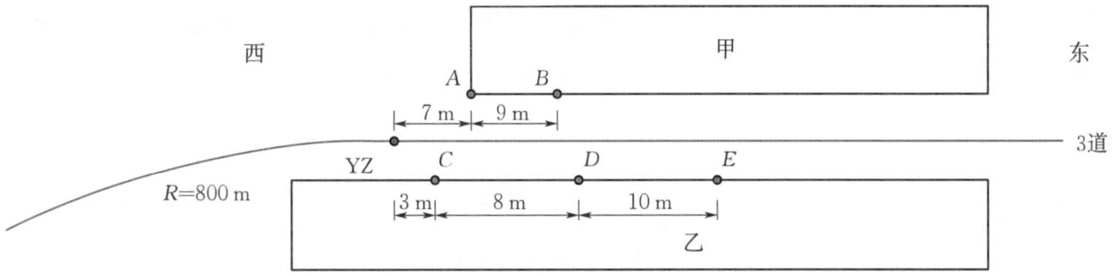

图 9-4　站台示意图

解：

由图示及曲线参数，3 道西段曲线部分无缓和曲线，应按《〈铁路技术管理规程〉条文说明》要求进行折线加宽，在前 4 m 范围内加全宽，在随后 18 m 范围内进行加宽递减处理。

对甲站台

(1)其曲线形式为外曲，$W_{外}=44\ 000/800=55$ mm，故其 18 m 范围内每米单位递减量为 $55/18\approx3.06$ mm。

(2)A 点处于 18 m 折线加宽范围内，设备高度 1 234 mm 大于 350 mm 且小于 1 250 mm，按基本建筑限界图示标准为 1 750 mm，其设备限界标准为 1 750＋55－3×55/18＝1 796 mm＜1 799 mm，该处设备正常。

(3)B 点处于 18 m 折线加宽范围内，设备高度 1 221 mm 大于 350 mm 且小于 1 250 mm，按基本建筑限界图示标准为 1 750 mm，其设备限界标准为 1 750＋55－(7＋9－4)×55/18＝1 769 mm＞1 762 mm，该处设备侵限 7 mm。

对乙站台

(1)其曲线形式为内曲，$W_{内}$＝40 500/800≈51 mm，故其 18 m 范围内每米单位递减量为 55/18≈2.81 mm。

(2)C 点处于 4 m 加全宽范围内，设备高度 1 241 mm 大于 350 mm 且小于 1 250 mm，按基本建筑限界图示标准为 1 750 mm，其设备限界标准为 1 750＋51＝1 801 mm＜1 804 mm，该处设备正常。

(3)D 点处于 18 m 折线加宽范围内，设备高度 1 245 mm 大于 350 mm 且小于 1 250 mm，按基本建筑限界图示标准为 1 750 mm，其设备限界标准为 1 750＋51－(8＋3－4)×51/18＝1 781 mm＞1 780 mm，该处设备侵限 1 mm。

(4)E 点处于 18 m 折线加宽范围内，设备高度 1 215 mm 大于 350 mm 且小于 1 250 mm，按基本建筑限界图示标准为 1 750 mm，其设备限界标准为 1 750＋51－(3＋8＋10－4)×51/18＝1 752 mm＜1 754 mm，该处设备正常。

例 4　设高速某站有甲站台，其两侧分别邻 2 道、Ⅲ道。Ⅲ道无曲线，设计速度 100 km/h。甲站台Ⅲ道侧轨面基准测得数据为：

A：设备高度 1 243 mm，设备限界 1 780 mm；

B：设备高度 1 237 mm，设备限界 1 801 mm；

C：设备高度 1 245 mm，设备限界 1 794 mm。

各点如图 9-5 所示，试判定设备状态。

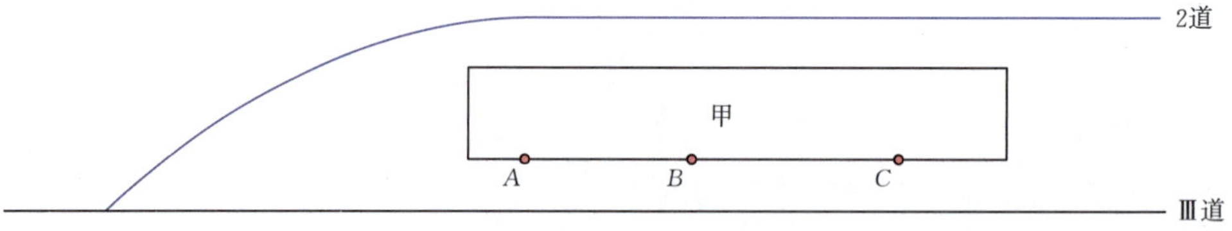

图 9-5　站台示意图

解：

A、B、C 三点设备高度均大于 350 mm 且小于 1 250 mm，按基本建筑限界图示标准为 1 750 mm，但由《技规》(高速铁路部分)客运专线铁路建筑限界“站台建筑限界侧线站台为 1 750 mm；正线站台，无列车通过或列车通过速度不大于 80 km/h 时为 1 750 mm，列车通过速度大于 80 km/h 时为 1 800 mm”规定，该处Ⅲ道设计速度 100km/h，限界标准为 1 800 mm。

故 A 点 1 780 mm＜1 800 mm，该处设备侵限 20 mm；

B 点 1 801 mm＞1 800 mm，该处设备正常；

C 点 1 794 mm＜1 800 mm，该处设备侵限 6 mm。

例 5　设普速某站有甲站台邻 2 道，2 道西段为 R＝800 m，H＝10 mm 曲线，东段为 R＝1 000 m，H＝5 mm 曲线，两段曲线均设有缓和曲线。

甲站台 2 道侧轨面基准测得数据为：

A：设备高度 149 mm，设备限界 1 594 mm；

B：设备高度 213 mm，设备限界 1 741 mm；

C：设备高度 321 mm，设备限界 1 772 mm。

各点距现场曲线标桩距离如图 9-6 所示，试按《铁路建筑实际限界测量和数据格式》公式计算各点限界标准并判定设备状态。

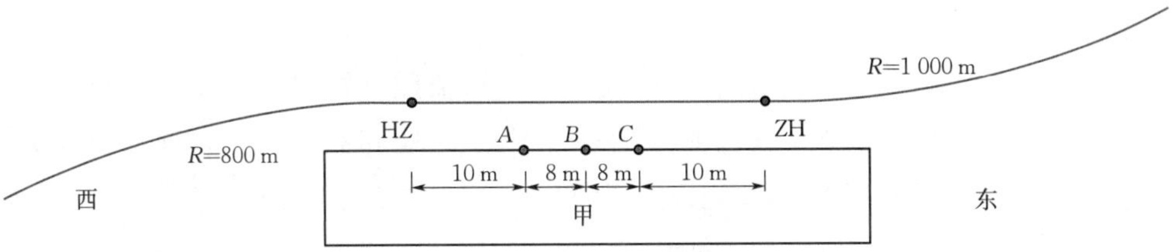

图 9-6　站台示意图

解：

该处两段曲线均设有缓和曲线，曲线加宽计算依照《技规》阶梯加宽形式进行，A、B、C 三处均位于直线 22 m 半加宽范围内。

(1)A 点距 $R=800$ m 内曲线缓直点 10 m，距 $R=1\ 000$ m 外曲线缓直点 26 m，处于 $R=800$ m 内曲线影响半加宽范围内，$R=1\ 000$ m 外曲线对 A 点无影响，$W_{内}=40\ 500/800\approx51$ mm，$0.5W_{内}\approx26$ mm，其设备高度 149 mm 小于 200 mm，按基本建筑限界图示标准为 1 500 mm，故其设备限界标准为 $1\ 500+26=1\ 526$ mm，1 594 mm>1 526 mm，该处设备正常。

(2)B 点距 $R=800$ m 内曲线缓直点 18 m，距 $R=1\ 000$ m 外曲线缓直点 18 m，同时处于两段曲线影响半加宽范围内，$W_{内}=40\ 500/800\approx51$ mm，$0.5W_{内}\approx26$ mm，$W_{外}=44\ 000/1\ 000=44$ mm，$0.5W_{外}=22$ mm，其设备高度 213 mm 大于 200 mm 且小于 350 mm，按基本建筑限界图示标准为 1 725 mm，故其设备限界标准取影响大值为 $1\ 725+26=1\ 751$ mm，1 741 mm 小于 1 751 mm，该处设备侵限 10 mm。

(3)C 点距 $R=800$ m 内曲线缓直点 26 m，距 $R=1\ 000$ m 外曲线缓直点 10 m，处于 $R=1\ 000$ m 外曲线影响半加宽范围内，$R=800$ m 内曲线对 C 点无影响，$W_{外}=44\ 000/1\ 000=44$ mm，$0.5W_{外}=22$ mm，其设备高度 321 mm 大于 200 mm 且小于 350 mm，按基本建筑限界图示标准为 1 725 mm，故其设备限界标准为 $1\ 725+22=1\ 747$ mm，1 772 mm>1 747 mm，该处设备正常。

例 6　设普速某站有甲站台邻 7 道，7 道西段为 $R=800$ m，$H=10$ mm 曲线，东段为 $R=1\ 000$ m，$H=10$ mm 曲线，两段曲线均无缓和曲线。

甲站台 7 道侧轨面基准测得数据为：

A：设备高度 300 mm，设备限界 1 765 mm；

B：设备高度 300 mm，设备限界 1 763 mm；

C：设备高度 300 mm，设备限界 1 772 mm。

各点距现场曲线标桩距离如图 9-7 所示，试按《铁路建筑实际限界测量和数据格式》公式计算各点限界标准并判定设备状态。

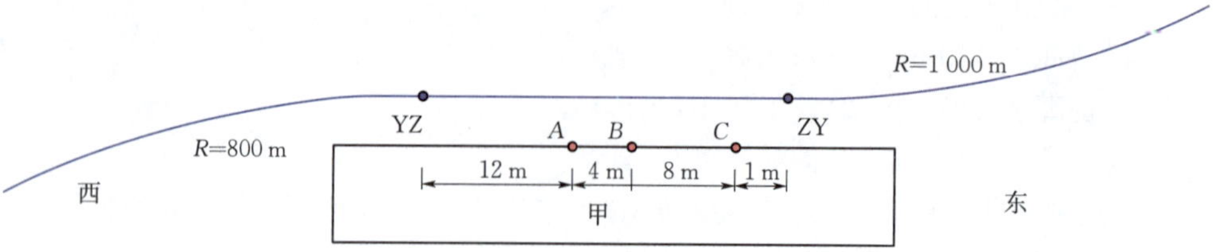

图 9-7　站台示意图

解：

该处两段曲线均未设置缓和曲线，曲线加宽计算依照《〈铁路技术管理规程〉条文说明》折线加宽形式进行，在前 4 m 范围内加全宽，在随后 18 m 范围内进行加宽递减处理。

相对于 $R=800$ m 内曲线，$W_{内}=40\ 500/800\approx51$ mm，故其 18 m 范围内每米单位递减量为 $51/18\approx3.06$ mm。

相对于 $R=1\ 000$ m 外曲线，$W_{外}=44\ 000/1\ 000=44$ mm，故其 18 m 范围内每米单位递减量为 $44/18\approx2.44$ mm。

(1)A 点距 $R=800$ m 内曲线圆直点 12 m，距 $R=1\ 000$ m 外曲线圆直点 13 m，均处于两段折线加宽范围内，设备高度 300 mm 大于 200 mm 且小于 350 mm，按基本建筑限界图示标准为 1 725 mm，对 $R=800$ m 内曲线进行计算，其设备限界标准为 $1\ 725+51-(12-4)51/18=1\ 754$ mm$<1\ 765$ mm，对 $R=1\ 000$ m 外曲线进行计算，其设备限界标准为 $1\ 725+44-(1+8+4-4)44/18=1\ 747$ mm$<1\ 765$ mm，该处设备正常。

(2)B 点距 $R=800$ m 内曲线圆直点 16 m，距 $R=1\ 000$ m 外曲线圆直点 9 m，均处于两段折线加宽范围内，设备高度 300 mm 大于 200 mm 且小于 350 mm，按基本建筑限界图示标准为 1 725 mm，对 $R=800$ m 内曲线进行计算，其设备限界标准为 $1\ 725+51-(12+4-4)51/18=1\ 742$ mm$<1\ 763$ mm，对 $R=1\ 000$ m 外曲线进行计算，其设备限界标准为 $1\ 725+44-(1+8-4)44/18=1\ 757$ mm$<1\ 763$ mm，该处设备正常。

(3)C 点距 $R=800$ m 内曲线圆直点 24 m，距 $R=1\ 000$ m 外曲线圆直点 1 m，$R=800$ m 内曲线对 C 点无影响，仅处于 $R=1\ 000$ m 外曲线 4 m 加全宽范围内，设备高度 300 mm 大于 200 mm 且小于 350 mm，按基本建筑限界图示标准为 1 725 mm，其设备限界标准为 $1\ 725+44=1\ 769$ mm$<1\ 772$ mm 该处设备正常。

例 7　设普速某站有甲站台邻Ⅰ道、3 道，Ⅰ道为 $R=1\ 200$ m，$H=115$ mm 曲线，3 道为 $R=1\ 200$m，$H=10$ mm 曲线，站台全部在两圆曲线范围内。

甲站台Ⅰ道侧轨面基准测得雨棚数据为：

A：设备高度 4 977 mm，设备限界 1 730 mm；

甲站台Ⅰ道侧大地基准测得雨棚数据为：

B：设备高度 5 032 mm，设备限界 1 714 mm；

甲站台 3 道侧轨面基准测得雨棚数据为：

C：设备高度 4 985 mm，设备限界 1 744 mm；

甲站台 3 道侧大地基准测得雨棚数据为：

D：设备高度 4 975 mm，设备限界 1 764 mm。

各点情况如图 9-8 所示，试按《铁路建筑实际限界测量和数据格式》公式计算各点限界标准并判定设备状态。

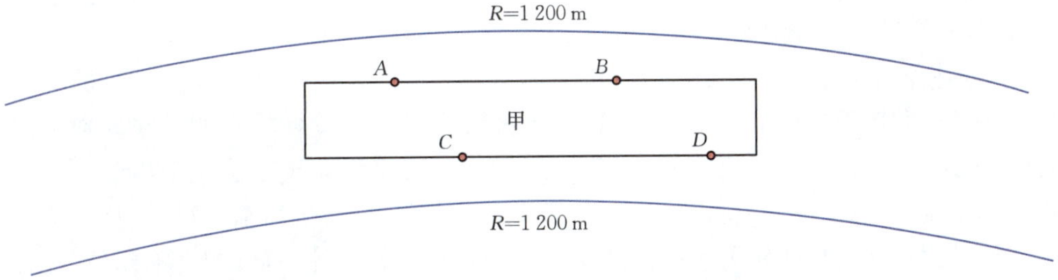

图 9-8 站台示意图

解：

(1)A 点数据为轨面基准测得，$W_{内}=40\ 500/1\ 200\approx 34$ mm。设备高度 4 977 mm 按基本建筑限界(电力牵引)图示标准约为 1 714 mm，故其设备限界标准为 $1\ 714+34=1\ 748$ mm $>1\ 730$ mm，该处侵限 18 mm。

(2)B 点数据为大地基准测得，需换算设备高度 H，由 $H=(H_0+B\tan\theta)\cos\theta$，$\theta=\mathrm{atg}(h/1\ 500)$ 故 $H\approx 5\ 148$ mm，按基本建筑限界(电力牵引)图示标准为 1 700 mm，其加宽量 $W_{内}=40\ 500/1\ 200+5\ 148\times 115/1\ 500\approx 428$ mm，故其设备限界标准为 $1\ 700+428=2\ 128$ mm $>1\ 714$ mm，该处侵限 414 mm。

(3)C 点数据为轨面基准测得，$W_{外}=44\ 000/1\ 200\approx 37$ mm。设备高度 4 975 mm 按基本建筑限界(电力牵引)图示标准约为 1 715 mm，故其设备限界标准为 $1\ 715+37=1\ 752$ mm $>1\ 744$ mm，该处侵限 8 mm。

(4)B 点数据为大地基准测得，需换算设备高度 H，由 $H=(H_0-B\tan\theta)\cos\theta$，$\theta=\mathrm{atg}(h/1\ 500)$ 故 $H\approx 4\ 943$ mm，按基本建筑限界(电力牵引)图示标准为 1 734 mm，其加宽量 $W_{外}=40\ 500/1\ 200-4\ 943\times 10/1\ 500\approx 4$ mm，故其设备限界标准为 $1\ 734+4=1\ 738$ mm $<1\ 764$ mm，该处设备正常。

9.2 常见设备侵限成因分析

1. 建设源头

根据现行限界相关技术标准，曲线加宽分为阶梯加宽、折线加宽、圆顺加宽等方式。在曲线上设备管控中，尤其是站台限界，现场人员绝大多数均依据《技规》给出的标准及阶梯加宽方式进行管控，但近期新线建设中，不同设计院往往在《技规》基础上结合实际进行优化，给出不同的设计方式，且设计方案互不统一，导致现场管控人员理解偏差，带来侵限管控隐患。

2. 施工质量

良好的施工质量是设备后期安全的重要保障，但实际情况中往往存在各种各样的问题。如站台墙与帽石间抹灰质量不佳导致起鼓；又如站台内部填充料为膨胀土，吸收站台表面自然降水或清洁冲洗水膨胀导致站台墙变形倾斜；再如站台建设过程中站场专业标高控制不佳，未能与线路专业结合控制，导致站台高度超高；还有线间距过小且安装信号机的人员事先未调查好安装位置，导致信号设备安装后单边或双边侵限等，都给线路开通运营及后期设备限界管控带来较大侵限风险；现场设备安装后，线路还未完全成型，后续线路整修后未重新测量限界情况等。

3. 专业结合部

按照《标准轨距铁路限界　第2部分：建筑限界》规定，设备的高度及限界数据均是以轨面作为基准，自轨面算起，因此工务轨道的变化直接影响设备建筑限界管控。而实际情况中线路状态往往是不断变化的，尤其是线路大修中，大机清筛、换枕等扰动道床或成段钢轨换型等内容，极易引起设备高度、限界的变化，如管控不当，配合不到位，往往带来设备侵限风险。

4. 日常管理

各专业作为本专业设备侵限的直接风险控制责任专业，在日常管理中仍有需要进一步加强的方面。一是对于设备的特征点还存在测量不全的情况，执行层满足于定点检测，定期测量的最低要求；二是对曲线参数、范围不掌握，设备里程不掌握，忽视其他专业知识，导致邻靠曲线设备台账仍未臻完善，专业结合共同管控有困难；三是工作方法仍较落后，缺乏比较分析的手段，对Excel等软件应用不熟练，依旧停留在纸质数据逐个比照的旧工作方法；四是测量手段仍较落后，新型的无接触式激光测量仪数量仍较少，既有的旧式铝合金折尺、单轨电子测量仪往往带来测量误差；五是设备变化不敏感，如信号机高改矮，道岔大修临时拆除又恢复的设备等，未及时进行限界测量。

9.3　侵限整治及预防措施举例

案例1　济南东站帽石抹灰整治

2018年7月30日，中国铁路总公司工电部桥隧房建处《总公司工电部工管中心关于对高铁站台安全隐患进行检查整治的通知》(工电电〔2018〕381号电)通报了成渝高铁、沪昆高铁两起抹灰起鼓脱落影响行车的站台侵限故障，要求对站台帽立面抹灰层或修补情况进行平推检查，对隐患立即整治，明确要求站台帽立面抹灰层严禁使用素混凝土或砂浆修补。

通过排查同类情况，决定对济南东站等既有高铁站台全部采取预防整治。根据不同抹灰情况，采用干硬性C25细石混凝土或高强修复砂浆对原有抹灰层进行全部置换，以彻底消除起鼓侵限隐患。施工设计图如图9-9所示。

案例2　莱芜站站台墙整治

瓦日线莱芜站于2015年建成投入使用，一站台邻靠4股，二站台邻靠3股，站台长度均为500 m，宽度11.75 m，站台高度1.25 m。现站台面出现拱起、下沉、开裂的现象，特别是在旅客通道附近情况较严重，部分钢筋混凝土帽石严重开裂变形，部分站台墙往线路方向倾斜外胀。莱芜站站台区域均为高填方区，填土平均高度为6 m，且站台填土为不良填土，如膨胀土、杂土、具有湿陷性的新黄土等导致站台地基不均匀沉降。

针对站台侵限隐患制定预防整治方案如下：

1. 一、二站台新作混凝土地梁，站台开挖500 m×1 m×1.5 m；

2. 采用φ32预应力螺纹钢筋对站台墙进行拉结，间距4.5 m一道(雨棚柱距9 m)，

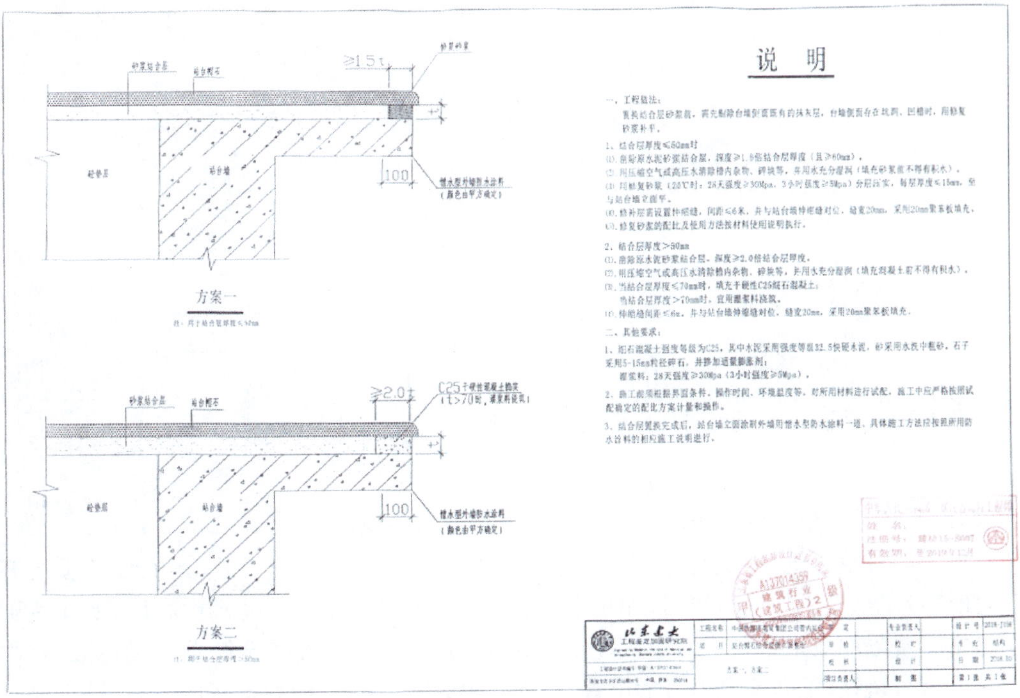

图 9-9 施工设计图

站台墙墙面锚固件安装,防止站台墙持续开裂外胀;

3. 采用土质良好的素填土或 3∶7 灰土对既有站台表层土进行换填,换填深度为 0.15 m,分层夯实,压实系数不小于 0.95,增加 10 cm 砂浆垫层;

4. 站台面换填处理后按照原设计重新铺装,一、二站台面积共计 12 000 m^2。

通过实施,有效消除了该处站台墙进一步倾斜侵限隐患,目前设备使用状况正常。

可见,推进专业一体融合,全力做好共同管控站台限界管控是一项综合性、复合性的专业技术工作。房建专业必须清醒认识到其他专业相关施工对限界的影响,针对具体的施工具体分析,提前参与到线路修理设计中,预先理清线路修理后站台设备及限界的变化情况,及时反馈优化意见。达到满足施工设计,同时保护限界的要求,有条件的话还要争取进一步改善站台设备限界条件。尤其要做好施工前的配合设备调查,施工过程的限界管控,施工结束前的限界复核。

案例 3 京沪、京九线集中修设计

2021 年济南局集团公司设计所进行了京沪、京九线道床大修设计,对京沪、京九线路及部分车站到发线进行机械化清筛,设计中存在较大的道床抬落量。针对标高变化,工务、电务、接触网、房建、设计所等单位密切协作、共同勘查,依据掌握的数据,提前进行变化分析,预防因大机施工造成设备侵限。

根据设计抬落量形成设备高度变化示意图,如图 9-10 所示。

案例 4 电务设备侵限

对于电务侵限设备的整治,箱盒、矮型信号机、标志标识相对容易,需要将设备硬面化(如有)破除,重新向两侧或前后移动至不侵限位置即可,但移动前需考虑电缆长度是

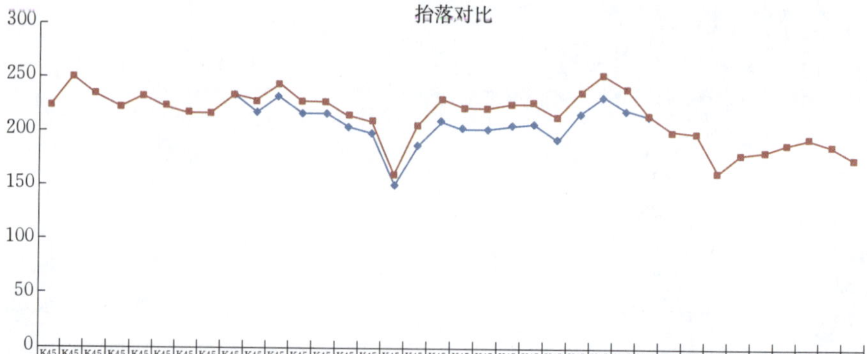

	K45 3+8 08	K45 3+8 18	K45 3+8 28	K45 3+8 38	K45 3+8 48	K45 3+8 58	K45 3+8 68	K45 3+8 78	K45 3+8 88	K45 3+8 98	K45 3+9 08	K45 3+9 18	K45 3+9 28	K45 3+9 38	K45 3+9 48	K45 3+9 58	K45 3+9 68	K45 3+9 78
抬落前高程（轨面基准）	223	249	235	222	232	223	217	216	233	218	233	218	217	205	199	151	187	210
抬落后高程（轨面基准）	223	249	235	222	232	223	217	216	233	228	243	228	227	215	209	161	207	230

	K45 3+9 88	K45 3+9 98	K45 4+0 8	K45 4+1 8	K45 4+2 8	K45 4+3 8	K45 4+4 8	K45 4+5 8	K45 4+6 8	K45 4+7 8	K45 4+8 8	K45 4+9 8	K45 4+1 08	K45 4+1 18	K45 4+1 28	K45 4+1 38	K45 4+1 48	K45 4+1 58
抬落前高程（轨面基准）	203	202	206	207	194	217	233	220	215	201	199	164	181	182	190	195	188	175
抬落后高程（轨面基准）	223	222	226	227	214	237	253	240	215	201	199	164	181	182	190	195	188	175

图 9-10　抬落对比

否够，以及移动后设备安装位置是否符合信号设备相关规定。

对于高柱信号机，如机柱不侵限，则需要调整信号机壁板的托盘，并配合壁板的旋转，使信号机壁板更加远离线路，如仍旧略微侵限，还需要配合升高机构高度，从而达到信号机不侵限的效果。如为信号机柱本身侵限，或壁板已经旋转至极限后仍侵限，就需要拆除信号机柱，重新埋设至合适位置，在拆除前，需要调查、计算重新埋设后，是否能解决侵限问题，如邻线没有可被占用空间，前后移动也无法向线间距或曲线半径更大的位置，或电缆长度不够，则无法进行整治，需要备案。同时可以结合工程，在机务、车务、电务现场调查确认后，将信号机进行高改矮，解决高柱信号机容易侵限的情况。

关于电务设备侵限预防措施，主要有以下几点：

1. 安装前，充分考虑线间距、曲线的影响，提前测量出待装设备的宽度，模拟出安装后的大致位置，先进行计算，计算不侵限，并留有余量后，再进行设备安装。

2. 高柱信号机机柱组立前，要保证机柱安装在距离线路中心（两侧）2.9～3.1 m 范围内，如有一侧无法达到，要先保证信号机构一侧距离满足，机柱一侧满足所在线路限界的最低要求，即站线大于 2 150 mm，正线大于 2 440 mm。根据机柱埋设深度，算出最下方灯位折减后的距离线路中心的大概位置，进行计算。

3. 设备安装时，要充分考虑后续可能运行超限运输的情况，尽量站线也按照正线《技规》规定限界来安装。如确无法两侧都满足正线限界，则保证正线限界尽可能大。

4. 矮型信号机安装时，要尽量下落，保证最高高度处小于 1 100，且预留出至少 50 mm 的余量，防止线路下沉、信号机位置处线路突起、工务落道等造成的信号机高度被动升高。

附　　录

附录1　××系统建设限界管理办法

中国铁路××局集团有限公司
关于印发《中国铁路××局集团有限公司
××系统建筑限界管理办法》的通知

各××段(站),××指挥部,××设计院(所),××有限责任公司:

根据《中国铁路××局集团有限公司超限货物运输线路建筑限界管理实施细则》等,结合××系统工作实际,现将《中国铁路××局集团有限公司××系统建筑限界管理办法》印发给你们,请认真贯彻执行。望认真组织学习、严格贯彻执行。

本办法自20××年×月×日起施行。

中国铁路××局集团有限公司
20××年×月×日

××/××-20××

中国铁路××局集团有限公司××系统建筑限界管理办法

第一章 总 则

第一条 为进一步规范××系统建筑限界(以下简称限界)管理工作,确保铁路运输安全,特制定本办法。

第二条 本办法依据《铁路技术管理规程》(以下简称《技规》)、《铁路超限超重货物运输规则》(以下简称《超规》)、《铁路建筑实际限界测量和数据格式》、《中国铁路××局集团有限公司超限货物运输线路建筑限界管理实施细则》、《中国铁路××局集团有限公司超限超重货物运输管理办法》等规定制定。

第三条 本办法为通用技术规章,适用于中国铁路××局集团有限公司(以下简称集团公司)管内维护管理(含代维)的国家铁路及合资铁路、地方铁路与国家铁路接轨的铁路专用线、专用铁路。

*[①]车务站段应将限界管理有关内容纳入铁路专用线、专用铁路运输协议。(车务系统)

第六条 为强化××系统限界管理,各单位(站段)要认真学习贯彻《中国铁路××局集团有限公司超限货物运输线路建筑限界管理实施细则》,并根据本办法细化内容进一步完善××系统限界安全管理体系,明确管理机构和管理人员。

第二章 管理机构与职责

第五条 ××部是集团公司××系统限界管理部门,负责××系统限界管理工作,组织各单位定期对××系统限界数据进行复核和汇总,并按规定向集团公司相关部门提供××系统限界资料。负责监督、检查各单位的限界管理工作;负责组织录入、审核、汇总和管理××系统限界数据;负责××专业限界系统的用户信息维护;组织××专业限界检测和管理业务培训;组织开展侵限设施设备整治工作。

第六条 ××段(站)是××系统限界管理单位,要指定一名分管领导负责本单位限界管理工作,组织制定本单位限界管理办法,定期组织技术人员对管内限界管理情况进行检查考核。

主要职责:组织车间按照××系统规定及周期完成限界测量检查测量,按要求完成超限货物运输限界核对,对管内因施工、线路变化等原因而引起的设备限界变化情况及时上报业务部。建立健全限界管理台账,督促落实侵限病害整治,定期对车间限界管理工作进行检查考核。

第七条 各现场车间是限界维护管理工作的主体。车间主任为车间限界管理第一责任人,车间设主管工程师负责本车间限界管理工作,并保持主管工程师相对稳定。

---

① 本书中*代表专业特殊性,其余为通用部分。(下同)

主要职责：按照各段(站)布置的限界管理工作要求，组织完成管内××系统限界测量、检查，建立健全限界管理台账并上报主管业务科室。对管内××系统限界的准确性和完整性负责。按照××系统规定及周期完成限界测量检查测量。完成上级布置的超限超重货物运输工作。对管内因施工、线路变化等原因引起的限界变化，及时组织进行限界测量上报业务科室，及时更新限界系统数据，实行闭环管理。

现场工区是限界测量工作的主体。工长是工区限界管理第一责任人，按照××系统规定及周期完成限界测量检查测量。对工区管内信号设备限界的准确性和完整性负责，健全管内限界台账。

*车站主要职责(车务系统)：

车站是限界维护管理工作的主体，车站站长为车务限界管理第一责任人，车站应设置专人负责本站限界管理工作，并保持相对稳定。主要职责：

(一)明确车站超限进路，制定接发超限列车具体措施；

(二)根据超限进路、线间距等变化及时修订《站细》相关内容，确保与车站实际设备设施数据一致；

(三)调动超级超限车辆时，根据车站调车作业计划确定调车作业进路，组织设备单位测量、签认；

(四)负责编制、提报接发超限超重货物列车进路及最小道岔号表、股道划分表，按规定格式进行提报，并对限界数据及时更新、存档；

(五)负责组织设备管理单位现场核对限界数据；

(六)负责收集现场限界管理存在的问题并及时向车务站段和相关设备管理单位反馈。

第三章　日常管理

第八条　坚持安全第一的原则。一切××设备，均不得侵入铁路限界。要把××设备限界管理工作，放在安全工作重中之重的位置抓好管理和落实。

(一)在设计建(构)筑物或设备时，距钢轨顶面的距离应附加钢轨顶面标高可能的变动量(路基沉降、加厚道床、更换重轨等)。

(二)对侵限的设备应立即采取措施确保行车安全，并根据产生侵限的原因由设备管理单位或施工责任单位及时进行处理。

第九条　坚持分工负责、协调配合的原则。各段(站)按照分工负责、协调配合的原则，共同做好××系统限界管理工作。

与相关单位做好××专业限界管理的配合工作，负责提供相关技术资料或提出需求。现场车间应主动与相关部门建立施工联动机制，防止由于拨道、抬道等因素导致限界进一步缩小。

第十条　坚持动态管理合的原则。新建、站改、大修等既有线施工，各段(站)应动态掌握设备限界变化情况，及时向业务部提报更新变化的限界资料，并及时通过限界系统更新限界数据，不得随意缩小既有限界。既有线技术改造应尽可能改善限界条件，提高超限货物通行能力。确因客观条件造成侵限桥隧较多、接触网高度及支柱限界不达标的限界紧张区段，短期内难以整治的，现场车间应加强管理、严格控制，杜绝人为因素缩小限界。

（一）若限界数据发生变化但仍符合限界要求的，应及时修改限界数据，并在权限放开后同步修改限界系统数据，并做好重点监控。

（二）若限界数据发生变化已不符合限界要求但不影响行车安全的，各段应立即组织分析原因、制定可行有效的整改措施。

（三）当检查发现××设备限界变化影响行车安全的，各段（站）要组织车间、工区应及时通知车站，同时汇报调度和业务部，并在《行车设备检查登记簿》上登记，及时采取措施进行整治，确保行车安全。

第十一条 坚持侵限病害及时整治的原则。设备存在侵限病害须及时整治，杜绝设备侵限影响运输安全。

各段（站）在日常管理过程中发现侵限，应立即通知车务段（直属站）并上报业务部，同时对发现的侵限要分析产生原因，确定责任单位，督促责任单位及时对侵限病害进行处理。同时制定侵限设备整治方案并纳入年度工作计划，逐步减少侵限设备。

第十二条 坚持周期培训原则。业务部应每年组织段、车间限界管理相关人员进行业务培训。各段利用集中培训、现场教学等形式每年组织车间（科室）、工区限界管理（作业）相关人员进行业务培训。

＊**第十三条** 站（车务段）自建建（构）筑物要求。

站（车务段）自建建（构）筑物严禁侵入铁路建筑限界。站（车务段）自建的建（构）筑物必须安排具有资质的单位设计、施工。工程设计、施工、监理必须符合《技规》和相关工程技术规范的要求，施工过程及验收时车站必须做好限界的检查。

＊**第十四条** 货物堆码要求。

线路两旁堆放的货物距钢轨头部外侧不得小于 1.5 m，站台上堆放的货物距站台边缘不得小于 1 m，并堆放稳固。

＊**第十五条** 移动设备站台作业或停留要求。

各种移动设备在站台作业或停留时，应在安全线以内顺向摆放，采取好制动防溜措施。

＊**第十六条** 限界管理与资料收集。

车务站段应及时向设施设备管理单位索要相关限界资料，应掌握站内、货场、接轨专用铁路和铁路专用线调动超限车辆相关径路的限界资料，确保超限货物运输安全。

站（车务段）在可行性研究及施工图审查阶段应重点对超限列车股道进路信息进行审核，满足车站及区段超限货物列车通行需求，符合《技规》（普速铁路部分）"站内正线需保证能通过超限货物列车。此外，在编组站、区段站及区段内选定的三至五个中间站上，单线铁路应另有一条线路，双线铁路上、下行各另有一条线路，须能通行超限货物列车"，货场或专用线开办超限货物运输业务的，相关的股道及走行的需要。

新线竣工开通运营、既有线技术改造完工交付运营、大修完工和改扩建工程竣工验收前，建设管理单位（项目管理机构）应提前 20 天向车站提报限界资料，否则不得验收交接。设备管理单位确认符合设计规范及建筑限界要求后提报给站（车务段）。

既有线大修、改、扩建项目，原则上不得改变站内超限列车固定径路。确需改变超限列车固定径路时，由建设管理单位（项目管理机构）组织施工单位、设备管理单位共同进行限界检测等工作，经设备管理单位确认符合设计规范及建筑限界要求后提报给站（车务段）。

专用线由产权单位委托具有铁路线路限界检测资质的机构进行限界检测，并将铁路建筑限界资料作为办理专用线运输、超限货物运输的基础资料。

车站根据设备管理单位提供的限界资料，进行《站细》修订，编制接发超限超重货物列车进路及最小道岔号表，履行规定的签字、盖章手续后，上报站(车务段)技术科，技术科根据限界资料进行审核并在车站接发超限列车股道变化 10 天前，以电报形式将接发超限列车股道变化情况向集团公司运输部、货运部、调度所、科信部提报。同时，将需要修改限界系统数据向运输部提报。

第四章　限界管理的标准及测量要求

第十七条　测量的量。

以轨面为测量基准时，在垂直于线路中心线的断面内，测量建筑物和设备的内轮廓点(最近点或最高点或最低点)距两轨顶连线的垂直高度，和其距垂直平分两轨顶连线的直线的距离。

以大地为测量基准时，在垂直于线路中心线的断面内，测量建筑物和设备的内轮廓点(最近点或最高点或最低点)距两轨顶连线中心所在水平直线的高度，和其距两轨顶连线中点所在的铅锤线的距离。

注：最低点——以轨面为测量基准时，最低点为两钢轨轨顶连线延伸至设备所在点。以大地为测量基准时，最低点为两钢轨轨顶连线中点所在水平面与设备交点。

最高点——设备内轮廓最高点。

最近点——《铁路建筑实际限界测量和数据格式》39 个高程上设备内轮廓最近点。

第十八条　测量工具。

限界检测设备应定期进行计量检定或校准，满足测量精度要求。限界测量人员必须经过培训，掌握限界测量工具操作方法。测量工具必须设置专人管理。

第十九条　限界检查测量采用固定和动态检查测量相结合的方式，确保限界达标。双线、多线区段应注意测量邻线设备与本线的限界。

(一)固定检查测量。

各段组织现场车间每年按照××系统规定及周期对管内设备限界进行全面检查测量。对于检查发现侵限的设备，应立即复核、确认并进行整治，确实整治不了将原因和限界资料上报业务部。对于各段上报的确实无法整治的侵限设备，业务部应进行确认，并分别(业务部、段、车间、工区)建立《侵限设施设备统计表》。

(二)动态检查测量。

1. 既有线改建、扩建、大修、集中修等工程，工务部门起、拨、改等影响××设备限界的施工，各段(站)及时组织相关车间进行现场确认、限界测量。在施工开始前，相关现场车间要提前调查现场设备位置、曲线信息，提前向工务部门确认非正线曲线数据，现场测量时需对表格内参数信息进行确认，发现与实际不一致的及时确认并修正。施工(天窗)当日，凡遇限界测量范围内新组立、放置的××设备，均需测量限界，并确认设备不侵限，＊无效标(电务系统)安装牢固且不侵限后，方可销记开通。相关车间除开通当日才具备测量条件的设备外，其余设备均需在开通之前测量完成。所有设备必须于开通后 2 日内测量完毕。及时更新××系统建筑限界台账，并录入超限超重货物运输辅助决策系统。

2. 凡遇自然灾害，各段（站）应做好设备检查，发现倾斜侵入限界的，应立即登记停用、拦停列车、组织抢修整治，设备恢复后，经测量限界符合要求时，方可开通。

3. 超限超重专列运输时，根据超限超重专列运输限界需求，各段应组织相关车间做好限界测量工作。当超限货物的任何超限部位与××设备之间的距离（以下简称限界距离）≤200 mm 时，应将限界距离尽可能调整到>200 mm，如果无法调整的按规定上报数据。其中限界距离≤100 mm 且无法调整的，超限列车通过前应临时要点拆除。

*4. 超限超重专列运输前，必须对限界距离≤300 mm（参考数值）的设备以及较《××设备建筑限界表（台账）》记录的数据发生变化的设备（包括但不限于移设、临时整治后等情况）进行重新复核，如发现数据变化，危及超限运输安全，应立即按相关规定执行。（电务系统，其他系统可根据实际情况明确安全距离）

第二十条 测量要求以及数据提报。

为确保限界数据的准确性，按照下列规定办理：

（一）日常限界管理。结合周期性测量要求，各段组织现场车间按周期对管内××设备限界进行全面检查测量，限界测量要落实双人确认制度，并建立《××设备建筑限界表（台账）》。于××月××日（或测量完成 5 日内）前将电子版《××系统建筑限界表》报业务部。

（二）最小限界管理。结合周期测量，各段每年组织车间对集团公司公布的区段进行最小限界核对，各段审核无误经分管领导签字后，于××月××日前（集团公司上报时间有特殊要求时，以通知时间为准）将《相关专业限界数据主要说明事项》、*《接发超限超重货物列车进路及最小道岔号》（车务系统）、《线路（区段）××设备综合最小建筑限界尺寸表》、*《4.6 m 及以下线间距所在区间和距离》（工务系统）、*《半径为 800 m 及以下曲线所在区间及长度表》（工务系统）、*《列车运行径路并行区段情况一览表》（工务系统）、《侵限设施设备统计表》按照格式要求报业务部，业务部经审核确认无误后报科信部。

（三）超限运输线路施工管理。施工图设计、施工方案编制审核、站场改造等严格执行《中国铁路××局集团有限公司超限货物运输线路建筑限界管理实施细则》规定。

（四）超限运输限界管理：超限数据的复查、审核、确认、提报均执行双确认制度。

1. 车间层面：凡遇超限超重运输任务，由车间限界主管工程师组织工区工长确认运输径路上的设备限界数据和信息，并按超限电报公布的预装后尺寸（曲线上的设备除考虑曲线加宽外，还要考虑车辆导向、外偏差量等加宽）逐一进行筛查，明确径路上所有限界距离≤200 mm 的设备。设备的限界筛查参考最新××设备建筑限界台账，对于限界距离≤300 mm 的设备及限界变化的设备必须进行现场复核。

复测整治后，车间限界主管工程师编制《超限超重专列限界调查表》（以下简称《调查表》，内容由各系统根据具体情况明确，并与前一次同一运输径路的《调查表》、“LKJ 基础数据”进行信息比对。

车间主任组织对以上数据进行审核把关，车间限界主管工程师、车间主任签字后上报各段主管科室审核。

2. 站段层面：段限界主管工程师根据车间提供的运输径路设备限界数据，同步筛选所有限界距离≤200 mm 的设备，并结合设备限界复测整治结果，与车间上报的《调查表》、前一次同一运输径路的《调查表》进行信息比对、审核确认。

主管业务科室科长组织对以上数据信息进行审核，并对比段和车间主管工程师筛查结果，限界主管工程师、科长、分管段长签字盖章后上报业务部。

第五章　限界系统运用管理

第二十一条　各现场车间应指定专人负责限界系统管理和使用，并保持人员相对稳定，加强业务培训，确保熟练操作。现场车间录入人员和段审核人员应加强限界数据审核把关。

第二十二条　线路拟开办超限货物运输业务时，各现场车间根据段统一安排及时录入、更新限界系统。新增超限运输股道时，各单位按照职责分工提报基础数据字典，基础数据字典更新后，各段在限界系统中录入、审核、发布限界数据，业务部负责审核、综合处理、发布。

第二十三条　限界数据实行全覆盖动态管理。设施设备限界数据发生变化的，各段应及时组织现场车间按限界管理有关规定及时更新系统中的限界数据。

第二十四条　限界系统使用过程中遇到的各类系统故障，应及时通知主管业务科室。

第五章　责任划分

第二十五条　各段要加强限界管理工作人员的配备，切实担负起管理职责，不断提高技术和管理水平。并加强限界工作的日常沟通，消除结合部管理隐患。

第二十六条　为确保限界的准确性、完整性，××设备限界应实行严格的管理责任制。限界管理工作的每一个环节，均须明确专业科室及车间限界管理责任人，发生问题时，均应追究相关人员的责任。

第二十七条　现场车间限界主管工程师、工区工长应对提报设备限界数据和××设备的完整性负责。工区工长、现场测量人员应对测量数据的准确性负责。设备设施限界发生变化，未及时按规定报告和更新的，由所在车间负责。随意缩小既有限界，影响超限货物正常通行和运输安全的，由所在车间负责。施工缩小限界未按规定办理有关手续或提供的限界数据不准确的，由各段相关科室及相关车间负责。现场车间对录入的限界数据完整性、准确性负责。各段对现场车间提报数据的正确性负连带责任。

凡提报资料不准确、内容不完整、格式不规范的，业务部将按照考核办法对各段、车间进行分析考核。

第六章　附　　则

第二十八条　本办法未尽事宜，按照国铁集团和集团公司的有关文件执行。

第二十九条　本办法由业务部负责解释。

第三十条　本办法自××年××月××日起正式施行。

附录 2　限界检测作业指导书

目　　录

第一章　限界测量

1　主题内容及适用范围

本作业指导书规定了××系统限界现场测量的作业程序、项目、内容、要求及标准。

本作业指导书适用于××系统限界现场测量的全过程作业。

2　作业目的

按规范要求完成××系统限界现场测量,确保测量数据准确、记录正确,为后续录入表格、系统提供原始依据。

3　作业流程图(附图 2-1)

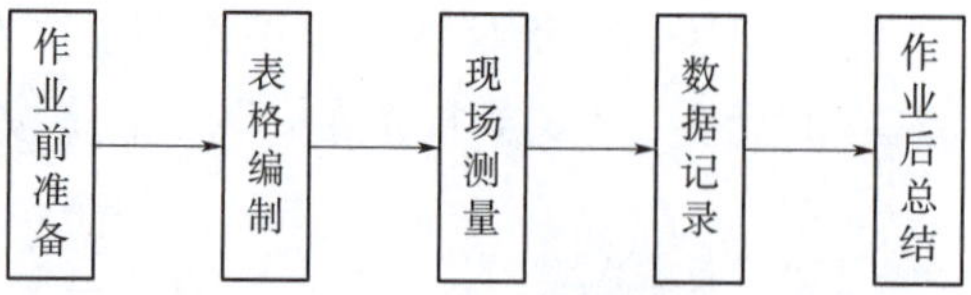

附图 2-1　作业流程图

4　作业程序、项目、内容及技术标准

4.1　作业前准备(工具材料)

4.1.1　每次作业前根据当日作业计划是否有需要登高测量的设备,做好安全预想:如有需要登高测量的任务,需佩戴安全带,并检查安全带是否牢固,卡扣是否良好。穿戴好劳动防护用品。

4.1.2　工具准备:根据测量需求准备激光测距仪(限界测量尺)、压纸板、钢尺、滑石笔,皮卷尺、铅锤(高处设备测量无激光测距仪时需准备)等。并检查激光测距仪(限界测量尺)的电池电量、状态是否良好,具备使用条件。

4.1.3　作业负责人根据当天作业计划组织限界测量，并将提前编制好的测量表格交予测量人员。测量人员两至三人为一组，根据待测设备带齐测量工具和劳动防护用品。作业人员穿戴好劳动防护用品，准备好工具在作业门(安全区域)外待命，在接到调度命令(或车站给点通知)后方可上道作业。在防护员防护范围内进行测量，全过程进行录像。

4.2　表格编制

根据当日测量内容，提前编制好测量表格，测量表格编制方法详见第二章。

4.3　现场测量

4.3.1　测量前校核

先在直线段选定一个待测设备，在该待测设备上选取一点做标记，用激光测距仪测量该点限界数据，激光测距仪测量得出该点的高度值和距离线路中心的距离值，同时使用钢尺等尺具进行测量。当激光测距仪的两个测量值与钢尺测量两个测量值误差在 20 mm 范围内，则认为该激光测距仪测量数值准确，可以使用。如误差超过 20 mm，则查找原因并消除误差，在仪器测量误差原因无法找到并消除时，后续测量均使用尺具测量。

4.3.2　测量范围及对象

4.3.2.1　测量范围。

直线区段距线路中心左右两侧各 2 600 mm、曲线区段距线路中心左右两侧各 3 300 mm，高度 6 000 mm 以内的所有轨旁设备进行测量。对于建筑限界高度要求大于 6 000 mm 的线路，按限界要求高度测量。

4.3.2.2　测量对象。

*1. 工务系统测量对象主要包括：桥隧限界和线间距、公里标、半公里标、百米标、警冲标、曲线标、坡度标、桥隧标等工务设备。

*2. 电务系统测量对象主要包括：信号机、箱盒、扼流变压器、调谐单元、空芯线圈，预告标、四显示接通、断开标、轨道电路调谐区标志等标志标牌，通话柱、槽道、广播杆、视频杆、隧道漏缆、隧道壁挂光电缆等通信信号设备。

*3. 供电系统测量对象主要包括：中间柱、吊柱、邻线吊柱、邻线杆号牌、软横跨柱、无腕臂柱、分相标志、“禁停”标、回流线(隧道内)、架空地线(隧道内)、供电线(隧道内)、防护栅(隧道内)、弹性腕臂装置(隧道内)等接触网设备。

*4. 车辆系统测量对象主要包括：侧箱、分线箱、主机箱、配电箱等车辆设备。

*5. 房建系统测量对象主要包括：站台(含废弃但未拆除或暂时不使用的站台)、雨棚(含线间雨棚柱)、天桥、高架候车室结构柱及各种建(构)筑物、要求房建部门提报超限运输建筑限界数据的扳道房、接车棚、行车室、道口房、护栏、列检休息室、待检室等房建设备。

4.3.3　测量方法

*4.3.3.1　工务系统

线间距一般测量两行别间同侧钢轨外侧或内侧距离，遇到压车等特殊情况，可测量两行别间最近的两股钢轨外侧距离再增加标准轨距及轨面宽度：即 1 435 mm+2 倍轨面宽度(如附图 2-2 中的 a、b、c)。其中 43 kg/m、50 kg/m 轨为 70 mm，60 kg/m 轨为 73 mm。

*4.3.3.2　电务系统

限界数据测量以线路中心线为基准，在电务设备靠近线路一侧合理选择若干测量点，分别测量各测量点到线路中心线所在面水平距离和测量点到线路中心线所在面垂直

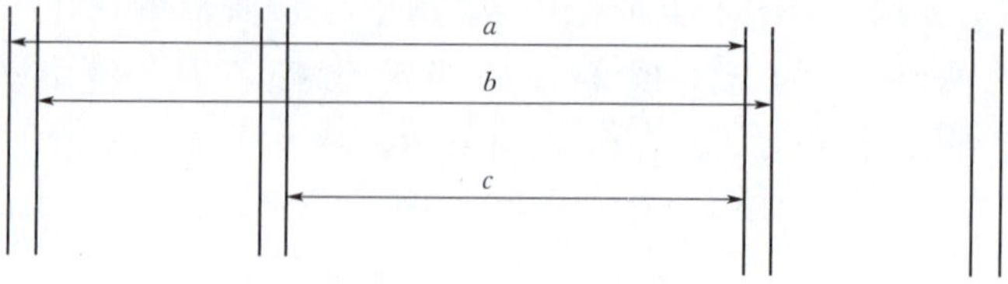

附图 2-2　线间距示意

距离。具体详见限界测量示意附图 2-3～附图 2-14，图中未涉及的现场设备根据实际情况采用多点测量，测量点间用直线连接而成的轮廓必须将设备完全包含在内。特别注意：高柱信号机当机构最底部最外侧测量点限界小于 2 440 mm 时，需加测 1 100～3 000 mm 范围内（高铁为 1 100～4 000 mm 范围内）距离线路中心最近点处的限界。

处于挡砟墙以外且高于轨面并低于挡砟墙的信号设备也需进行多点测量，高于挡砟墙部分的信号设备限界测量应按照设备整体轮廓进行测量，不能只测量高于挡砟墙部分。

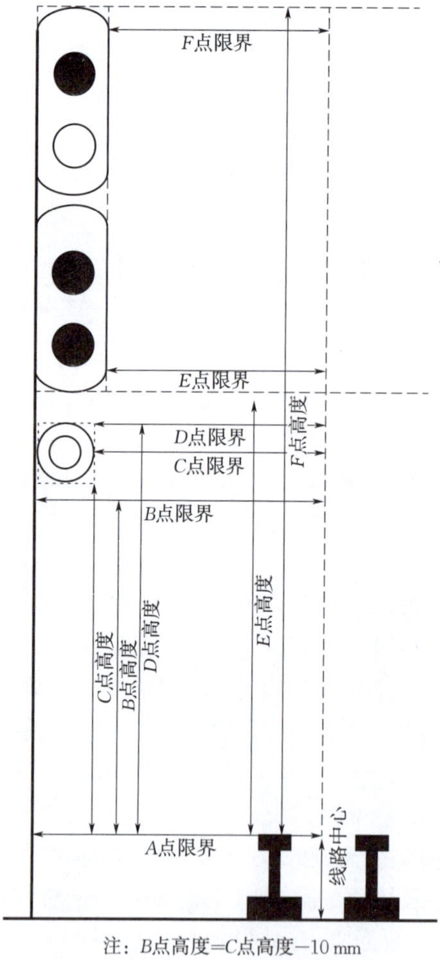

附图 2-3　进站信号机需测量的各点及其对应的限界

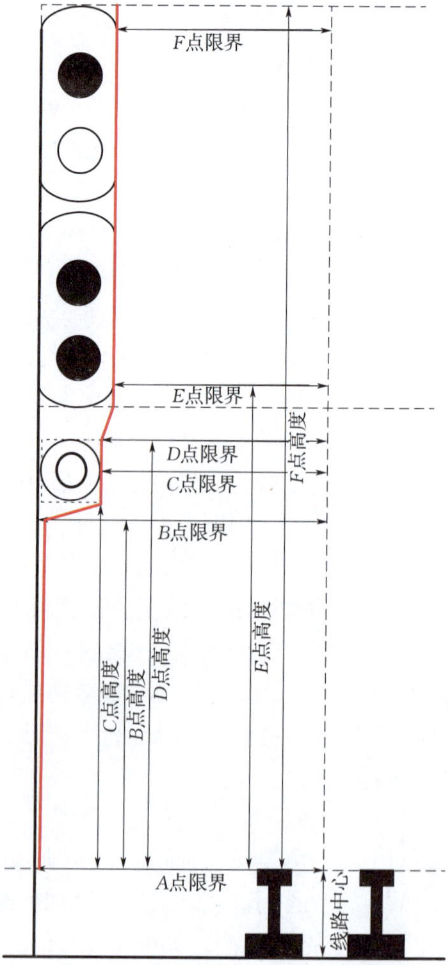

附图 2-4　根据附图 2-3 产生的设备边框效果

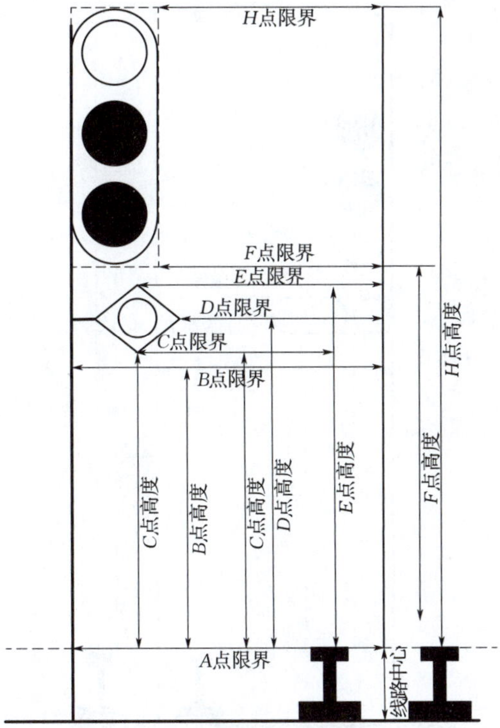

注：B点高度=C点高度−10 mm

附图 2-5　带容许信号机需测量的各点及其对应的限界

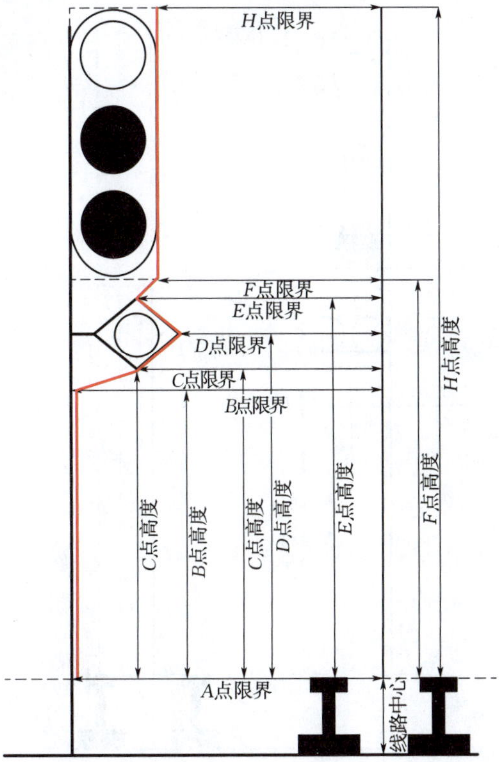

附图 2-6　根据附图 2-5 产生的设备边框效果

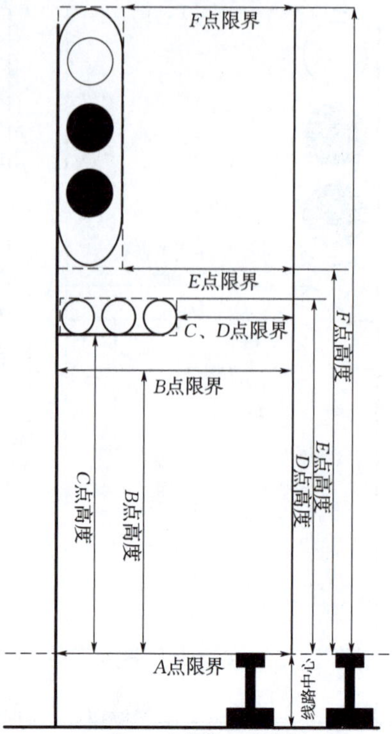

附图 2-7　带方向灯信号机需测量的各点及其对应的限界

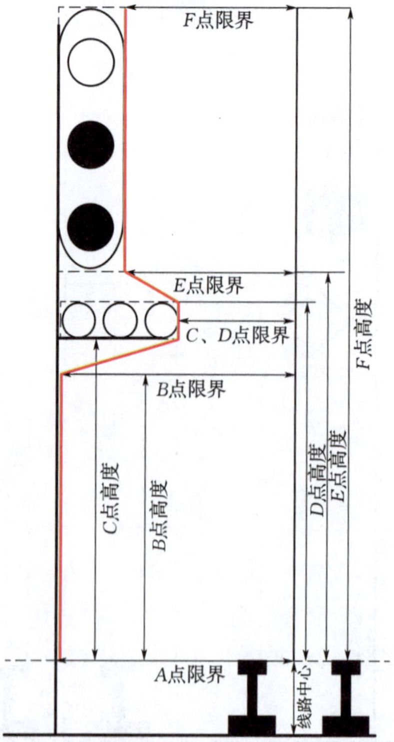

附图 2-8　根据附图 2-7 产生的设备边框效果

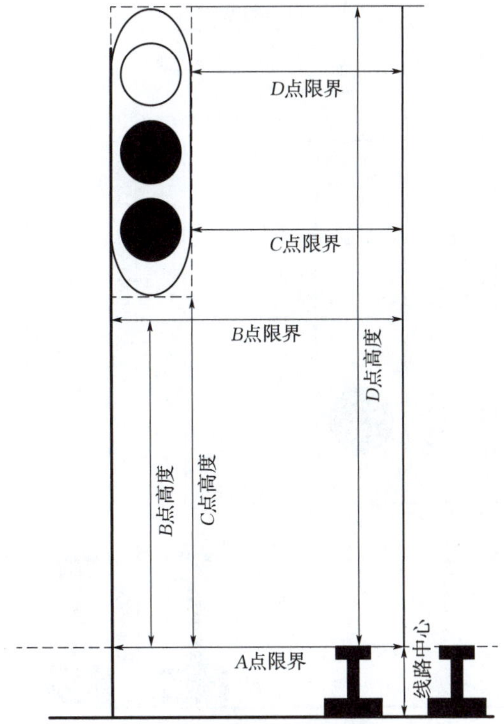

注：B点高度=C点高度−10 mm

附图 2-9　通过信号机需测量的各点及其对应的限界

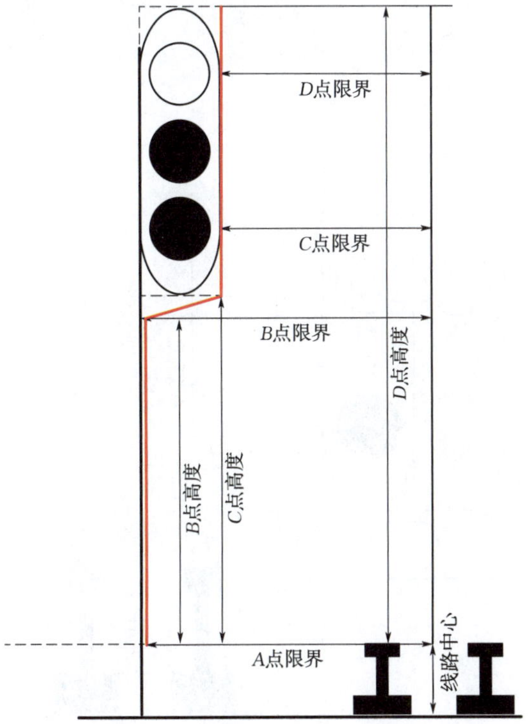

附图 2-10　根据附图 2-9 产生的设备边框效果

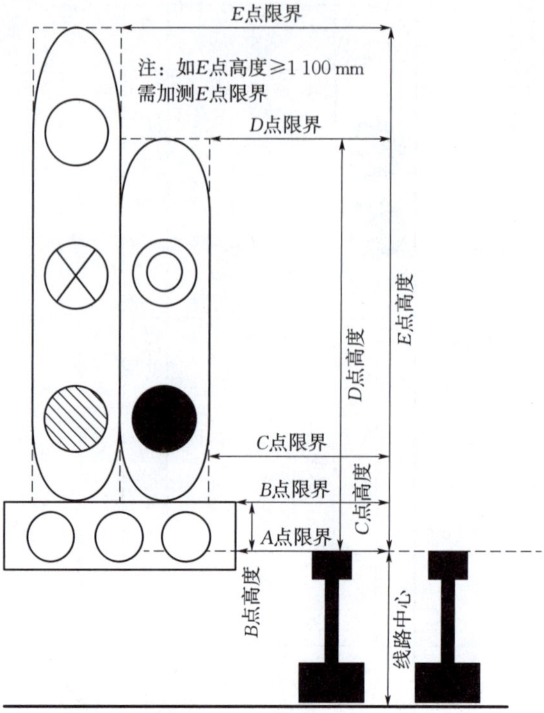

注：C点高度=B点高度+10 mm

附图 2-11　矮型信号机需测量的各点及其对应的限界

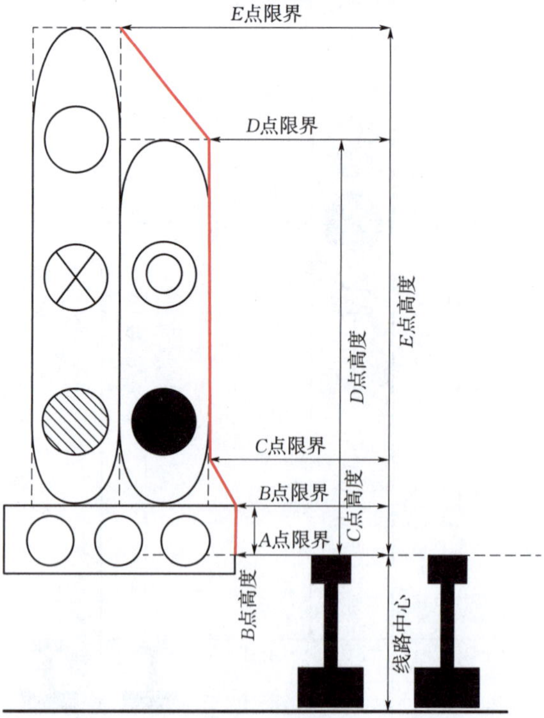

附图 2-12　根据附图 2-11 产生的设备边框效果

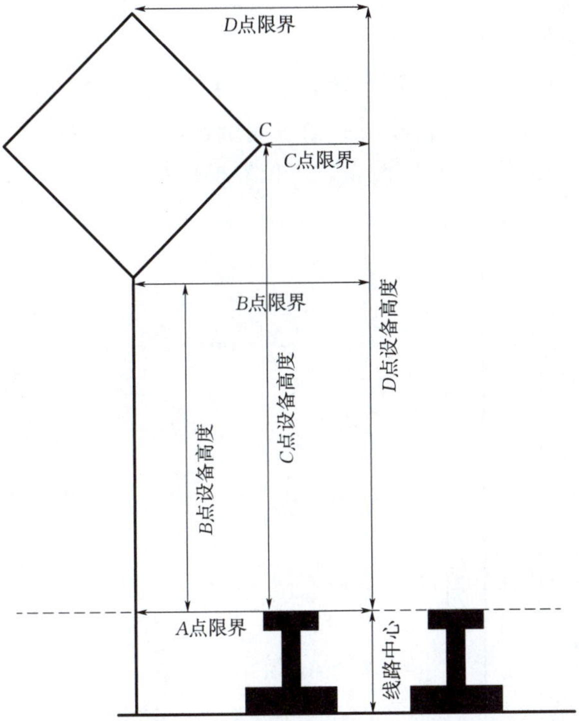

附图 2-13　禁停标需测量的各点及其对应的限界

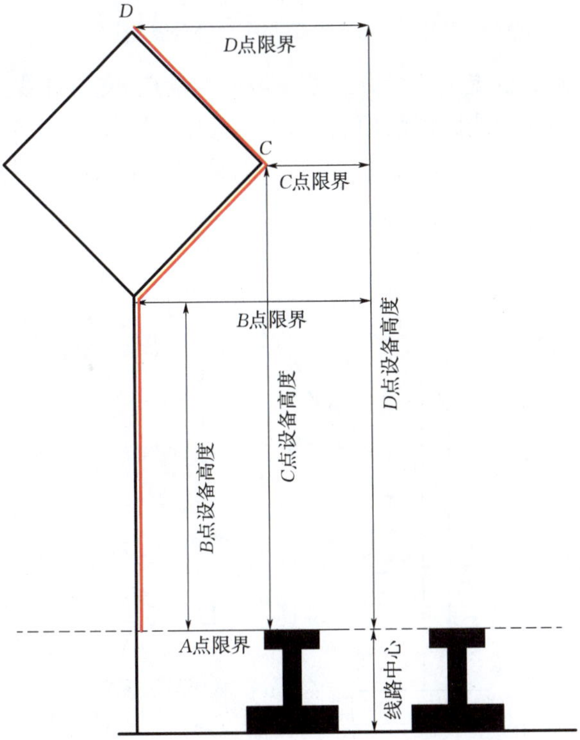

附图 2-14　根据附图 2-13 产生的设备边框效果

*4.3.3.3 供电系统

1. 接触网限界测量内容及方法

(1)中间柱限界测量分三处。第一测量点:支柱红线处 C_{x1} 值、H_1 值;第二测量点:腕臂底座支柱侧面内沿处 C_{x2} 值、H_2 值;第三测量点:与接触线等高斜腕臂处 C_{x3} 值、H_3 值(附图 2-15);如有软定位时,还需测量软定位器根部数据。

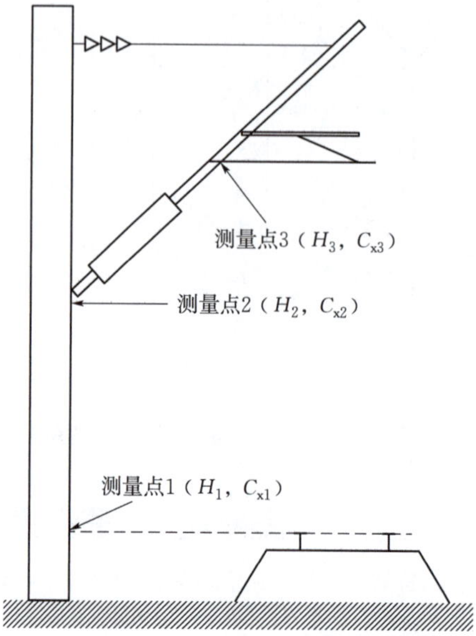

附图 2-15 中间支柱测量示意图

(2)带大限界框架的桥支柱测量分三处。第一测量点:支柱红线处 C_{x1} 值、H_1 值;第二测量点:大限界框架底面线路内沿顶点处 C_{x2} 值、H_2 值;第三测量点:与接触线等高斜腕臂处 C_{x3} 值、H_3 值(附图 2-16);如有软定位时,还需测量软定位器根部数据。

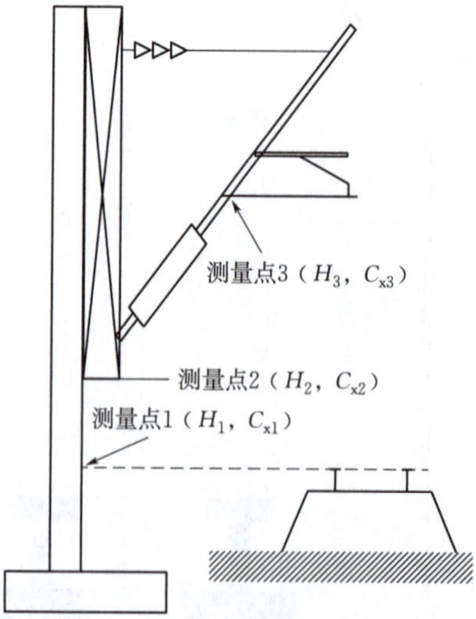

附图 2-16 带大限界框架的桥支柱测量示意图

(3)双线吊柱对本线测量分三处。第一测量点:吊柱底端处 C_{x1} 值、H_1 值;第二测量点:腕臂底座吊柱侧面内沿处 C_{x2} 值、H_2 值;第三测量点:与接触线等高斜腕臂处 C_{x3} 值、H_3 值(附图 2-17)。

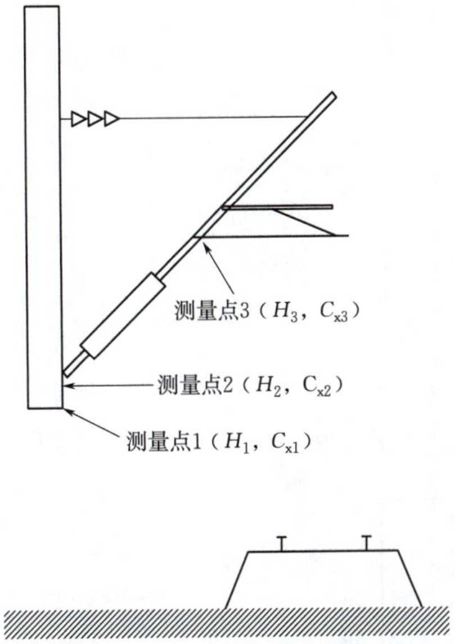

附图 2-17　双线吊柱测量示意图

(4)双线隧道邻线吊柱对本线测量一处。邻线线路吊柱底端处 C_{x4} 值、H_4 值(附图 2-18)。

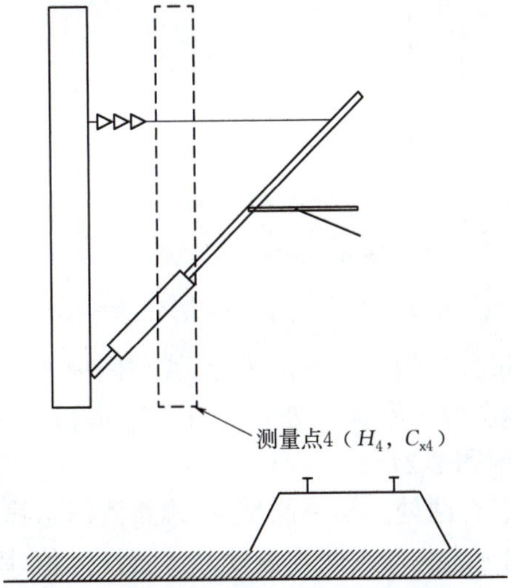

附图 2-18　双线隧道邻线吊柱测量示意图

(5)软横跨支柱测量分两处。第一测量点:支柱红线处 C_{x1} 值、H_1 值;第二测量点:下部固定绳支柱侧面内沿处 C_{x2} 值、H_2 值(附图 2-19)。

(6)无腕臂支柱测量分两处。第一测量点:支柱红线处 C_{x1} 值、H_1 值;第二测量点:距钢轨顶面 6 m 处 C_{x2} 值、H_2 值(附图 2-20)。

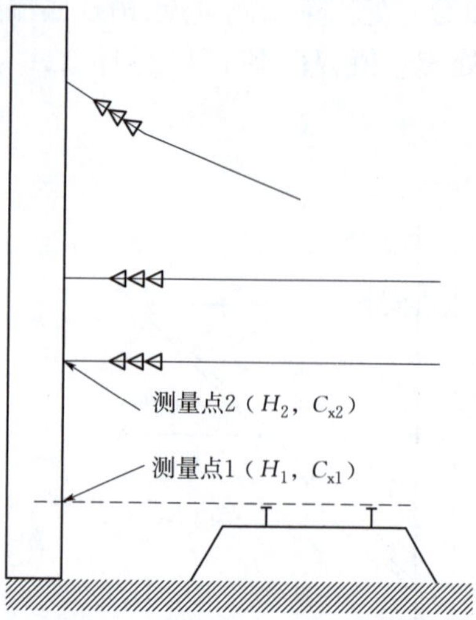

附图 2-19　软横跨支柱测量示意图

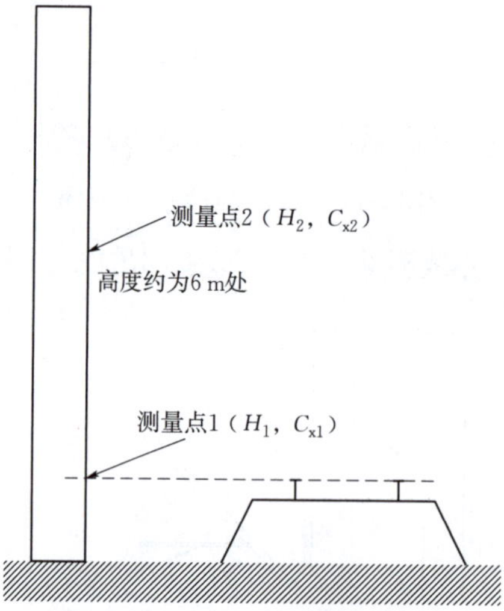

附图 2-20　无腕臂支柱测量示意图

(7)“禁止双弓”标测量分三处。第一测量点:线路侧标志牌与钢轨等高处 C_{x1} 值、H_1 值;第二测量点:线路侧标志牌底沿顶点处 C_{x2} 值、H_2 值;第三测量点:线路侧标志牌顶沿顶点处 C_{x3} 值、H_3 值(附图 2-21)。

(8)“断”“合”标测量点有两处。第一测量点:线路侧标志牌与钢轨等高处 C_{x1} 值、H_1 值;第二测量点:为线路侧标志牌最内侧顶点处 C_{x2} 值、H_2 值(附图 2-22)。

(9)“T 断”标测量分三处。第一测量点:线路侧标志牌与钢轨等高处 C_{x1} 值、H_1 值;第二测量点:线路侧标志牌最内侧顶点处“断”标 C_{x2} 值、H_2 值;第三测量点:线路侧标志牌最内侧顶点处“T”标 C_{x3} 值、H_3 值(附图 2-23)。

(10)“禁停”标测量分两种情况。

路基、桥梁处的“禁停”标。第一测量点:线路侧标志牌与钢轨等高处 C_{x1} 值、H_1 值;第二测量点:为线路侧标志牌最内侧顶点处 C_{x2} 值、H_2 值(附图 2-24)。

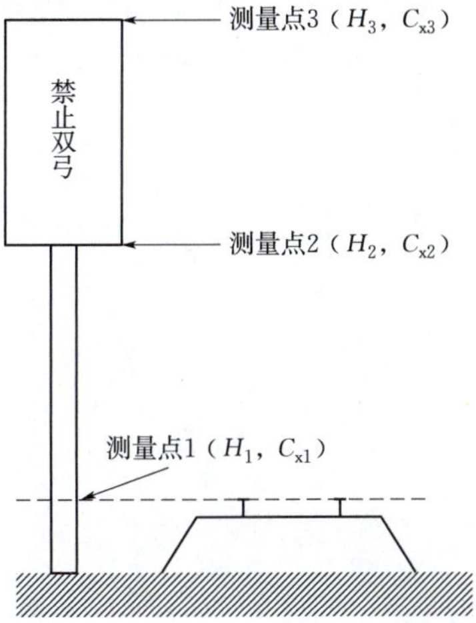

附图 2-21　“禁止双弓”标测量示意图

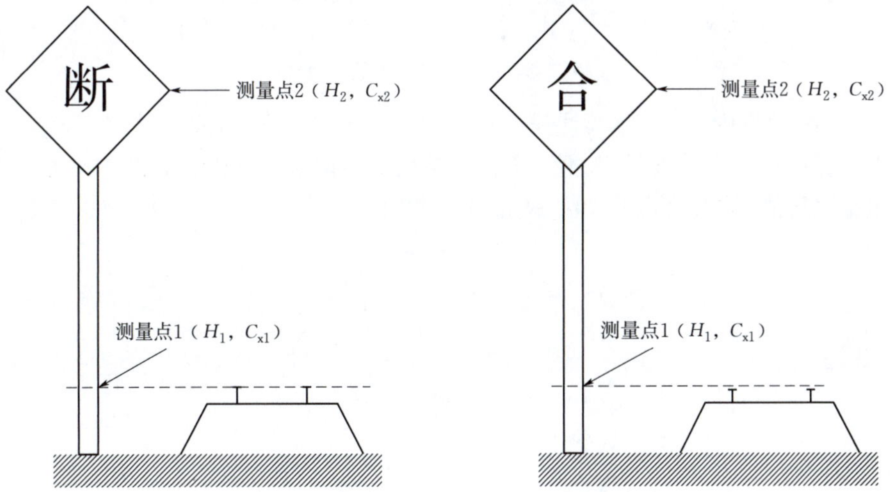

附图 2-22　“断”“合”标测量示意图

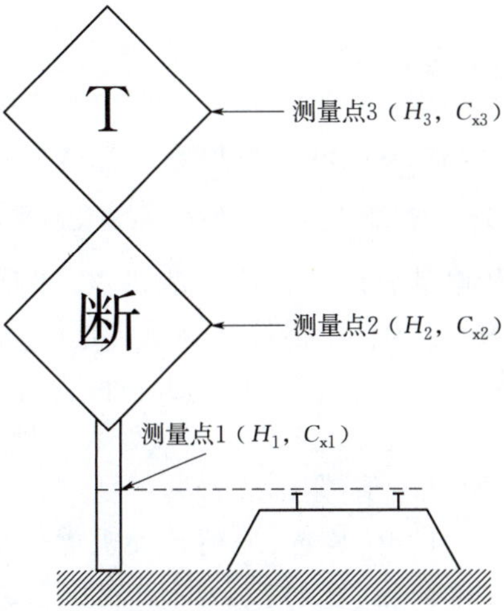

附图 2-23　“T 断”标测量示意图

隧道内的“禁停”标。第一测量点：线路侧标志牌底沿顶点处 C_{x1} 值、H_1 值；第二测量点：线路侧标志牌顶沿顶点处 C_{x2} 值、H_2 值(附图 2-24)。

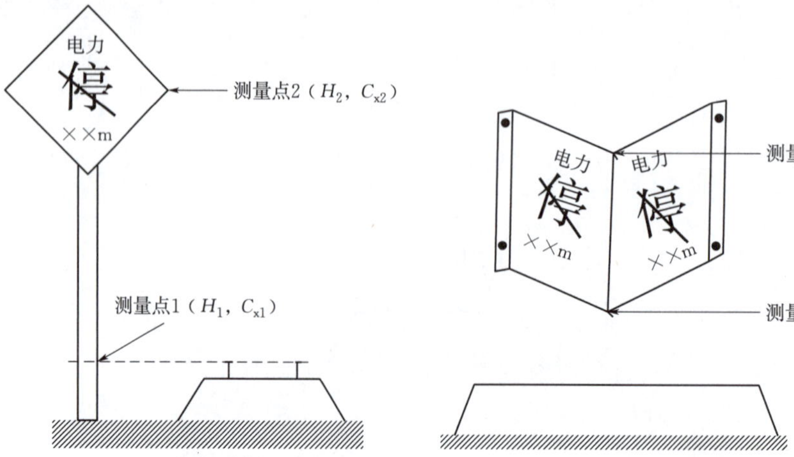

（a）路基、桥梁　　（b）隧道内

附图 2-24　“禁停”标测量示意图

(11)双线隧道内架空地线、回流线应分别测量悬挂处距本线最外端点的 C_x 值、H 值；相邻悬挂跨中最大弛度处 C_x 值、H 值。单线隧道内洞壁两侧接触线水平面以下悬挂设备(包括号码牌)均应测量 C_x 值、H 值(附图 2-25)。

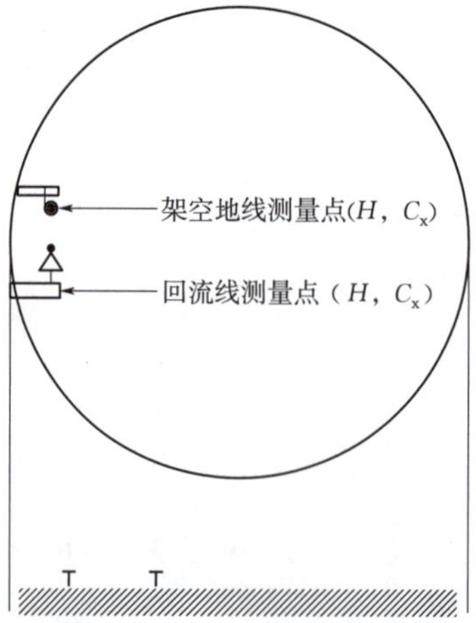

附图 2-25　双线隧道内架空地线、回流线测量示意图

(12)隧道内防护栅限界测量分两处。第一测量点：线路侧防护栅底沿红线处 C_{x1} 值、H_1 值；第二测量点：线路侧防护栅上沿最外侧顶点处 C_{x2} 值、H_2 值(附图 2-26)。

(13)隧道内的弹性腕臂装置测量分两种情况，一种为有定位装置，另一种为无定位装置，均需要测量两处。第一测量点：线路侧隧道壁处底座处 C_{x1} 值、H_1 值；第二测量点与接触线等高斜腕臂处 C_{x2} 值、H_2 值(附图 2-27)。

(14)安装在接触网支柱上的 6C 装置、隔离开关机操作机构(含机构箱、RTU 箱)、补偿装置及其固定角钢等设备设施，在对接触网支柱数据进行测量时，需要对其进行同步测量。

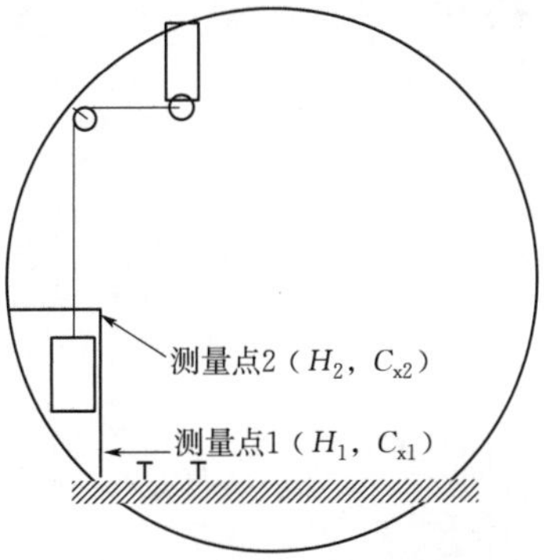

附图 2-26　隧道内防护栅测量示意图

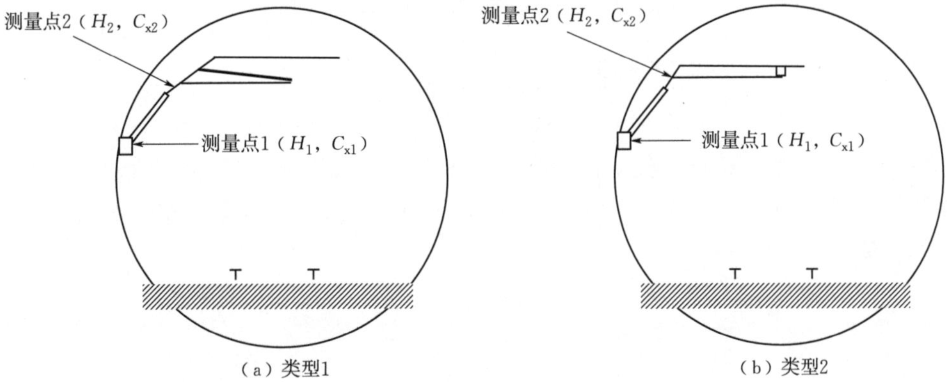

附图 2-27　隧道内的弹性腕臂装置测量示意图

2. 电力限界测量内容及方法

电力设备限界测量的项目包括:灯塔(桥、柱),隧道、桥梁内电缆(包括支架)及管路,电力箱(盒)、客车上水栓和管路,电力杆塔、电力上跨线(缆)。每处测量有两项数据,一是各测量点垂直投影在钢轨顶面连线处距线路中心的水平距离,即 C_x 值;二是各测量点距钢轨顶面的垂直距离,即 H 值。

(1)灯塔(桥、柱)测量分两处。第一测量点:灯塔(桥、柱)轨平面处 C_{x1} 值、H_1 值;第二测量点:距钢轨顶面 6 m 处 C_{x2} 值、H_2 值(附图 2-28)。

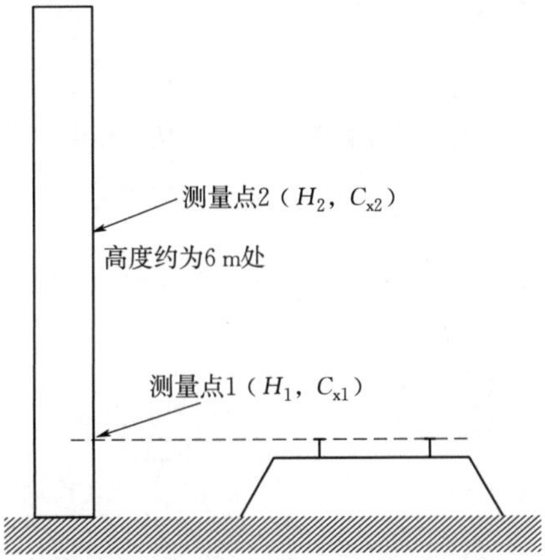

附图 2-28　灯塔(桥、柱)测量示意图

(2)隧道、桥梁内电缆(包括支架)及管路测量一处。支架处 C_{x1} 值、H_1 值(附图 2-29)。

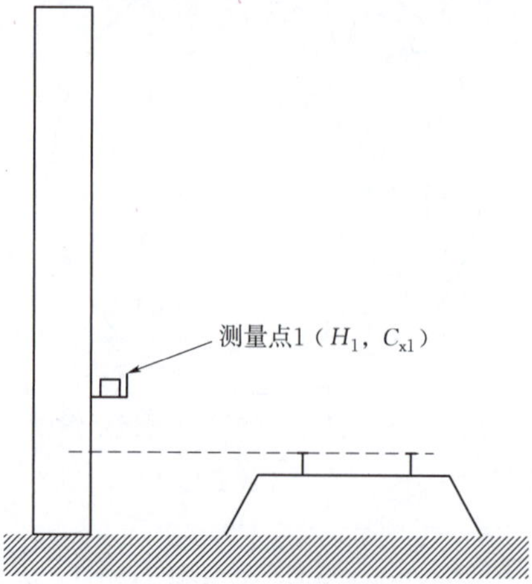

附图 2-29　电缆(包括支架)及管路测量示意图

(3)电力箱(盒)、客车上水栓和管路测量分两处。第一测量点:电力箱(盒)、客车上水栓和管路轨平面处 C_{x1} 值、H_1 值;第二测量点:电力箱(盒)、客车上水栓和管路顶点处 C_{x2} 值、H_2 值(附图 2-30)。

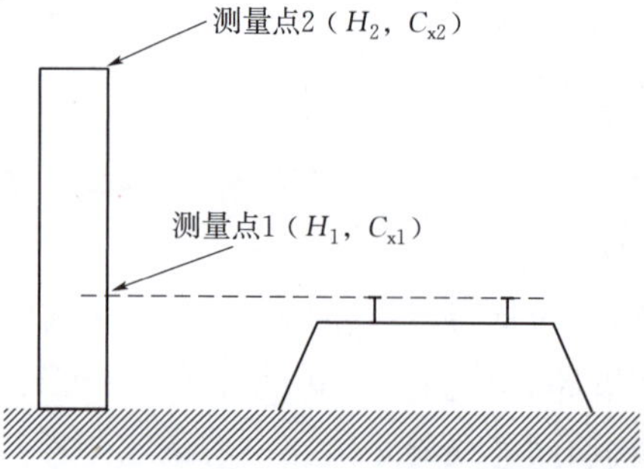

附图 2-30　电力箱(盒)、客车上水栓和管路测量示意图

(4)电力杆塔测量分三处。第一测量点:电力杆塔轨平面处 C_{x1} 值、H_1 值;第二测量点:电力杆塔金具最外侧顶点处 C_{x2} 值、H_2 值;第三测量点:电力杆塔附挂设备距线路最近处 C_{x3} 值、H_3 值(附图 2-31)。

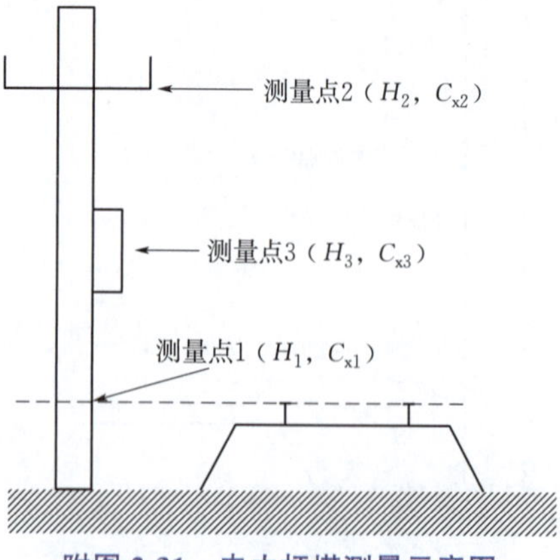

附图 2-31　电力杆塔测量示意图

(5)电力上跨线(缆)测量一处。距线路中心左右两侧各 3.3 m 范围内最低点处 C_{x1} 值、H_1 值(附图 2-32)

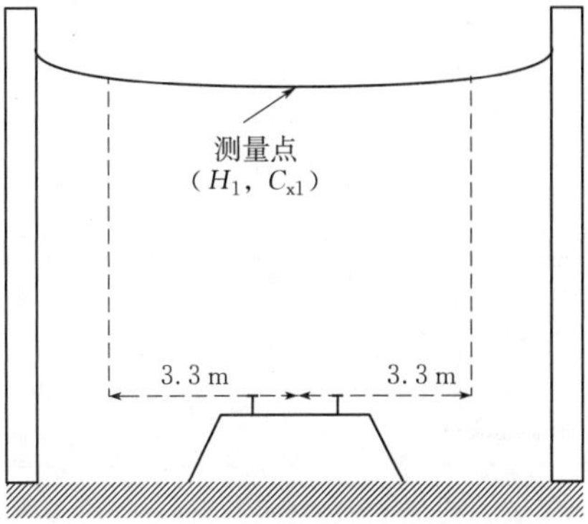

附图 2-32　电力上跨线(缆)测量示意图

*4.3.3.4　车辆系统

1. TVDS 设备限界测量图

(1)邯济晏城北(附图 2-33):

(2)京沪晏城北(附图 2-34):

(3)临清(附图 2-35):

(4)青岛二(附图 2-36):

(5)青岛一(附图 2-37):

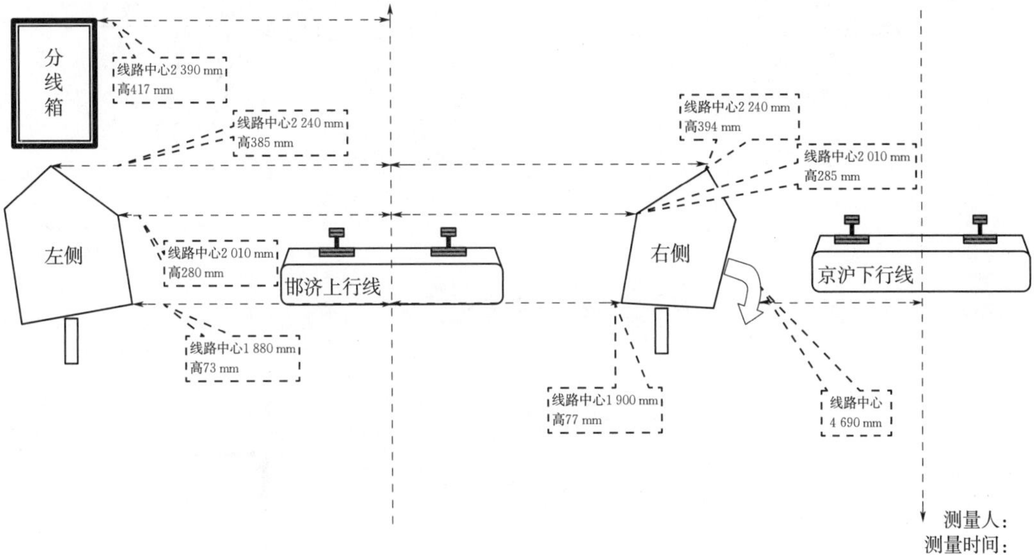

附图 2-33　邯济晏城北 TVDS 设备测量示意图

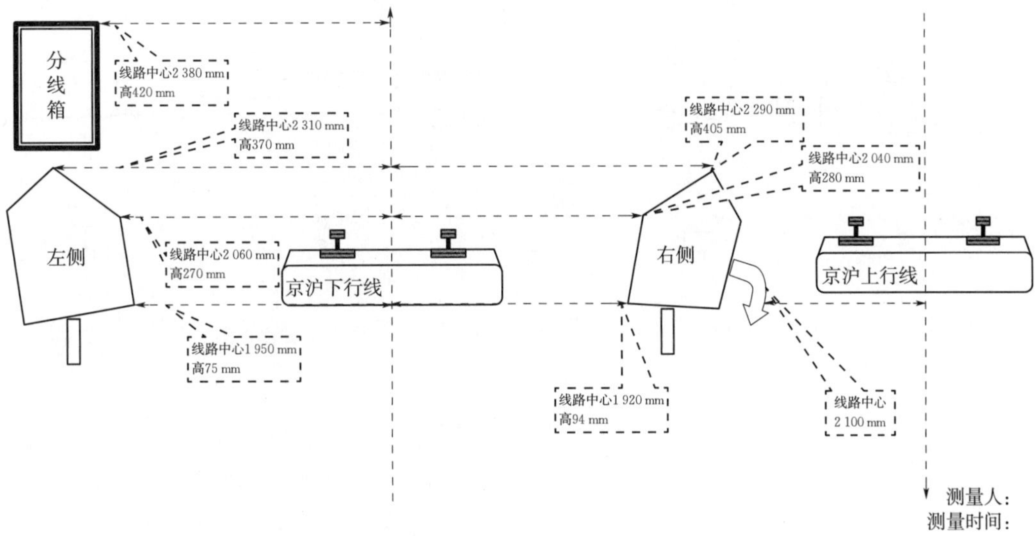

附图 2-34　京沪晏城北 TVDS 设备测量示意图

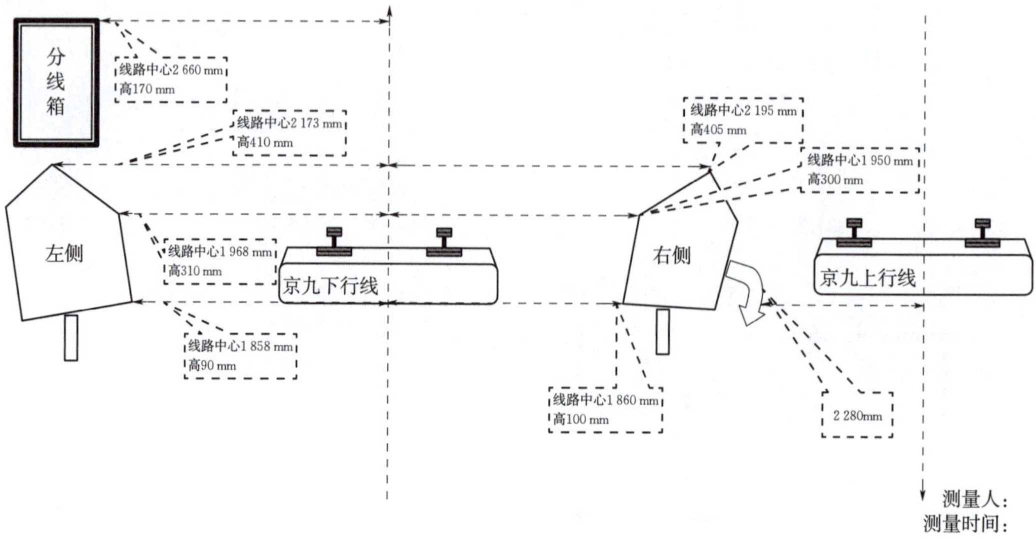

附图 2-35　临清 TVDS 设备测量示意图

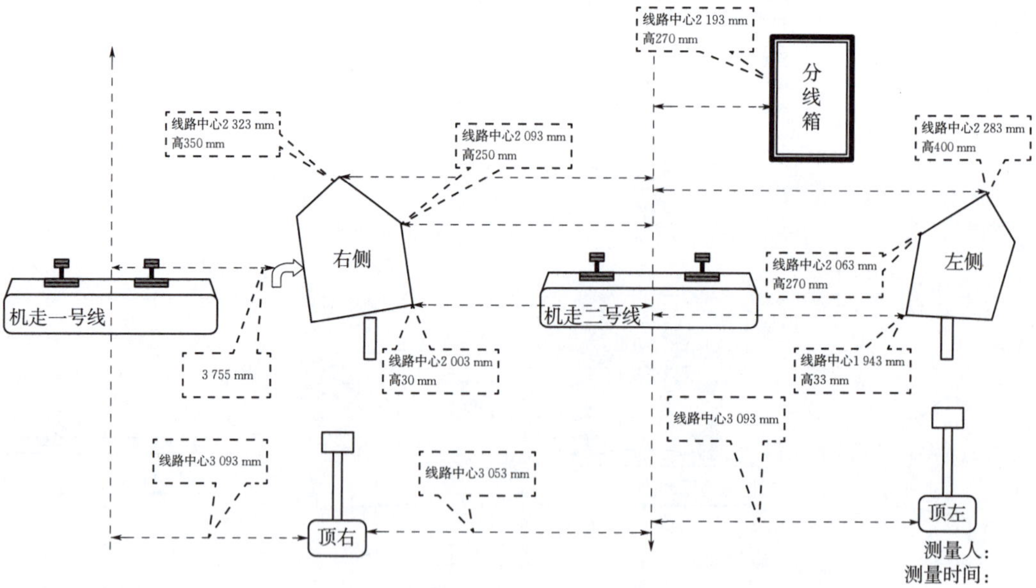

附图 2-36　青岛二 TVDS 设备测量示意图

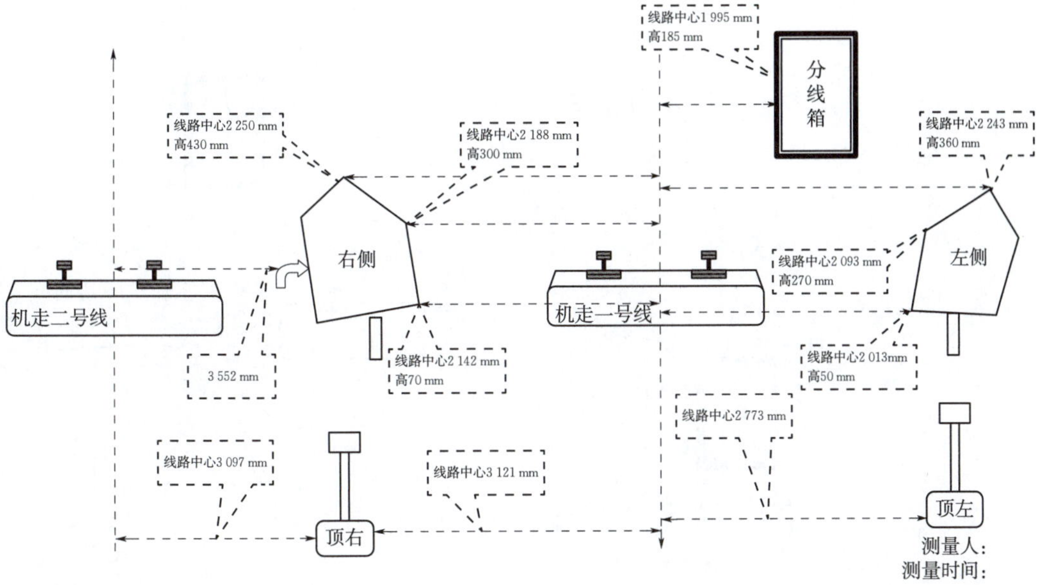

附图 2-37　青岛一 TVDS 设备测量示意图

(6)万德(附图 2-38):

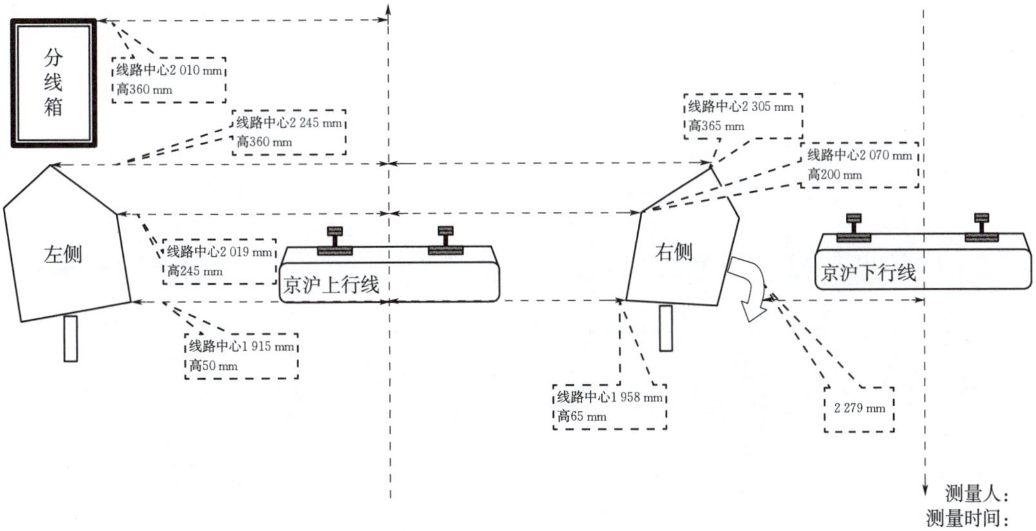

附图 2-38　万德 TVDS 设备测量示意图

(7)烟台(附图 2-39):

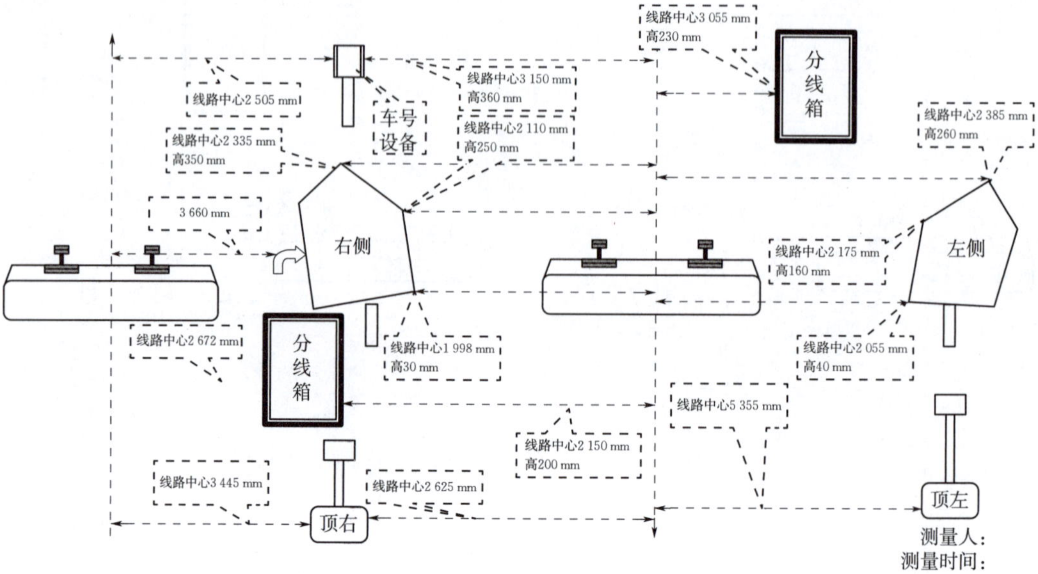

附图 2-39　烟台 TVDS 设备测量示意图

(8)阳谷(附图 2-40):

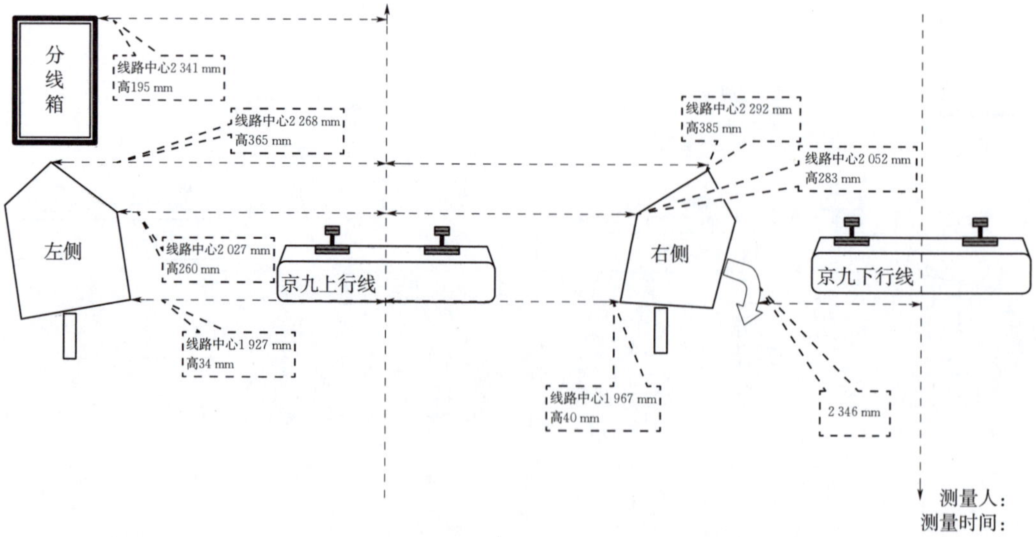

附图 2-40　阳谷 TVDS 设备测量示意图

(9)章丘货(附图 2-41)：

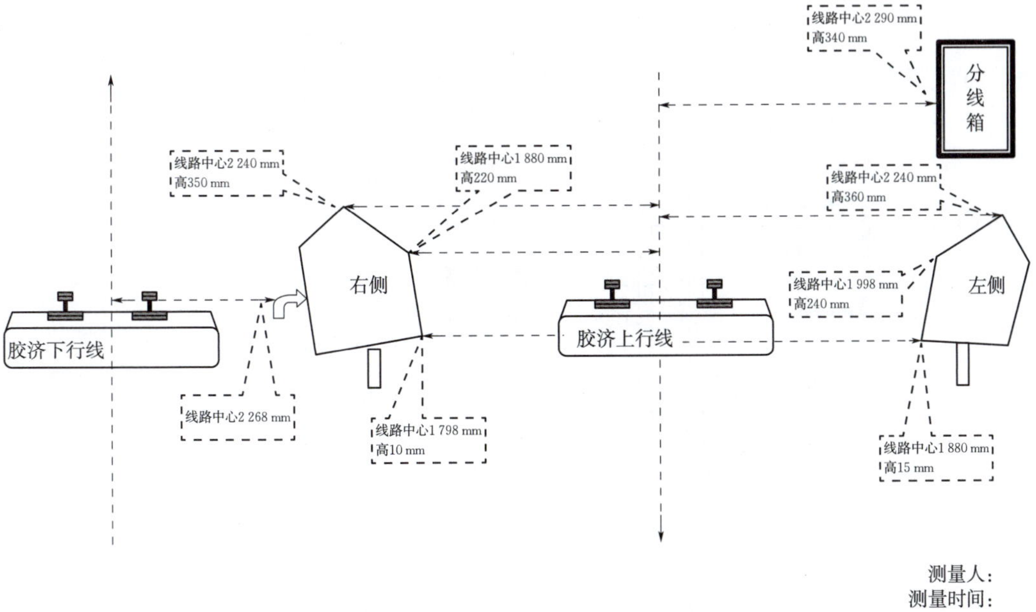

附图 2-41　章丘货 TVDS 设备测量示意图

(10)章丘客(附图 2-42)：

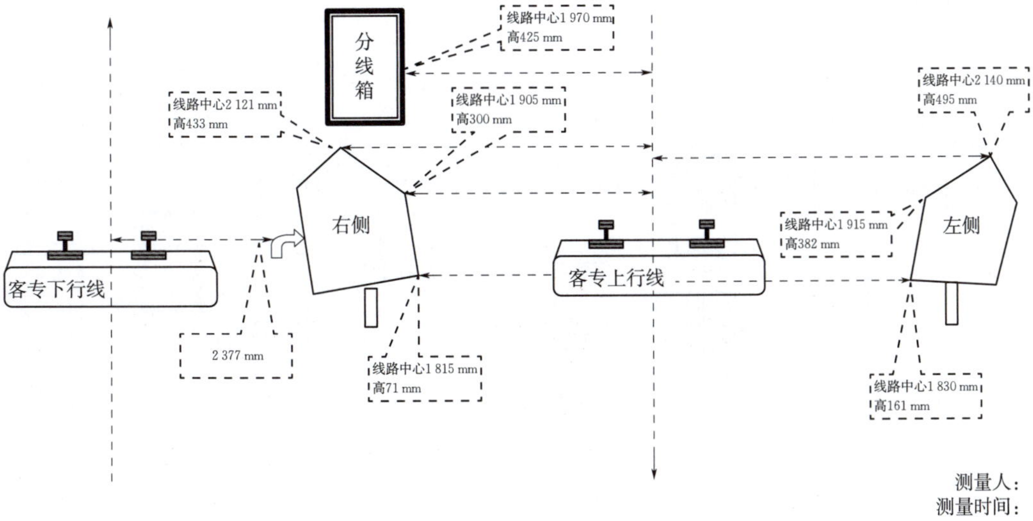

附图 2-42　章丘客 TVDS 设备测量示意图

2. AEI设备限界测量图

(1)5号联锁区(附图2-43)：

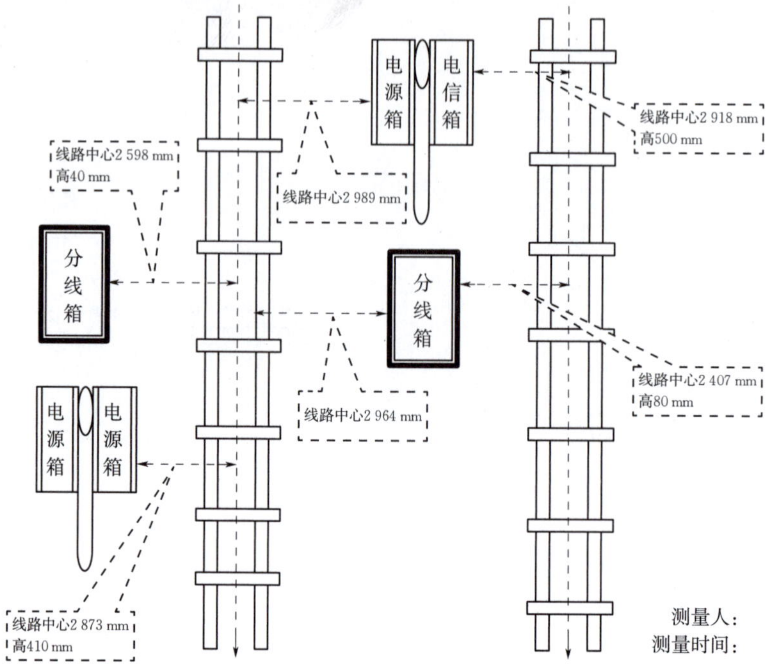

附图 2-43　5号联锁区AEI设备测量示意图

(2)15号联锁区(附图2-44)：

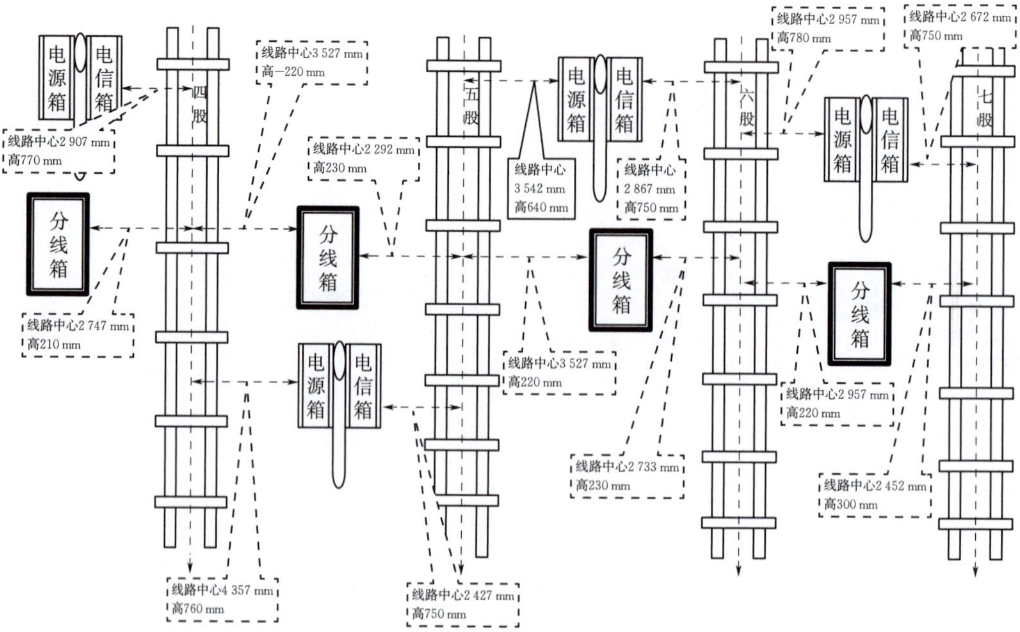

附图 2-44　15号联锁区AEI设备测量示意图

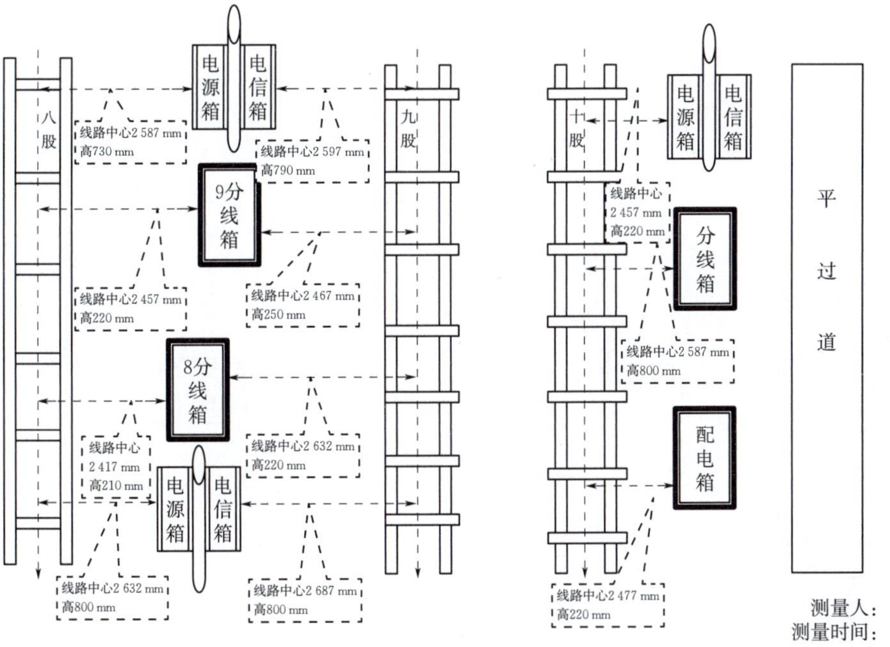

附图 2-44　15 号联锁区 AEI 设备测量示意图(续)

(3)修车库走行线(附图 2-45)：

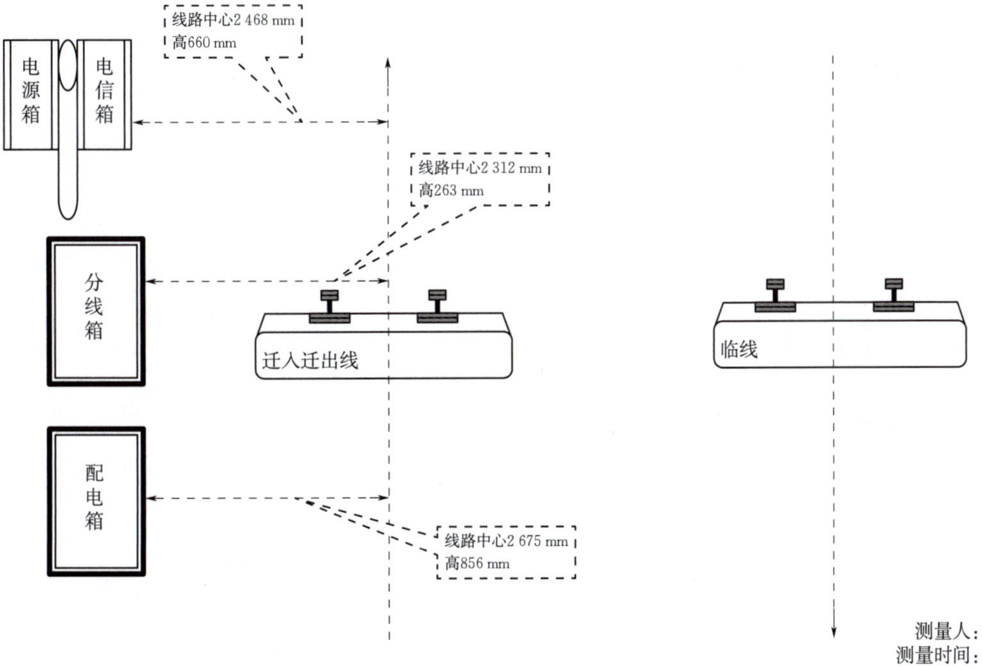

附图 2-45　修车库走行线 AEI 设备测量示意图

(4)沙岭庄(北)(附图 2-46):

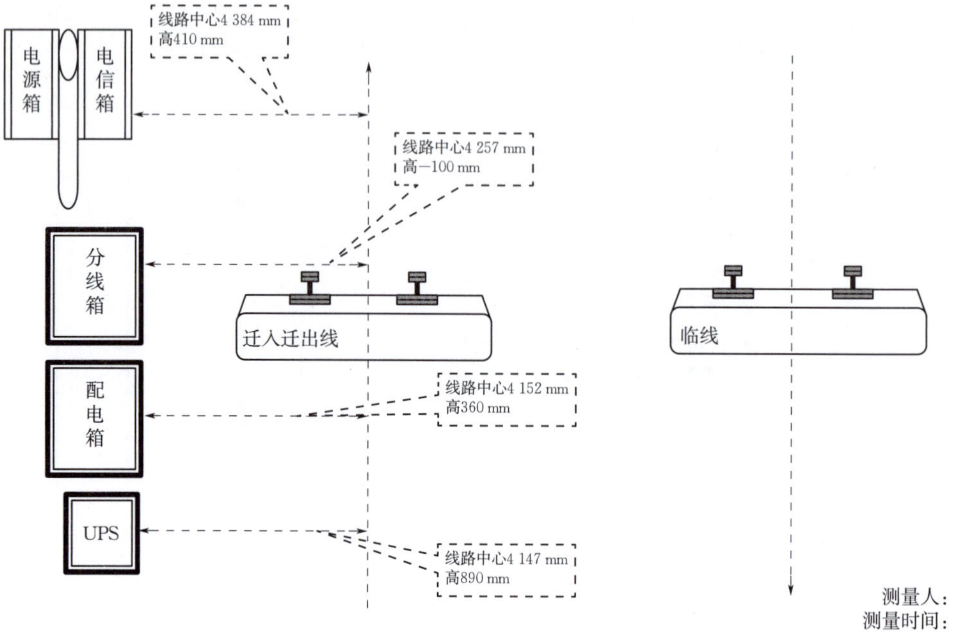

附图 2-46　沙岭庄(北)AEI 设备测量示意图

(5)沙岭庄(南)(附图 2-47):

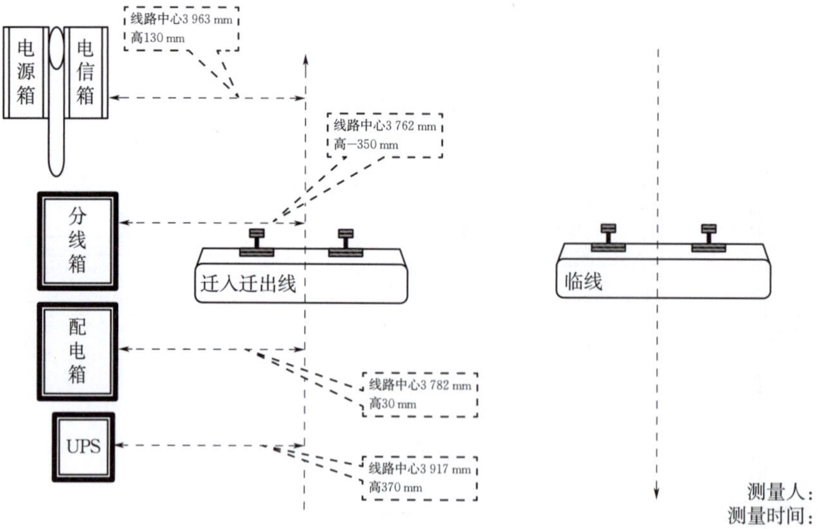

附图 2-47　沙岭庄(南)AEI 设备测量示意图

(6)西咽喉(附图 2-48):

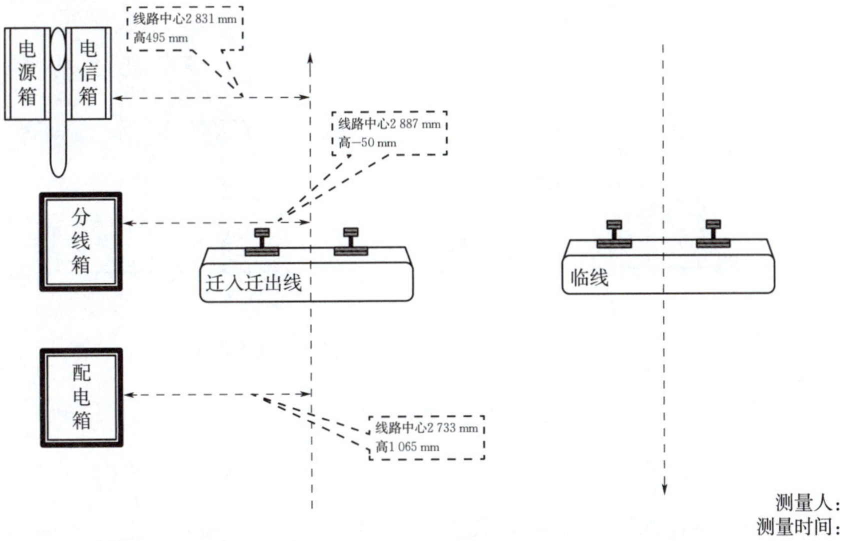

附图 2-48　西咽喉 AEI 设备测量示意图

*4.3.3.5　房建系统

1. 点位设置:站台、雨棚等的限界应建立定点检测、点间观测的监控制度,检测点设置应统一、规范。客货共线铁路站台直线部分每 20 m 设置一个检测点;高铁及客运专线铁路站台直线部分每隔 10 m 设置一个检测点;曲线部分每 5 m 设置一个检测点,对突变位置要选择最不利点并适当增加检测点密度且不大于 2 m 设置一个检测点,对《技规》规定的特征点必须测量。现场检测点编号设置顺序应与列车运行方向相反,"房建设备建筑限界测量表"内的编号要与现场检测点编号相对应,便于建筑限界日常管理。

限界数据测量应以轨面为基准,测量各检测点距 2 条钢轨轨顶连线的垂直高度及距垂直平分 2 条钢轨轨顶连线的直线的距离;或以大地为基准,测量各检测点距 2 条钢轨轨顶连线中点所在水平直线的高度及距 2 条钢轨轨顶连线中点所在铅垂线的距离。当检测点处于曲线范围内,以大地为基准测量取得的数据需按照《铁路建筑实际限界测量和数据格式》要求进行数据处理。

具体详见限界测量示意图,图中未涉及的现场设备根据实际情况进行测量,测量点必须完整包含各设备特征点及突出不利点。

2. 限界测量示意图(附图 2-49～附图 2-54):

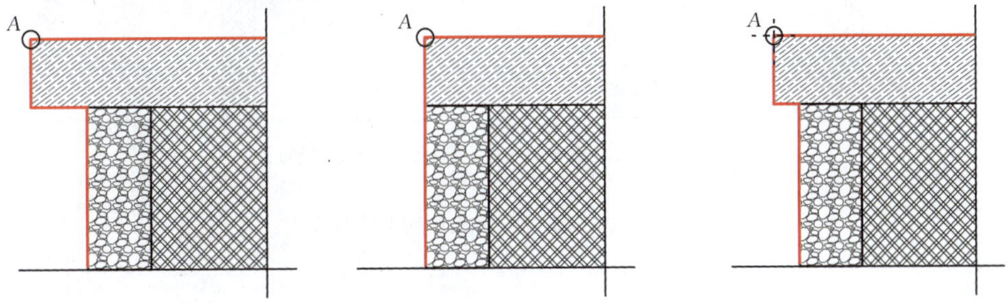

附图 2-49　各站台常见形式

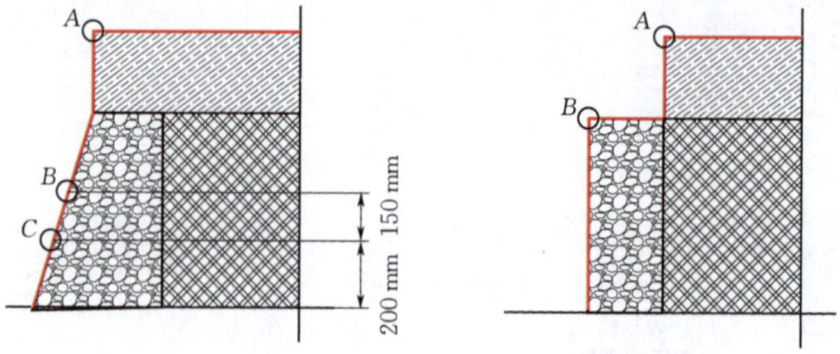

注：红色表示设备轮廓线，字母标记点为设备特征点。

附图 2-49　各站台常见形式(续)

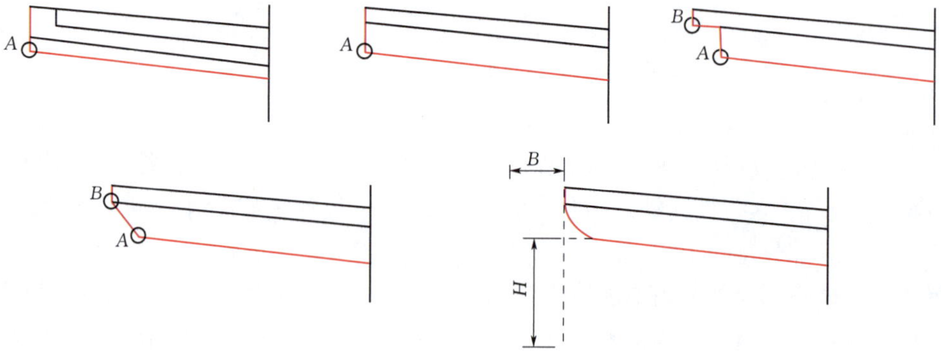

注：红色表示设备轮廓线，字母标记点为设备特征点。

附图 2-50　各雨棚挑檐常见形式

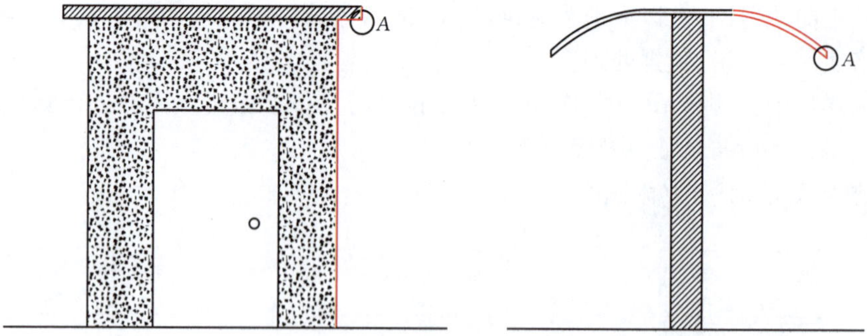

注：红色表示设备轮廓线，字母标记点为设备特征点。

附图 2-51　助理室、接车棚常见形式

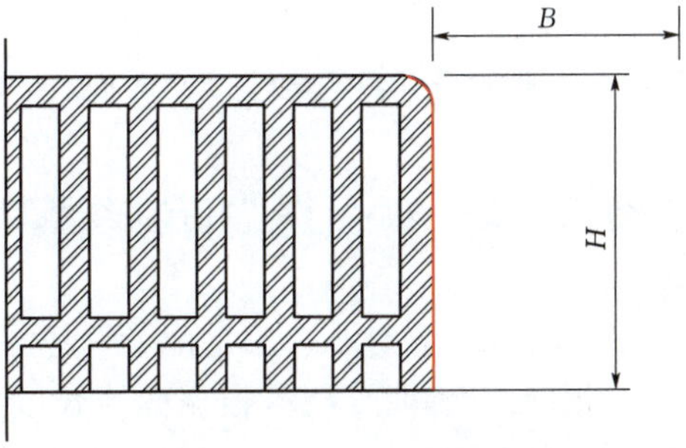

注：红色表示设备轮廓线。

附图 2-52　站台端部栏杆常见形式

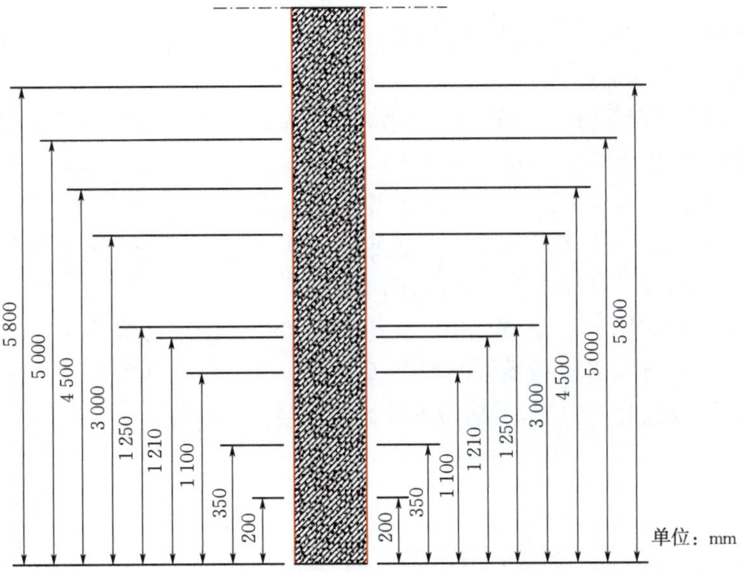

注：红色表示设备轮廓线，对线间柱需按照《技规》规定特征高度逐一检核，确保整体限界达标。

附图 2-53　高架候车室线间柱、无柱风雨棚线间柱形式

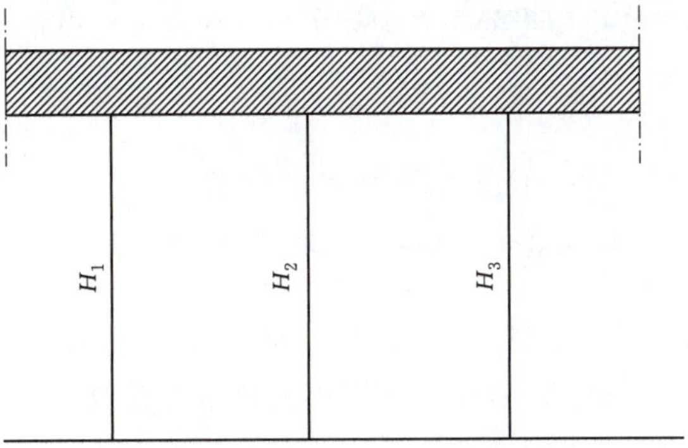

注：对横跨线路的天桥设备，每股均需测量天桥高度。

附图 2-54　天桥高度测量形式

4.4 数据记录

*4.4.1 工务系统

1. 填写时，本线线路由小里程到大里程填写，左、右侧线路由小里程看向大里程来区分。

2. “线名”的填写与“LKJ”数据表一致；“行别”只有正线填写；“股道”名称与 PWMIS 数据库一致。

3. 填写时，两线间线间距大于 15 m 时不再测量记录，线间距填写“大于 15 m”。

4. 测量直线地段 200 m 测量一处，曲线地段根据曲线长度加密测量，特殊地点需测量，如：直缓、缓圆、曲中、圆缓、缓直点。

5. 股道测量时，需在附注中标注测量的特殊位置，如：曲线头、尾，信号机，警冲标等。

*4.4.2 电务系统

1. 填写时：本线的测量数值填写距本线中心线距离、本线高度以及列车运行方向，邻线测量数值填写距邻线中心线距离、邻线高度以及列车运行方向。如遇设备在曲线上，需要核对或填写曲线数据。

2. 距本线中心线距离（实测 mm）：设备距离本线轨道中心线小于 3 300 mm 以内的设备均要填写，数值为整数，如距离本线距离大于 3 300 mm，则填△。

3. 本线高度（mm）：待测设备距离本线线路的高度，数值为整数。高度在直线区段自轨面高度计算，在曲线区段为自两轨道面连线中心点所在平面（基于大地）至待测点间垂直距离，如待测设备最高点低于轨面，则填△。

4. 距邻线中心线距离（实测 mm）：设备距离邻线轨道中心线小于 3 300 mm 以内的设备均要填写，数值为整数，如距离本线距离大于 3 300 mm，则填△。填写时邻线数据另起一行，与邻线数据分行填写，严禁与本线数据填写在同一行。

5. 邻线高度（mm）：参照本线高度（mm），与邻线数据分行填写，严禁与本线数据填写在同一行。

6. 曲线部分：曲线半径、外轨超高栏填写整数，正线曲线均从 LKJ 基础数据工务《曲线表》中获取，现场与曲线表不一致的，以现场为准。曲线表中的曲线左右均为从小里程向大里程方向看。曲线内侧、曲线外侧只能填写一栏，设备在曲线的内侧则在曲线内侧栏填“√”，设备在曲线的外侧则在曲线外侧栏填“√”。

7. 列车运行方向：这里所指的左右为列车按照线路方向设备相对线路的位置，在对应栏填“√”。

*4.4.3 供电系统

1. 填写时：线别填写 LKJ 股道线别；车站名称填写本站站名、区间按线路列车运行方向进行填写，如：上行，淄博站货运车场—马尚站；隧道名称按 LKJ 隧道名称填写；支柱里程：填记各检测点正线里程或对应里程，格式为 K×××+×××，如 K000+000；设备名称按设备分类填写，如：中间柱、吊柱、邻线吊柱、邻线杆号牌、软横跨柱、无腕臂柱、分相标志等；曲线半径、外轨超高按实际情况填记具体数值，如：无则以“—”划去；左右曲按线路列车运行方向进行判断。

2. 测量点编号：填记各检测点支柱号。

测量点：CX 是指测量拉出值，H 是指测量导高。

例如：中间柱

测量点 1：H_1 使用侧面限界进行测量轨面红线处，CX_1 使用拉出值测量轨面红线处。

测量点 2：H_2 使用导高键测量斜腕臂底座角钢处导高，CX_2 使用拉出值键测量斜腕臂底座角钢处拉出值。

测量点 3：H_3 位于斜腕臂定位管定位环下 200～300 mm 左右与接触线等高处，使用导高键测量此处导高，CX_3 位于斜腕臂定位管定位环下 200～300 mm 左右与接触线等高处，使用拉出值键测量此处拉出值。

车站硬横梁、隧道是吊柱常见处所，车站硬横梁吊柱一般位于两线路中间位置，根据测量情况填写较小的侧面限界。

隧道吊柱则不同，应隧道内的吊柱是错位安装，下行的吊柱靠近上行线路，上行的吊柱靠近下行，因此在填写数据时要注意行别，在填写上行时表格中的数据为下行吊柱的数据，下行表格中的数据为上行吊柱的数据。

3. 测量范围：自轨面起测量高度(mm)：直线区段距线路中心左右两侧各 2 600 mm、曲线区段距线路中心左右两侧各 3 300 mm，高度 6 000 mm 以内及建筑限界高度要求大于 6 000 mm 的房建设备均填写轨面基准数据(如以大地基准测量需注明，并按规定进行折减计算)。数值为整数，如限界测量仪显示小数，不论大小均向上取整，如“1 239.2”，填记“1 240”。

4. 距线路中心线距离(mm)：直线区段距线路中心左右两侧小于 2 600 mm、曲线区段距线路中心左右两侧小于 3 300 mm 时均要填写，数值为整数，如限界测量仪显示小数，不论大小均向下取整，如“1 755.8”，填记“1 755”。

*4.4.4　房建系统

1. 填写时：线别填写 LKJ 股道线别；是否电气化按实际情况填写“是”或“否”；车站名称填写本站站名；设备性质按设备分类填写“Ⅰ类”、“Ⅱ类”或“Ⅲ类”；股道编号填写本股道 LKJ 编号；是否正线按本线实际情况填写“是”或“否”；设备名称填写 LKJ 数据规定的设备名称；测量方向按面朝来车方向填写“自×向×”；曲线半径、外轨超高按实际情况填记具体数值，如无则以“—”划去；加宽范围按实际情况填记加宽范围检测点编号，无缓和曲线时手写改记“折线加宽”，如无则以“—”划去。

2. 线路里程：填记各检测点正线里程或对应里程，格式为 K×××+×××，如 K451+521。

3. 测量点编号：填记各检测点编号，如有增加点则按顺序记为“×+1”，如自第 5 点向第 6 点测量，5、6 点间增加 2 点，则分别记为“5+1”“5+2”。

4. 自轨面起测量高度(mm)：直线区段距线路中心左右两侧各 2 600 mm、曲线区段距线路中心左右两侧各 3 300 mm，高度 6 000 mm 以内及建筑限界高度要求大于 6 000 mm 的房建设备均填写轨面基准数据(如以大地基准测量需注明，并按规定进行折减计算)。数值为整数，如限界测量仪显示小数，不论大小均向上取整，如“1 239.2”，填记“1 240”。如数据显示负值，则填记“低于轨面”。

5. 距线路中心线距离(mm)：直线区段距线路中心左右两侧小于 2 600 mm、曲线区段距线路中心左右两侧小于 3 300 mm 时均要填写，数值为整数，如限界测量仪显示小数，不论大小均向下取整，如“1 755.8”，填记“1 755”。如距离大于 2 600 mm 或 3 300 mm 填“△”。

6. 曲线加宽值(mm)：参照自轨面起测量高度(mm)，按《技规》规定计算，数值为整数，如计算值有小数，不论大小均向上取整，如无则以“—”划去。

7. 限界标准值(mm)：参照自轨面起测量高度(mm)，为该高度《技规》规定直线设备限界标准与曲线加宽值之和。

8. 侵限尺寸(mm)：如距线路中心线距离(mm)小于限界标准值(mm)，则填记距线路中心线距离(mm)与限界标准值(mm)之差，显示负值，如无则以“－”划去。

9. 设备状况：填记各检测点曲线时的内曲、外曲形式；标记 HZ、YH、ZY 等特征点；显示折线加宽，缓和曲线、直线加半款等附注；填记设备病害。

4.5 作业后总结

下道前，检查携带的工具材料是否齐全，根据上道前登记材料工具清单进行核对，确保无遗漏。人员料具全部下道，出作业门后，录像结束，作业完毕。回到工区后，将当日测量结果及时录入表格，并计算有无侵限设备。

第二章 限界表格编制、填写(以信号为例)

信号设备建筑限界表

单位：________车间

序号	工区	线别	车站或区间	设备名称	公里标（和线别一致）	距本线中心线距离（实测mm）	本线高度（mm）	距邻线中心线距离（实测mm）	邻线高度（mm）	曲线部分(mm)					折减后本线距离（mm）	折减后邻线距离（mm）	技规规定限界(超限运输时填写车辆半宽)（mm）	本线超限距离（mm）	邻线超限距离（mm）	是否超限径路		列车运行方向		备注
										曲线半径（m）	曲线内侧	曲线外侧	外轨超高	曲线加宽计算值（超限运输时包含导向加宽）						本线	邻线	左	右	

说明：

1. 序号：应按照线路（行别），车间将工区上报数据汇总后，统一排序，每一行一个序号。从 1 开始连续排序。

2. 工区：按照设备归属工区，填写工区全名。

3. 线别：根据设备所属线路名称填写，线路名称需以 LKJ 基础数据中工务“线路名称表”公布的线名为准，线别列不加“线”字。如胶济、济青高速、青盐等。正线上的设备按 LKJ 基础数据中工务“正线起讫里程表”对应的起讫里程内的起终点内的设备填写，站线及其延伸至正线道岔径路间的设备按 LKJ 基础数据中工务《股道表》对应的线名填写。如胶州站ⅠG、ⅡG、5G 至 21G、H1、H2G 为胶济，ⅢG 为胶新疏解，ⅣG 为胶新。如工务股道表中无明确规定的股道，按该站所属主线填写，如胶州站主线为胶济线，则填胶济。

4. 车站或区间：以进站信号机（预告信号机）为基准，进站（预告）信号机以站内设备填车站名称（不加站字，如潍坊站货运车场、红岛）；以站外的设备填区间（复示进站信号机等只要在站外的设备均按区间填写），复线按照列车运行方向填写，如胶济下行填“芝兰庄—胶州”，胶济上行填“胶州—芝兰庄”，单线按照下行方向填写。

5. 设备名称：按照《信号设备命名规则（限界）》（附录 3）要求命名，多点测量，有几个测量点，设备名称就写几行，不在设备名称后加 1、2、3 或（1）、（2）、（3）等。为了方便工区测量，邻线的设备在名称后面加邻。如 XI 信号机本线测量 4 个点，邻线测量 4 个点，则分 8 行填写，前 4 行均填“XI”，后四行均填“XI 邻”。遇到“命名规则”中没有规定的请及时联系段主管进行补充完善。

6. 公里标（和线别一致）：公里标填写数值应和线别一致，如即墨 XL1 信号机线别“胶济”，则填写的公里标即为胶济线公里标，填写格式为×××.×××（而非 K×××+×××），列车信号机公里标需和 LKJ 公布的公里标一致，其他设备的公里标通过列车信号机、尖轨尖等计算。注意：上行设备尽量使用上行列车信号机、尖轨尖计算，下行设备尽量使用下行列车信号机、尖轨尖计算。如遇站中心不一致的车站，严禁使用另一行别的设备计算本行别设备，即严禁使用上行尖轨尖计算下行信号设备公里标，反之亦然。（站中心是否一致，通过 LKJ 基础数据中工务“车站表”查看，在修改标注栏注明上行站中心×××.×××的即为站中心上下行不一致）

7. 距本线中心线距离（实测 mm）：设备距离本线轨道中心线小于 3 300 mm 以内的设备均要填写，数值为整数，如距离本线距离大于 3 300 mm，则填△。测量时高柱信号设备必须使用激光测距仪，矮型信号设备条件允许的情况下建议也使用激光测距仪，如条件不允许则采用没有拉伸特性的测量工具，电气化区段不得使用金属或带金属丝的测量工具。测量时应以大地为基准平面测量，曲线上设备测量时不使用两钢轨间连线为基准，而应采用两钢轨连线中心点平行大地为基准平面测量，激光测距仪具备以大地为基准的测量功能，具体使用方法参照使用的激光测距仪的使用说明书。（附图 2-55 红色虚线为基于大地的测量示意）

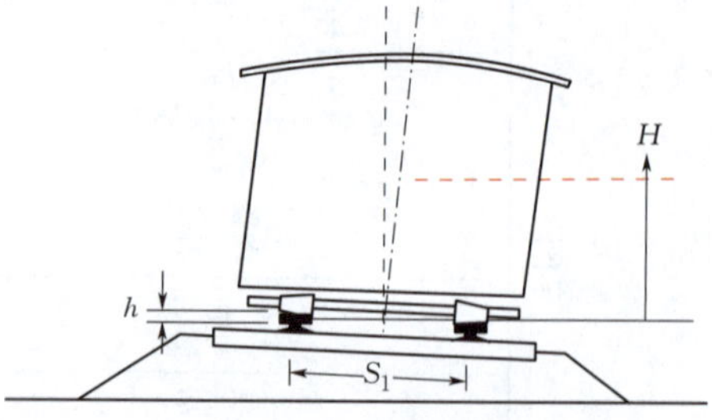

附图 2-55　基于大地的测量示意

8. 本线高度(mm):待测设备距离本线线路的高度,数值为整数。高度在直线区段自轨面高度计算,在曲线区段为自两轨道面连线中心点所在平面(基于大地)至待测点间垂直距离(附图 2-55H 的高度),如待测设备最高点低于轨面,则填△。测量工具及方法参照第 7 条。

9. 距邻线中心线距离(实测 mm):设备距离邻线轨道中心线小于 3 300 mm 以内的设备均要填写,数值为整数,如距离本线距离大于 3 300 mm,则填△。其他参照第 7 条。填写时邻线数据另起一行,与邻线数据分行填写,严禁与本线数据填写在同一行。

10. 邻线高度(mm):参照第 8 条,与邻线数据分行填写,严禁与本线数据填写在同一行。

11. 曲线部分:曲线半径、外轨超高栏填写整数,正线曲线均从 LKJ 基础数据工务“曲线表”中获取,曲线表中的曲线左右均为从小里程向大里程方向看。曲线内侧、曲线外侧只能填写一栏,设备在曲线的内侧则在曲线内侧栏填“√”,设备在曲线的外侧则在曲线外侧栏填“√”。

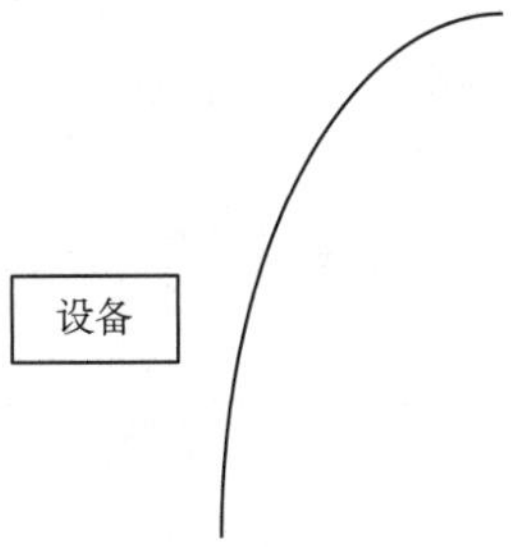

附图 2-56　设备在曲线外侧

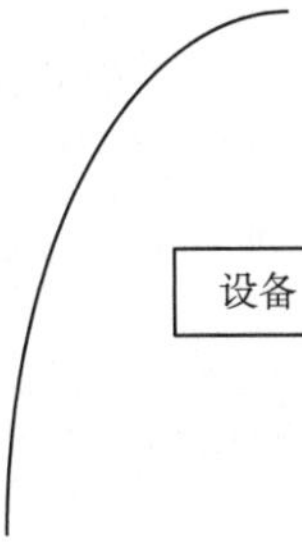

附图 2-57　设备在曲线内侧

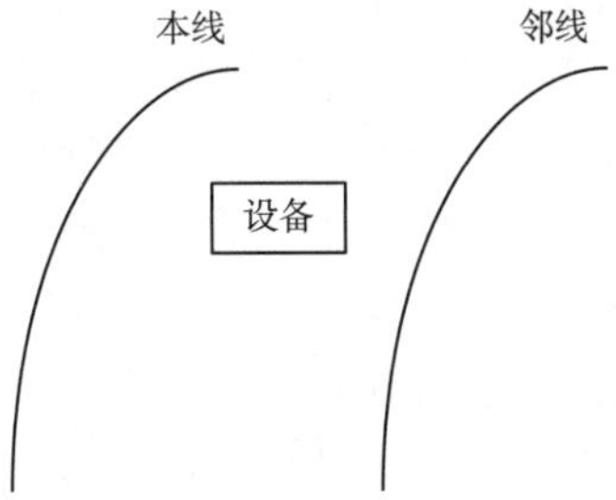

附图 2-58　设备在本线及邻线中间

如图所示,附图 2-56 设备在曲线外侧,在曲线外侧栏填“√”,附图 2-57 设备在曲线内侧,在曲线内侧栏填“√”,附图 2-58 设备对于本线是在内侧,本线的测量数据,曲线部分在曲线内侧栏填“√”,设备对于邻线是在外侧,邻线的测量数据,曲线部分在曲线外侧栏填“√”。

曲线加宽计算值(超限运输时包含车体自身加宽)栏对于秋鉴限界测量而言,曲线内侧设备则使用公式:$W_1=\dfrac{40\ 500}{R}+\dfrac{H}{1\ 500}h$

曲线外侧设备则使用公式:$W_2=\dfrac{44\ 000}{R}$

在超限运输时,计算值除了运用上述公式外,还应增加运输超限货运所用车底的偏移量。具体根据不同车型及不同导向方式增加相应数值,不同车底计算公式不一。以 DK_{36} 型 360 t 落下孔车为例,中导向工况情况下,车辆偏移量$=100\ 305.45/R$,则在计算曲线内侧设备时曲线加宽计算值(超限运输时包含车体自身加宽)栏计算公式应为 $W_1+100\ 305.45/R$,曲线外侧设备曲线加宽计算值(超限运输时包含车体自身加宽)栏计算公式在货物不超过 DK_{36} 车端,则计算公式为 W_2,如超过车端则根据实际情况,另行计算(具体见《铁路超限超重货物运输规则》附件 2“货物计算宽度的计算办法”)

12. 折减后本线距离(mm):只有本线有测量数据,且设备对于本线在曲线上(有曲线部分数据)才填写该栏,数值取整数。折减后本线距离=距本线中心距离-曲线加宽。

13. 折减后邻线距离(mm):只有邻线有测量数据,且设备对于邻线在曲线上(有曲线部分数据）才填写该栏，数值取整数。折减后邻线距离＝距邻线中心距离－曲线加宽。

14.《技规》规定限界（超限运输时填写车辆半宽）(mm)：秋鉴表格该栏根据所在线路的限界标准要求，使用不同的《技规》限界标准。（双层集装箱在时速 160 km 及以下客货共线线路限界表中一并体现，4 500 mm 以上和客货共线不一样，4 500 mm 以下和客货共线一致）超过最高高度设备的按表格最高高度限界计算。

15. 本线超限距离(mm)：设备折减后本线距离与《技规》规定的差值，取整数，可为正数可为负数，负数代表侵限设备，需要整治，整治不了的建立台账并备案。本线超限距离＝距本线中心线距离－曲线加宽计算值（超限运输时包含车体自身加宽）－技规规定限界（超限运输时填写车辆半宽）。

16. 邻线超限距离(mm)：设备折减后邻线距离与《技规》规定的差值，取整数，可为正数可为负数，负数代表侵限设备，需要整治，整治不了的建立台账并备案。邻线超限距离＝距邻线中心线距离－曲线加宽计算值（超限运输时包含车体自身加宽）－《技规》规定限界（超限运输时填写车辆半宽）。

17. 是否超限径路：科信部公布的《××年度超限货物运输径路限界资料》中允许通行超限货物列车的径路两侧的设备填“是”，反之填“否”。

18. 列车运行方向：这里所指的左右为列车按照线路方向设备相对线路的位置，在对应栏填“√”，以附图 2-59 为例：

胶济下行时，$S_{Ⅰ}$ 本线数据所在行列车运行方向应为右，$X_{Ⅰ}$ 本线数据所在行列车运行方向应为左，同理 $X_{Ⅱ}$ 邻线数据所在行列车运行方向应为右。

其他说明：

1. 多线交会车站及上下行问题：

非超限径路（含高铁客专）：

(1)复线下行填写下行正线及下行股道（含经由侧线股道径路两侧）两侧设备即可，上行填写上行正线及上行股道（含经由侧线股道径路两侧）两侧设备即可；

(2)对于编组场、到发场等上下行不明确的车站，奇数定义为下行，偶数定义为上行（特殊情况除外）；

(3)对于多线交会车站，正线所属设备填到相应正线所在线别表内，其他股道均按 LKJ 基础数据中工务“股道表”对应的线名填写，如工务股道表中无明确规定的股道，按该站所属主线填写，如胶州站主线为胶济线，则填胶济；

(4)对于单线，全部设备均按下行方向填写即可。

综上所述，对于非超限径路（含高铁客专），所有设备的本线、邻线只需出现一次即可，不能出现漏项。因不过超限运输，所有本、邻线数据符合相应《技规》即可。

2. 超限径路：

(1)对于单线，全部设备均按下行方向填写即可；

(2)对于复线，下行进站能接进的超限股道两侧的设备均要填到该线下行表内，上行进站能接进的超限股道两侧的设备均要填到该线上行表内。如某站 X 进站可以接超限Ⅰ、Ⅱ股，则经由Ⅰ、Ⅱ股及其两侧的设备均要填到该线下行内；进站可以接超限Ⅰ、Ⅱ股，则经由Ⅰ、Ⅱ股及其两侧的设备均要填到该线上行内，即Ⅰ、Ⅱ股同一设备要填至少两次，上、下行中数据相同，列车运行方向左、右相反。

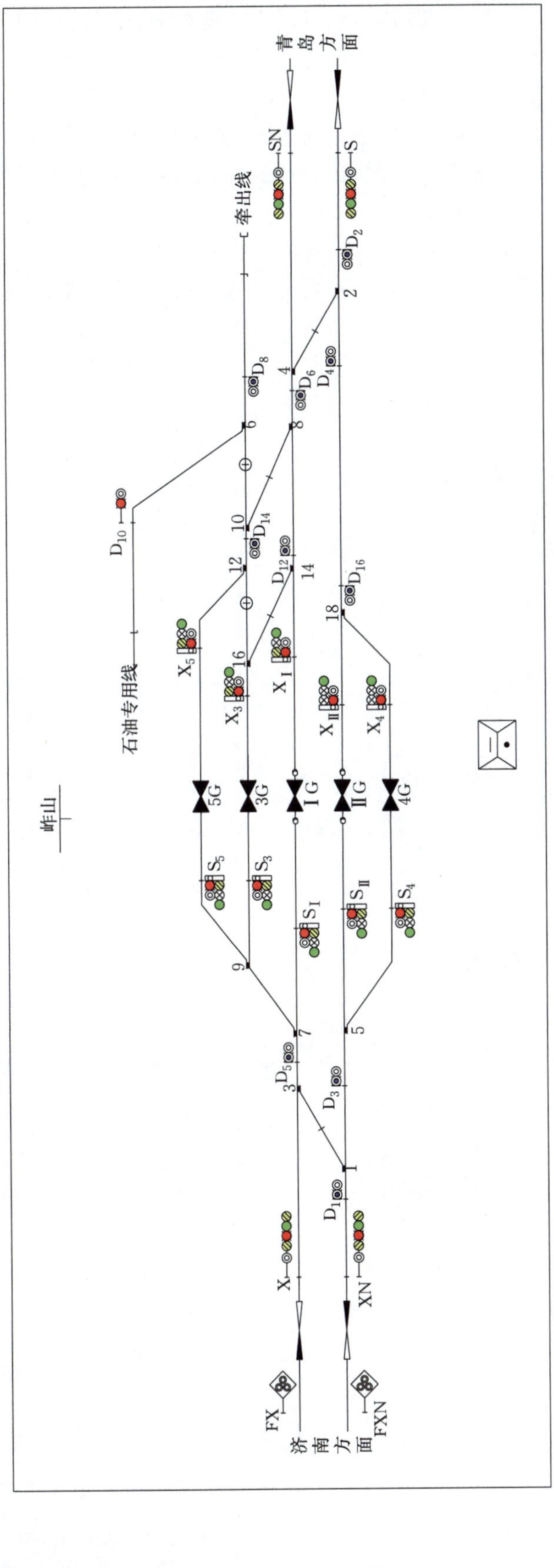

附图2-59　列车运行方向示例

(3)对于多线交会车站，如胶州站，胶济线进站能接入的股道(及其经由的径路两侧设备)在胶济线上、下行中填一遍，胶黄线进站能接入的股道(及其经由的径路两侧设备)在胶黄线上、下行中也填一遍，以此类推。

以上所有均不考虑反向运行的情况。超限运输需要如此填写，基于超限系统的使用以及超限货物运输时数据筛选。必须根据可能经由的道岔、股道重复填写，才能避免筛选时遗漏设备危及超限运输安全。

所有超限径路上设备(含暂不办理超限业务，但也是超限径路的线路，如胶黄、瓦日、小沾线等，区段字典中有的线路上的设备均要编号)在备注栏均填写限界系统的设备编号，方便日后管理维护。

附录 3 信号设备命名规则(限界)

信号设备命名规则(限界)

一、站内

1. 站内箱盒:

(1)送电端箱盒名称:“区段名称_S”(如 25DG_S);一送多受区段受电端箱盒名称:“区段名称”+“阿拉伯数字”(如 25DG、25DG1、25DG2)。

(2)扼流变名称:箱盒名后加_BE。(如 25DG_S_BE、25DG_BE)

(3)XB 箱、HZ、HF 盒命名:设备名称后+XB、HZ。(如 SI_XB1、SI_XB2、D1_HZ12、X-1_HF-7)

2. 站内信号机命名:

按照信号机实际名称命名,和联锁、CTC 一致。(如 SI、FSI、SI-I、D123、FD123)

3. 信号标志(《普速铁路信号维护规则》P409~410):

(1)接通标:就近信号机名称+_JTB。(如 SI_JTB)

(2)断开标:就近信号机名称+_DKB。(如 SI_DKB)

(3)级间转换标:就近信号机名称+_ZHB。

4. 融雪装置:所属道岔+_RX。(如 121J1_RX)

5. 融雪控制柜:根据融雪控制柜的编号,命名为 RXG1、RXG2……

二、区间

1. 区间信号机:

按照信号机实际名称命名,和联锁、CTC 一致。注意,信号机名称前有 0 的也要写 0,用文本格式。(如 0111、123)

2. 区间调谐区设备:

(1)发送:按正向名称填写。(如 123G_F、123AG_F)

(2)接收:按正向名称填写。(如 123G_J、123AG_J)

(3)空芯线圈:填写就近信号机的名称+_KX。(如 123_KX)

3. 空扼流:按所在区段+_KBE 填写。(如 123G_KBE)

4. 信号标志(《普速铁路信号维护规则》P409~410):

(1)轨道电路调谐区标志:就近信号机名称+_TXB(如 123_TXB),如存在两个及以上标志,则在后加 1、2…,如 123_TXB1、123_TXB2。靠近信号机处命名为 1。如存在 A、B、C 等多个轨道区段的以区段名+_TXB(如 123AG_TXB、123BG_TXB),如存在两个及以上标志,则在后加 1、2…,靠近该大区段信号机处命名为 1。

(2)接通标:所在区段名称+_JTB。(如 123G_JTB)

(3)断开标:就近信号机名称+_DKB。(如 123_DKB)

(4)级间转换标:就近信号机名称+_ZHB。

(5)预告标:反向进站前 900 m、1 000 m、1 100 m 处预告标,900 m 处为_YGB1、1 000 m

处为_YGB2、1 100 m 处为_YGB3，命名方式为：××站××信号机(反向)_YGB。(如青岛站 XN_YGB1)

注：以上命名规则以电务系统信号专业为例，仅供参考。其他各专业按照各自规范和习惯进行命名。原则上系统内保持统一，使用拼音缩写、英文缩写等便于记忆、辨识的字母、符号为宜。